바울의 길

권용우 · 오세열

박영사

머리말

바울은 말씀으로 불탔던 선교사였다. 마음 속 깊은 곳에서 성령의 열정이 끓어 올랐다. 밖으로 뿜어내지 않으면 도저히 살 수가 없었다. 예수가 그리스도다! 예수가 그리스도다! 뜨거운 성령의 명령을 선언해야만 했다. 바울 안에 계신 예수께서 끊임없이 바울에게 힘을 북돋아 주셨다(갈 2:20). 다메섹에서 빛으로 만나 주신 예수를 전심(全心)으로 사랑했다. 예수에게 받은 사랑을 온전히 전하려 몸과 마음을 불살랐다. 예수 말씀을 오롯이 드러내기 위해 고심하고 또 고심했다. 춥고 굶주리고 쫓겨났다. 야유받고 조롱당하며 투옥됐다. 돌로 맞아 시체처럼 버려졌다. 풍랑을 만나 섬에 내팽개쳐졌다. 그러나 불사조처럼 살아났다. 로마에서 순교할 때까지 예수가 그리스도다!를 외쳤다.

바울의 활동은 2,000년 전에 시작됐다. 그러나 2025년 지금도 진행형이다. 아침에 눈을 뜨면 교회와 성당이 보인다. 믿음의 마음들이 모여 기도하는 곳이다. 해외 어느 곳을 가도 교회와 성당을 만난다. 교회와 성당뿐만 아니다. 크고 작은 믿음의 공동체에서 예수를 찬양한다. 전 세계 157개 국가와 영토에서 예수를 그리스도로 믿는 사람을 접한다. 전 세계 인구 10명 가운데 3명이 예수 추종자다. 두세 사람이 있는 곳에는 예수가 있겠다고 하셨다(마 18:20). 두세 사람은 공동체다. 공동체가 커지면 마을이 된다. 마을은 도시로, 국가로, 세계로 발전한다. 놀랍게도 예수가 있는 곳에는 늘 바울이 따라다닌다.

과연 이러한 경이적인 현상을 어떻게 이해할 수 있겠나? 『바울의 길』을 쓰게 된 근원적 문제의식이다. 1987-2025년의 38년간 전 세계 60여 개국 수백 개 도시를 답사했다. 바울이 갔던 길을 걸으며 묵상(默想)했다. 예수는 언제나 바울과 동행하면서 지팡이와 막대기로 따뜻하게 바울을 돌보셨다. 바울은 지중해 연안을 다녔다. 그러나 바울이 가지 않은 세계 어디에서도 영락없이 바울이 나타났다. 바울이 말씀을 전하는 그곳에는 반드시 예수의 사랑이 넘쳤다.

『바울의 길』에서는 바울이 다녔던 길에 국한해서 살펴보기로 한다. 시기적으로 기원전 후부터 1세기 중반까지다. 지역적으로 레반트 중동과 남부 유럽의 일부 지역인 지중해 연안이다. 바울은 헬라화된 튀르키예 다소에서 태어난 유대인 디아스포라다. 헬라어, 히브리어, 아람어에 능통했다. 스스로 먹거리를 해결할 수 있는 텐트메이커(tentmaker) 장인(匠人)이었다. 가말리엘 문하에서 배운 철저한 바리새파였다. 그러나 바울은 다메섹에서 불의 연단(鍊鍛)을 받아 눈이 멀었다. 예수 사랑의 권능에 의해 눈을 떴다. 눈을 뜬 바울은 완전히 딴 사람으로 바뀌었다. 예수가 그리스도라는 말씀으로 무장한 그리스도인이 됐다. 예수는 3년 반의 공생애를 보내셨다. 바울은 예수 공생애 기간의 10배 정도인 30여 년간 몸과 마음을 다바쳐 예수 그리스도 간증인으로 헌신했다.

바울이 다녔거나 관련있는 로마 속주(Provinces)는 20여 개다. 설치·합병된 연도에 따라 기록된 성경 속 지명은 이달리야, 시칠리아, 멜리데, 마게도냐, 아시아, 드로아, 무시아, 브루기아, 루가오니아, 밤빌리아, 비시디아, 비두니아, 그레데, 키레나이카, 수리아, 길리기아, 본도, 유대/이스라엘, 구브로, 아가야, 갈라디아, 루기아, 아라비아 등이다.

바울은 다메섹에서 회심(Conversion)했다. 회심한 후 바울의 초기 선교 행로(Early Travels)는 수리아 다메섹, 아라비아, 다메섹, 수리아 예루살렘, 수리아 가이사랴, 길리기아 다소에서 펼쳐졌다.

바울은 회심한 후 14년이 흐른 시점에 본격적인 선교 여행을 떠났다. 바울의 1차 선교 여행(1st **Missionary Journey**)은 수리아 안디옥, 실루기아, 구브로 살라미, 바보, 밤빌리아 버가, 갈라디아 비시디아 안디옥, 이고니온, 루가오니아 루스드라, 더베 등지로 이어졌다. 바울은 더베에서 뒤돌아섰다. 오던 길인 루스드라, 이고니온, 비시디아 안디옥, 밤빌리아 버가, 앗달리아를 거쳐 안디옥으로 귀향하는 경로를 택했다.

바울은 2차 선교 여행(2nd **Missionary Journey**)을 떠났다. 바울은 소아시아에 복음을 전파하려 했으나 성령께서 막았다. 마게도냐로 들어가 복음을 전하도록 명령받았다. 바울의 마게도냐 행(行)은 복음이 서양에 먼저 전도되고, 나중에 동양에 전파되는 결과를 낳았다(**행 16:6-10**). 바울이 다녔던 2차 선교 여행의 경로는 예루살렘 공의회, 수리아 안디옥, 길리기아 다소, 갈라디아 더베, 이고니온, 루스드라, 비시디아 안디옥, 브루기아, 무시아, 비두니아, 아시아 드로아, 사모드라게, 마게도냐, 네압볼리, 빌립보, 암비볼리, 아볼로니아, 데살로니가, 아가야 아덴, 아레오바고, 고린도 겐그레아, 아시아 에베소, 시리아 가이사랴, 예루살렘, 안디옥 등이다.

바울은 갈라디아와 브루기아를 다닌 후 3차 선교 여행(**3rd Missionary Journey**) 길에 올랐다. 바울은 에베소에서 3년간 사역했다. 바울은 안전을 위해 2차 선교 여행길을 돌아 안디옥으로 귀환하기로 했다. 바울의 3차 선교 여행 경로는 수리아 안디옥, 길리기아 다소, 갈라디아 더베, 이고니온, 루스드라, 비시디아 안디옥, 아시아 에베소, 드로아, 마게도냐 네압볼리, 빌립보, 암비볼리, 아볼로니아, 데살로니가, 베뢰아, 아가야, 고린도로 이어졌다. 바울은 고린도에서 선교 여행 길을 다시 되돌렸다. 고린도를 떠난 바울은 베뢰아, 데살로니가, 아볼로니아, 암비볼리, 빌립보, 네압볼리, 아시아 드로아, 앗소, 미둘레네, 기오, 사모, 밀레도, 고스, 로도, 리시아 바다라, 수리아 두로, 돌레마이, 가이사랴, 예루살렘, 안디바드리를 거쳐 가이사랴에 연금됐다.

바울은 호송선을 타고 가이사랴를 떠나 로마로 향했다. 로마 선교 여행(Journey to Rome)으로 설명한다. 바울은 지중해를 지나 이탈리아 로마에 도착했다. 바울은 로마에서 복음을 전파했다. 바울의 로마 선교 여행 경유지는 수리아 가이사랴, 시돈, 구브로 해안, 길리기아와 밤빌리아 해안, 루기아 무라, 카리아 니도, 그레데 살모네 앞, 라새아 옆 미항, 뵈닉스, 그레데 해변, 유라굴로 광풍, 가우다 섬, 아드리아 바다, 멜리데, 시실리 수라구사, 이달리야 레기온, 보디올, 압비오 광장, 트레이스 타베르네, 아피아 가도, 로마 등지다. 연금에서 풀려난 바울은 추가 선교 활동을 펼치다가 로마에서 순교했다.

바울 신앙의 핵심은 세 가지다. 첫째는 유대인의 유일신 신앙 교리를 하나님과 그 아들 예수 그리스도에 대한 신앙으로 바로 잡았다. 이는 가히 코페르니쿠스적 혁명이라고 볼 수 있다. 둘째는 구원은 율법을 지킴으로 주어지는 것이 아니라 예수 그리스도의 은혜로 값없이 주어지는 하나님의 선물이라고 정의했다. 셋째는 예수님은 죽음 이후에 자신이 오직 십자가에서 죽임을 당한 몸과 흘린 피로 기억되길 바라셨다고 선포했다. 키엘케고르는 독재자가 죽으면 그의 통치는 끝나고 순교자가 죽으면 그의 통치가 시작된다고 말했다. 바울의 순교는 요원의 불길처럼 번져나가 기독교가 온 땅에 전파됐다. 예수가 없었다면 바울도 없었겠지만 바울이 없었다면 기독교도 없었을 것이다. 로마가 기독교 국가가 된 것은 시민들이 개별적인 믿음을 근거로 구원받게 된다는 그리스도 복음에 대한 매력 때문이었다.

바울은 갈라디아서, 데살로니가 전서, 데살로니가 후서, 고린도 전서, 고린도 후서, 로마서, 골로새서, 빌레몬서, 에베소서, 빌립보서, 디도서, 디모데 전서, 디모데 후서 등의 13개 서신을 썼다. 루소는 사회계약론에서 인간은 자유롭게 태어났으나 도처에서 사슬에 묶여있다고 말했다. 하지만 로마서는 반대로 인간이 죄와 노예상태에서 태어났지만 예수 그리스도께서 우리를 해방시켜 주셨다고 선언한다. 바울의 빌레몬서는 예수 그리스도에 대한 사랑이 19세기 영국과 미국 노예해방 결실의 씨앗이었음을 알려 준다.

4,000년 전 갈대아 우르에서 시작한 도시 문명은 기독교의 흐름과 맥을 같이하고 있다. 2,000년 전 바울의 선교 활동을 계기로 도시 문명에서 예수 중심의 기독교가 보다 구체적인 역할을 하게 됐다.

바울의 신앙과 서신은 오세열 목사님께서 집필하셨다. 2024년 가을 서울 성북동 소재 예닮교회(**담임목사 서평원**)에서 바울의 선교지 튀르키예와 그리스를 순례 답사했다. 답사팀의 일원으로 참여해 그동안 다녔던 바울의 행로를 다시 한번 체험했다.

사랑과 헌신으로 내조하면서 원고를 리뷰하고 교정해 준 아내 홍기숙 이화여자대학교 명예교수님께 충심으로 감사의 마음을 드린다. 특히 본서의 출간을 맡아주신 박영사 안종만 회장님과 안상준 대표님께 깊이 감사드린다. 정교하게 편집과 교열을 진행해 준 조영은 대리님에게 고마운 말씀을 드린다.

2025년 6월
권용우

차례

I 바울의 세계와 삶

II 선교 활동과 선교 여행

그림 차례

표 차례

I

바울의 세계와 삶

제 1 장 바울이 살던 세계와 삶

1 바울이 살던 세계

바울이 살던 세계는 지중해 연안이었다. 바울은 에스파냐(Spain, 스페인)를 세계의 끝이라고 생각했다. 바울이 살던 시기는 기원 초부터 1세기 중·후반이었다. 바울은 2,000년 전인 1세기 지중해 연안에 살았던 인물이다.그림 1.1

출처: 위키피디아

그림 1.1 바울 초상, 루벤스(1611)와 빈센초 제미토(1917)

바울이 살던 시기에는 어떤 말(language)로 소통했을까? 당시에는 어떤 산업(industry)으로 먹고 살았을까? 당시 사람들은 무슨 종교(religion)를 믿고 지냈을까? 바울이 살던 세계를 바로 알기 위해서 꼭 필요한 문제의식이다.[1]

유대인 디아스포라

바울은 유대인 디아스포라(Jewish diaspora)였다. 유대인들은 아브라함 이래 제대로 된 국가를 구축하지 못했다. 사울에 이어 다윗 시대에 와서 비로소 국가 체제를 갖추었다. 그러나 다윗의 아들 솔로몬 이후 또다시 분열이 진행됐다.

솔로몬 이후 유대인은 이스라엘 왕국(BC 930-BC 720)과 유다 왕국(BC 930-BC 587)으로 나뉘었다. 이스라엘 왕국은 신아시리아 제국에게 무너졌다. 유다 왕국은 신바빌로니아 제국 느부갓네살 2세에게 멸망 당했다.[2] 나라를 잃어버린 유대인들은 흩어졌다. 이러한 과정과 현상을 유대인 디아스포라(유대인 離散)라 한다.[3]

유대인 디아스포라는 느부갓네살 2세에 의한 바빌론 유수(BC 597-BC 538) 사건 이후 본격화됐다. 제2성전 시대(BC 516-70)의 유대인 디아스포라는 정치·전쟁 난민, 노예화, 추방, 사업, 상업, 농업 등의 형태로 다양하게 펼쳐졌다. 1세기 중반 경까지 규모가 큰 유대인 커뮤니티가 로마와 로마 속주에 존재했다. 이스라엘, 시리아, 바빌로니아, 이집트, 크레타, 키레나이카 등지가 대표적이었다. 66년 유대인들은 로마 제국에 반란을 일으켰다. 결과

1 권용우는 세계도시와 그곳에 사는 사람들의 총체적 생활 양식은 지리·역사·경제·문화의 주제와 말·먹거리·종교의 패러다임을 통해 바로 알 수 있다고 정리했다. 1987-2024년의 37년간 60여개국 수백개 도시를 답사하여 얻은 연구 결과다. 출처: 권용우, 2021-2024, 세계도시 바로 알기, 1-9권, 박영사.

2 https://en.wikipedia.org/wiki/Kingdom_of_Israel_(Samaria)/Kingdom_of_Judah

3 https://en.wikipedia.org/wiki/Jewish_diaspora

는 무참한 유대인 진멸로 이어졌다. 70년 제2성전과 예루살렘 대부분이 파괴됐다. 유대교와 유대인 정체성이 사라질 수 있는 절체절명의 위기가 도래했다. 많은 유대인들은 유대교라는 야훼 유일신교로 뭉쳤다. 율법을 배우고 익혀 시스템적으로 단결했다. 할례를 통해 정체성을 증명했다. 유대인에게는 율법과 할례가 유대인의 존재를 확인 시켜주는 확고한 기준으로 자리잡았다.[4]

바울은 유대인 디아스포라 지역인 다소(Tarsus, 타르수스)에서 출생했다. 예루살렘의 가말리엘 문하에서 공부하러가기 전까지 헬라 문화가 지배하는 고향에서 헬레니즘을 배웠다. 바리새파 유대교의 율법과 신앙을 깊이 익혔다. 바울은 헬라화된 유대인 디아스포라였다.[5]

말(language)

알렉산더 대왕(재위 BC 336-BC 323)은 발칸반도 마케도니아에서 몸을 일으켰다. 그는 발칸반도와 소아시아 전체를 하나의 제국으로 묶었다. 제국의 영토는 마케도니아에서 이집트까지, 그리스에서 인도 일부 지역까지 광범위했다. 알렉산더 제국은 코이네 그리스어인 헬라어를 링구아 프랑카로 소통했다. 헬라어에 기반한 헬레니즘 문화가 발칸반도와 소아시아 전역에 퍼졌다.[6]

---

4 https://en.wikipedia.org/wiki/Ashkenazi_Jews/Sephardic_Jews
http://www.christian-pilgrimage-journeys.com/biblical-sources/christian-history/the-jewish-diaspora/
유대인 바르 코크바 반란(132-136)이 진압되면서 유대인은 예루살렘에 들어가는 것이 금지되었다. 그 이후 유대인 디아스포라는 크게 북유럽, 동유럽의 「아슈케나지」와 이베리아, 북아프리카, 중동의 「세파르딤」의 두 유대인 집단으로 나뉘어 살았다. 유대인은 추방, 학살, 박해 등을 당했다. 로마 시대 말부터 현재까지 「아슈케나지」과 「세파르딤」 유대인은 의사 소통과 인구 이동을 통해 통일된 유대인적 문화와 종교적 정체성을 간직하고 있다.

5 톰 라이트, 박규태 역, 2020, 바울 평전, 비아토르, 57-76.

6 https://en.wikipedia.org/wiki/Alexander_the_Great
https://www.britannica.com/biography/Alexander-the-Great

출처: 위키피디아 권용우

그림 1.2 헬레니즘 시대의 코이네 그리스어 사용 지역(BC 323–31)

코이네 그리스어(**koinè diálektos, Koine Greek**)는 '일반 방언(**common dialect**)' 이란 뜻이다. 아테네 보통 사람들이 사용하는 헬라어다. 아테네와 관련된 이오니아어와 아티카어가 융합된 헬레니즘 그리스어다.

코이네 그리스어는 알렉산더 대왕의 군대와 정복한 영토에서 주로 사용됐다. 이후 코이네 그리스어는 헬레니즘화된 이집트에서 인도 변두리까지 사용됐다. 급기야 코이네 그리스어는 동지중해와 근동 전역에서 링구아 프랑카로 성장했다. 로마가 그리스를 정복한 이후에도 코이네 그리스어는 로마 제국의 제1 또는 제2 언어로 쓰였다. 코이네 그리스어는 초기 비잔틴 제국까지 말하고 쓰는 데 사용됐다. 코이네 그리스어는 무역, 헬레니즘 계층, 로마 행정에서 쓰이는 근동의 링구아 프랑카였다.그림 1.2

기독교 사도들은 코이네 그리스어를 사용하여 기독교를 전파했다. 코이네 그리스어는 신약 성경의 언어로 사용됐다. BC 3세기 구약 성경이 코이네 그리스어 칠십인역으로 번역됐다. 이런 맥락에서 코이네 그리스어는 성서, 신약 성서, 교회, 교부 그리스어라고도 부른다. 코이네 그리스어는 여전히 그리스 정교회와 일부 그리스 가톨릭교회에서 예배의 전례 언어로 사용되고 있다.[7]

바울은 코이네 그리스어인 헬라어를 유창하게 구사했다. 선교 활동과 여행에서 막힘없이 소통하고 거침없이 전도할 수 있었다. 확실한 의사 소통 방법인 코이네 그리스어의 힘이었다.

한편 바울은 유대인으로 히브리어, 아람어에 능통했다.[8] 유대인은 200년 이후까지 히브리어를 모국어로 사용했다.[9] 아람어(**Aramaic**)는 고대 시리아에서 유래됐다. 3,000년 이상 다양한 변종으로 계속해서 사용된 북서 셈어족 북서쪽 그룹 언어다. 아람어는 메소포타미아, 남부 레반트, 남동부 아나톨리아, 동부 아라비아, 시나이 반도 등지로 퍼졌다. 아람어는 고대 왕국과 제국의 공적 생활과 행정 언어, 예배와 종교 연구의 언어로 사용됐다.그림 1.3

아람어는 예수가 공생활을 하는 동안 갈릴리 방언으로 사용했던 언어다. 다니엘서와 에스라서의 일부를 포함한 히브리어 성경의 여러 구절에서 사용된 언어다. 1세기 유대인들은 아람어를 주로 사용했다. 모국어인 히브리어를 쓰는 사람은 많지 않았다. 2004년 영화 『패션 오브 크라이스트』는 예

---

7 https://en.wikipedia.org/wiki/Greek_language/Koine_Greek/Septuagint

8 https://en.wikipedia.org/wiki/Paul_the_Apostle
https://www.churchandgospel.com/2018/10/01/the-language-of-faith/
https://www.churchofjesuschrist.org/study/ensign/2015/09/the-apostle-paul-as-master-teacher?lang=eng

9 https://en.wikipedia.org/wiki/Hebrew_language
https://en.wikipedia.org/wiki/Aramaic/Semitic_languages

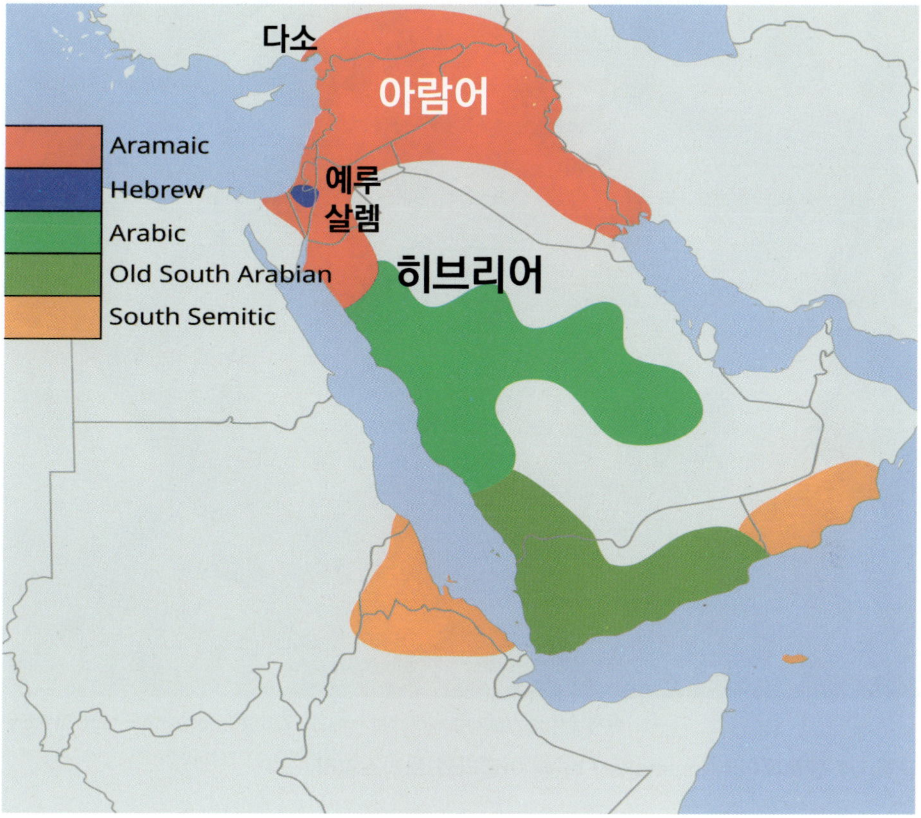

출처: 위키피디아 권용우

그림 1.3 셈어족 언어와 아람어의 분포(1세기경)

수의 비아 돌로로사(**Via Dolorosa, 고통의 길**)를 다룬 영화다. 이 영화 대사의 대부분에 아람어가 사용됐다.

먹거리 산업(industry)

로마 제국의 초기 먹거리 산업은 농업이 주였다. 로마에는 268개의 다양한 직업이 있다는 기록이 있다. 어부(**piscatores**), 소금 상인(**salinatores**), 올리브 오일 상인(**olivarii**), 연예인(**scaenici**), 가축 상인(**pecuarii**), 금세공인(**aurifices**), 마부(**asinarii 또는 muliones**), 석재 절단공(**lapidarii**) 등의 전문

출처: https://georgesjournal.net/2012/06/07/paul-the-tent-maker/

그림 1.4 텐트메이커(tentmaker) 바울, 아굴라와 브리스길라

가 협회나 무역 길드(**collegia**)가 있었다 한다.[10]

1세기 경 팔레스타인에 사는 유대인들의 직업은 다양했다. 유대인들의 직업은 상인, 시장 상인, 농부, 청소부, 가축을 치는 목자(**herdsman**), 건설업자, 필경사(**scribes**), 비서, 경호원, 군인, 항해사, 어부, 의회 공무원, 성직자(**priests**), 의사, 변호사, 배달원(**couriers**), 은행원, 환전상, 가게주인, 패스트후드점원, 제빵업자, 정육업자, 관리직 농부(**butlers farmers**), 배관공 등으로 조사됐다.[11]

---

10 https://en.wikipedia.org/wiki/Roman_economy
https://www.acton.org/publications/transatlantic/2021/03/29/romenomics-3-ancient-market-sectors

11 https://prezi.com/p/m2qozulzguy0/1st-century-palestine-jobs/

출처: 위키피디아. 조도쿠스 윙헤어. 사델러 조각 작품

그림 1.5 서신 쓰는 바울과 아굴라, 브리스길라의 천막 디자인

바울은 천막 제작자(**tentmaker**)로 자신의 먹거리 문제를 해결했다. 이동하면서 사용하는 값비싼 이동식 천막을 만들었다. 그는 세공 도구를 가지고 여행하며 어디서나 가죽 공예를 할 수 있는 장인(**craftsman**)이었다. 그는 노동으로 생계를 꾸려 나가는 직업인이었다. 자비량 목회자(**自費糧, tentmaking**)의 선구자였다. 바울은 설립된 지 얼마 되지 않은 교회들에 경제적인 부담을 주지 않으려 노력했다. 특히 데살로니카인들에게 보낸 둘째 편지에서는 바울이 밤낮으로 천막 만드는 일을 해 교회에 짐을 지우지 않았다고 고백했다. 고린도에서 동역자 아굴라와 브리스길라를 만나 함께 장막

---

https://www.jewishencyclopedia.com/articles/11652-occupations
https://ko.wiktionary.org/wiki/herdsman/필경사

만드는 일을 하며 복음을 전했다[12](행 18:1-3, 20:33-35, 데후 3:8, 빌 4:14-16, 고전 9:12).그림 1.4, 1.5

종교(religion)

기원전 9세기경 레반트 지역에는 다양한 부족이 할거했다. 이스라엘, 유다, 암몬, 모압, 에돔 등과 블레셋, 페니키아, 아람 다마스쿠스, 나바테아 부족 등이 살았다.그림 1.6

1세기 레반트 지역에는 가나안 종교(Canaanite religion)가 퍼져있었다.[13] 가나안 종교는 청동기 시대 초부터 기원후 1세기까지 고대 레반트에 살았던 가나안 사람들의 고대 셈족 종교 그룹이었다. 가나안 종교는 기본적으로 다신교적이었다. 가나안 종교는 고대이집트와 메소포타미아 종교 관행의 영향을 받았다. 신전은 신 엘(El)과 그의 배우자 아세라(Asherah)가 이끌었다. 바알(Baal), 아나트, 아스타르테, 못을 포함한 다른 중요한 신들이 있었다. 아세라는 고대 셈족 종교의 여신이다. 다른 이름은 아티라트다. 엘 신과 여러 신들의 배우자로 70명 이상의 아들을 낳았다고 했다. 바알은 '주인, 왕'이라는 뜻이다. 고대 가나안인들이 숭배하던 풍요와 폭풍우(暴風雨)의 남신이다. 다른 이름은 하다드다. 출토된 신상의 모습은 오른손에 창을, 왼손에 번개를 쥔 모습으로 묘사됐다.그림 1.7

가나안 종교 관행에는 동물 희생, 죽은 자 숭배, 신사와 신성한 숲을 통한 신 숭배가 포함됐다. 가나안 종교는 또한 신성한 전투와 죽음과 재생의 순환에 대한 복잡한 신화를 특징으로 한다. 가나안 종교는 고대 이스라엘 종교와 페니키아 종교를 포함하여 주변 문화와 이후의 종교적 전통에 상당한

12 https://en.wikipedia.org/wiki/Tentmaking
https://ko.wikipedia.org/wiki/자비량_목회

13 https://en.wikipedia.org/wiki/Canaanite_religion/Asherah/Baal
https://www.britannica.com/topic/Asherah-Semitic-goddess

출처: 위키피디아 권용우

그림 1.6 레반트의 왕국들(BC 830)

영향을 미쳤다.

그러나 1세기경 히브리인들은 일신교인 유대교를 믿었다. 유대교는 고대 이스라엘 종교를 기반으로 했다. 유대인들은 신이 오직 하나라고 믿었기 때문에, 고대 세계의 다른 사람들과 구별되었다. 유대인들은 성전에서 동물을 희생 제물로 바쳐 신을 경배했다. 이스라엘에서는 신을 상징하는 우상은 없

출처: 위키피디아

그림 1.7 **가나안 남신 바알(BC 2000)과 여신 아세라**

었다. 유대인들은 우주의 유일신이 특별히 유대인을 선택했다고 믿었다. 유대인들은 유일신이 그들을「이방인의 빛」이 되도록 불렀다고 했다. 이런 연유로 유대인들은 유일신인 여호와를 하나님으로 받들었다. 유대인의 신앙은 아브라함, 야곱, 이삭으로 이어지는 유대교로 이어졌다.[14]**그림 1.8**

바울은 철저한 유대교인이었다. 그러나 32/33년 회심한 이후, 가장 앞장서서「예수가 그리스도」라고 간증한 기독교인이었다. 독일 노르트라인 베스트팔렌(**NRW**) 주 국가 형사 경찰청 전문가들이 역사적 자료를 사용하여 바울의 얼굴 합성 그림를 만들었다.[15]**그림 1.9**

---

14 https://en.wikipedia.org/wiki/Origins_of_Judaism/Jewish_Christianity
https://www.britannica.com/biography/Jesus/The-Jewish-religion-in-the-1st-century

15 https://en.wikipedia.org/wiki/Jesus/Crucifixion_of_Jesus
https://en.wikipedia.org/wiki/North_Rhine-Westphalia/노르트라인베스트팔렌주

출처: 위키피디아

그림 1.8 **아브라함(BC 2000前後)과 이삭(BC 1896–BC 1716)**

헬라화된 유대인 디아스포라 바울은 히브리어, 아람어, 코이네 그리스어인 헬라어를 유창하게 구사했다. 텐트메이커로 생업을 꾸렸다. 「예수가 그리스도」라고 외치며 전도하여 마침내 유대교와는 다른 기독교를 세우는데 결정적 역할을 했다.

1세기의 로마 제국

바울이 살던 로마 제국에서는 많은 변화가 일어 났다. BC 27-14년 기간 아우구스투스(Augustus)가 로마 황제로 군림했다. 6년 유대는 로마 제국의 속주가 됐다. 14년 아우구스투스가 사망한 후 티베리우스(재위 14-37)가 집권했다. 26년 빌라도(재위 26/27-36/37)가 유대 지방의 총독이 됐다. 28/29년 헤롯 안티파스(재위 BC 4-39)가 세례 요한을 처형했다. 33년 예수 그리스도가 십자가형으로 죽음을 당하신 후 부활했다. 37년 티베리우스가 사망해 칼리굴라(재위 37-41)가 황제로 즉위했다. 41년 칼리굴라가 살해되고 클라우디우스(재위 41-54)가 등극했다. 클라우디우스 집권 기간 동안 41-42년 로마,

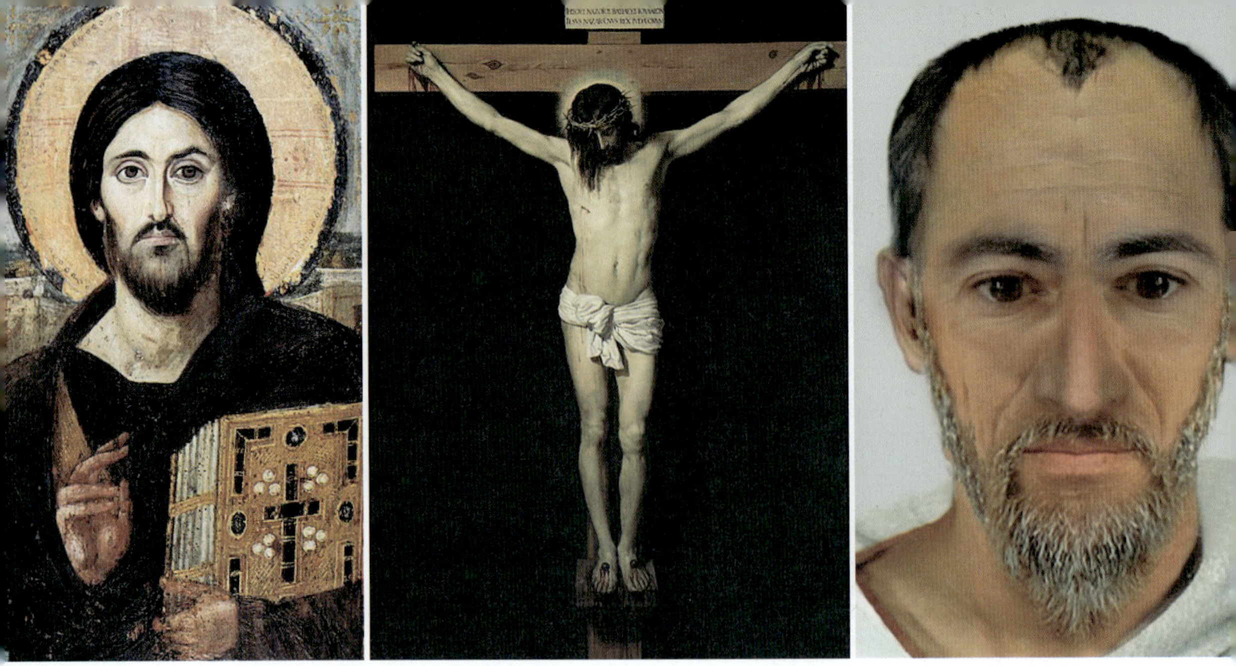

출처: 위키피디아

그림 1.9 예수, 십자가의 예수, 바울

45년 유대(행 11:28), 50년경 그리스, 52년 로마 등 4번의 기근이 왔다. 49년 로마황제 클라우디우스는 로마에서 유대인을 추방했다. 추방의 책임을 그리스도를 지칭하는 크레스투스에게 돌렸다. 클라우디우스의 4번째 아내 아그리피나는 아들 네로(재위 54-68)가 왕위를 차지하도록 클라우디우스를 독살했다. 64년 로마 대화재(Great Fire of Rome)가 전차 경기장 키르쿠스 막시무스 주변의 상점에서 시작되어 로마의 71%가 파괴됐다. 로마의 14개 지구 중 10개 지구가 무너졌다. 기독교에 대한 대대적인 박해가 시작됐다. 68년 네로가 자살했다. 유대인 반란(66-70)이 터졌다. 반란군 요세푸스는 로마군 베스파시아누스에게 무너졌다. 69년 베스파시아누스(재위 69-79)는 내전 중에 황제로 즉위했다. 70년 티투스 때 제2성전이 파괴됐다. 티투스(재위 79-81)는 아버지 베스파시아누스를 이어 황제가 됐다.[16]

---

16 https://en.wikipedia.org/wiki/Augustus//Tiberius/Pontius_Pilate
https://www.pbs.org/empires/romans/empire/josephus.html
https://en.wikipedia.org/wiki/Beheading_of_John_the_Baptist

2 바울의 삶

생애

바울은 초기 기독교 시대의 위대한 선교사다(Great Missionary). 바울은 기원후 4/5년경 소아시아 길리기아(Cilicia, 길리시아)의 중심 도시 다소에서 태어났다(행 22:3). 바울은 60년대 중반 로마에서 순교했다.[17] 바울은 선교 활동 중 로마군에 체포되었을 때 자신이 나면서부터 로마 시민이라고 말했다(행 22:25-29). 일반적으로 사도 바울(Paul the Apostle), 성 바울(Saint Paul)이라 부른다.[18]

바울의 이름은 코이네 그리스어인 헬라어로 바울(Paul), 라틴어로 파울루스(Paulus), 유대어로 사울(Saul), 영어로 폴(Paul)이라 표기한다. 바울은 라틴어 파울루스를 음차한 헬라어다. 라틴어 파울루스는 '작은'이라는 뜻의 형용사 파울루스(paulus)에서 파생했다. 사울은 이스라엘 최초의 왕의 이름에 사용됐다. 예수가 아람어로 사울(Šā'ūl)이라고 불렀다(행 9:4, 22:7, 26:14). 1차 선교 여행 중 구브로(Cyprus, 키프로스)[19]에서 유대어 이름 사울이 이방

---

https://en.wikipedia.org/wiki/Caligula/Claudius/Agrippina_the_Younger
https://www.wordsfitlyspoken.org/gospel_guardian/v7/v7n30p2-3a.html
https://en.wikipedia.org/wiki/Nero/Great_Fire_of_Rome
https://www.britannica.com/event/First-Jewish-Revolt/Vespasian/Titus
https://en.wikipedia.org/wiki/First_Jewish%E2%80%93Roman_War

17 https://en.wikipedia.org/wiki/Paul_the_Apostle
https://www.britannica.com/biography/Saint-Paul-the-Apostle
https://en.wikipedia.org/wiki/Tarsus,_Mersin

18 https://en.wikipedia.org/wiki/Paul_the_Apostle
'사도'라는 명칭에 대해서 일각에서 논란이 있다. 그러나 예수가 바울을 이방인과 임금들과 이스라엘 자손들에게 전하기 위해 택한 나의 그릇이라고 천명했다(행 9:15-16). 예수의 명을 받은 바울은 평생 「예수가 그리스도」라고 간증하면서 전심전력으로 예수를 위해 순교한 사도였다고 해석된다.

19 https://en.wikipedia.org/wiki/Cyprus

인에게 친숙한 헬라어 이름 「바울」로 바뀌어 호칭됐다(행 13:9). 사울은 '크다(大)'는 뜻이고, 바울은 '작다(小)'라는 의미다.

바울은 헬라어를 쓰는 로마 제국 시민이고 디아스포라 유대인이었다. 이런 연유로 바울은 헬라어(라틴어) 이름인 바울(파울루스)과 유대인 이름인 사울 두가지를 사용했다. 재미 한국인 교포가 영어 이름과 한국어 이름을 함께 사용하는 사례와 유사하다.

바울은 청소년 시절 이전부터 「자기 손으로 일하는 법」을 배웠다(고전 4:12). 바울의 직업은 천막 제작자(tent maker)였다. 바울은 회심한 이후에도 일을 했다.

49년 로마 제국의 클라우디우스(Claudius)는 로마에서 유대인을 추방하는 칙령을 내렸다.[20] 아굴라와 브리스길라는 칙령에 따라 로마에서 고린도로 이주해 왔다. 아굴라(Aquila)는 아나톨리아 본도(Pontus) 출신의 천막 제작자였다. 브리스길라(Priscilla)는 로마 귀족 출신(Roman aristocracy)이었다고 설명한다.[21] 바울은 고린도에서 아굴라와 브리스길라를 만났다. 바울은 그들과 천막 만드는 직업이 같았다. 바울은 그들 집에서 함께 살면서 일했다(행, 18:1-3). 바울은 노동자로 살면서 자신의 삶을 복음 전도의 통로가 되게 했다.

바울의 고향 다소는 고대 그리스 문명의 영향 아래 있던 지역이었다. 바울은 받아쓰고 글자를 쓰는 법을 익혔다(갈 6:11). 15-20년의 기간 동안 예루살렘의 가말리엘 학교에서 수학했다(행 22:3). 바울은 고대 그리스-로마 역사, 언어, 문화에도 밝았다. 바울은 서신서에서 스토아 철학에 대한 내용이 나온다.

---

20 https://en.wikipedia.org/wiki/Claudius%27_expulsion_of_Jews_from_Rome

21 https://en.wikipedia.org/wiki/Priscilla_and_Aquila
https://www.vaticannews.va/en/saints/07/08/sts--aquila-and-priscilla--disciples-of-st--paul-.html
https://www.theologyofwork.org/key-topics/women-workers-in-the-new-testament/the-tentmaker-priscilla-acts-182/

바울은 헬라어, 히브리어, 아람어를 구사했다. 바울은 자신이 그의 세대에서 평가할만한 유대인이며 바리새인이라고 자평했다. 회심한 바울은 자신이 그리스도의 가장 작은 사도라고도 고백했다.

회심과 선교

예수 부활 이후 예루살렘에서는 기독교 운동이 펼쳐졌다. 유대인 대제사장과 그의 동료들은 기독교 운동을 박해했다. 그들 대부분은 사두개인이었다.[22] 바울은 회심 이전에 갓 생겨난 기독교 운동을 괴롭히는 데 골몰했다(행 8:1-3, 빌 3:6). 바울은 예루살렘으로 돌아온 헬라화된 디아스포라 유대인들에게 한량없이 고통을 준 사람이라 토로했다. 바울은 기독교 유대인 스데반에게 돌팔매질할 때 사람들의 옷을 보관하며 적극 참여했다(행 7:58, 8:1).

32/33년 바울은 대제사장에게 가서 살기 등등한 자세로 다메섹(Damascus, 다마스쿠스)[23] 여러 회당에 가져갈 공문을 청했다. 다메섹에서 예수의 도를 따르는 남녀 모두를 결박해 예루살렘으로 잡아오려 함이었다. 다메섹으로 가는 길에 하늘로부터 빛이 그를 둘러 비추었다. 승천하신 예수님이 빛으로 현현(顯現)하신 것이다. 바울은 예수의 눈부신 현현을 보고 곧바로 눈이 멀었다. 바울은 땅에 엎드려져 예수님의 소리를 들었다. 타르수스의 사울아 네가 어찌하여 나를 박해하느냐라고 말씀하셨다. 바울은 주여 누구시냐고 여쭈었다. 주님은 네가 박해하는 예수다라고 말씀하셨다. 눈이 머는 불의 연단(鍊鍛)을 받은 바울은 사흘 동안 먹지도 마시지도 않았다(행 9:3-9). 1690년 루카 조르다노(Luca Giordano, 1634-1705)는 바울의 회심을 그림으로 남겼다.[24]그림 1.10

22 https://en.wikipedia.org/wiki/Paul_the_Apostle

23 https://en.wikipedia.org/wiki/Damascus

24 https://en.wikipedia.org/wiki/Luca_Giordano/Conversion_of_Paul_the_Apostle

출처: 위키피디아

그림 1.10 바울의 회심, 루카 조르다노(1690)

예수가 환상으로 다메섹에 있는 제자 아나니아에게 명했다. 아나니아는 주님의 말씀에 따라 다메섹 직가의 유다 집에서 기도하고 있는 사울을 찾았다. 직가의 동쪽은 밥 샤르키 거리로 이어진다. 아나니아는 바울이 대제사장으로부터 예루살렘에서 예수의 성도를 결박할 권한을 위임받았다고 말했다. 예수는 **이 사람은 내 이름을 이방인과 임금들과 이스라엘 자손들에게 전하기 위해 내가 택한 그릇이다. 그가 내 이름을 위하여 얼마나 고난을 받아야 할 것을 내가 그에게 보이리라**고 말씀했다(**행 9:15-16**).**그림 1.11**

아나니아가 유다 집에 들어가 사울을 만나 안수했다. 아나니아는 형제 사울아 네가 오는 길에 나타나셨던 예수께서 나를 보내 너로 다시 보게 하시고 성령으로 충만하게 하신다고 했다라 말했다. 사울은 즉시 눈에서 비늘 같은 것이 벗어져 다시 보게 됐다. 예수의 제자 아나니아에게 세례를 받았다(**행 9:1-9**). 세례를 받은 사울은 음식을 먹어 강건해졌다. 이곳에 성 아나니아의 예배당(**Saint Ananias House**)이 지어졌다[25](**행 9:17-19**).

25 https://en.wikipedia.org/wiki/Saint_Ananias_House

출처: 위키피디아

그림 1.11 다마스쿠스의 직가(直街)라 불리는 거리(1860s–1902s)와 밥 샤르키 거리

바울은 그의 서신에서 회심(conversion)을 언급했다. 그는 하나님께서 그 아들을 내게 나타내시기를 기뻐하셨다고 썼다(갈 1:16). 바울은 예수께서 부활하신 후에 제자들에게 나타나신 순서를 열거하면서 맨 나중에 만삭되지 못하여 난 자 같은 내게도 보이셨느니라고 기록했다(고전 15:8).

바울은 초기 선교 활동(32/33-45)을 펼치기 시작했다. 바울은 회심한 후 즉시 나사렛 예수가 메시아요 하나님의 아들임을 선포했다(행 9:10-19). 바울은 다메석에서 아라비아로 가서 머물렀다(갈 1:17). 다메섹으로 돌아왔으나 안전을 위해 다메섹을 떠났다(갈 1:17, 행 9:20-25, 고후 11:32-33). 바울은 예루살렘으로 가서 베드로 등을 만났다(행 9:26-29, 갈 1:18). 그후 바울은 안전을 위해 고향 다소로 돌아가 머물렀다(행 9:30).

46년 바나바는 바울을 만나러 다소로 갔다(행 11:25). 바나바는 바울을 안디옥 교회 교역자로 청빙했다. 바울은 안디옥에서 사역했다(행 11:26). 아가보가 천하에 일어날 큰 기근을 예언했다(행 11:28). 바나바와 바울은 예루살렘의 기근을 지원하기 위해 예루살렘으로 파견됐다(행 11:29, 30). 바나바와 바울이 마가를 데리고 돌아왔다(행 12:25).

성령의 부르심을 받아 안디옥 교회는 바나바와 바울에게 1차 선교 여행

(47-48)을 가도록 결정했다. 바울이 32/33년 회심한 후 14년의 기간에 흐른 시점이었다. 바나바의 조카 마가가 수행했다. 처음의 행선지는 바나바의 고향인 구레네(Cyprus, 키프로스)였다. 사울의 호칭은 이방인에게 친숙한 「바울」로 바뀌었다. 안디옥에서 외항(外港) 셀루기아(Seleucia, 셀레우키아)[26]로 가서 배를 타고 구레네로 들어갔다(행 13:4).

구레네 동쪽 살라미스(Salamis)에서 동서로 관통해 서쪽 바보(Paphos, 파포스)에 도착했다(행 13:5-12). 바보의 총독에게 전도했다. 배를 타고 밤빌리아(Pamphilia, 팜필리아)의 버가(Perga, 페르가)로 갔다. 마가는 선교팀에서 이탈하여 예루살렘으로 가버렸다(행 13:13). 비시디아 안디옥(Pisidia Antioch)에서 사역했다(행 13:14-50). 장소를 옮겨 이고니온(Iconium, Konya 콘야)에서 말씀을 전했다(행 13:51-14:6). 공격을 받아 루스드라(Lystra, 리스트라)와 더베(Derbe, 데르베)로 피신해 복음을 전파했다[27](행 14:6-7). 루스드라에서 바울과 바나바는 신으로 오해받았다(행 14:8-18). 바울은 루스드라에서 돌에 맞았다. 죽은 줄 알고 사람들이 바울을 성밖에 비렸다. 그러나 바울은 죽지 않고 다시 소생해 성으로 들어갔다(행 14:19-20). 바울은 바나바와 함께 더베로 들어가 복음 사역을 계속했다(행 14:20-21). 더베는 제1차 선교 여행의 반환점이 됐다. 루스드라, 이고니온, 피시디아 안디옥으로 다시 돌아 왔다. 돌아오는 길에 그들은 제자들을 굳건히 하고 장로들을 임명했다.(행 14:21-24). 그들은 버가를 거쳐 외항(外港) 앗달리아(Antalya, 안탈리아)에서 배를 탔다. 수리아(Syria, 시리아)의 외항 셀루기아를 통해 안디옥으로 귀환했다. 바울과 바나바는 안디옥 교회에 제1차 선교 여행을 보고했다(행 14:24-28).

바울과 바나바는 예루살렘 공의회(48-50년 개최)에 참석했다. 바울은 비유대인으로 부르는 이방인 선교의 역할을 부여받았다. 바울과 바나바는 안디옥으로 돌아왔다.

---

26 https://en.wikipedia.org/wiki/Seleucis_of_Syria/Tetrapolis

27 https://en.wikipedia.org/wiki/Derbe

출처: 위키피디아 권용우

그림 1.12 에베소, 드로아, 무시아, 비두니아, 본도(그리스-로마 시대)

바울은 2차 선교 여행(49-52)을 떠났다. 1차 선교 여행에 동참했던 마가는 바나바와 구레네로 갔다(행 15:36-39). 바울은 새로운 동역자 실라와 함께 북쪽의 수리아와 길리기아로 다니며 교회를 견고하게 했다(행 15:40-41). 바울은 더베와 루스드라에서 디모데를 만나 동역자로 삼았다(행 16:1-5).

바울은 성령의 명에 따라 소아시아를 접고 무시아를 지나 드로아로 내려갔다. 밤에 환상으로 하나님이 마게도냐에 복음을 전하라고 부르셨다(행 16:6-10). 바울이 서양 그리스로 가서 먼저 복음을 전파하고, 나중에 동양 튀르키예에 복음을 전도하는 분수령이 되는 역사적 사건이었다.**그림 1.12**

바울과 바나바는 드로아에서 배를 타고 사모드라게로 직행하여 네압볼리(Neapolis, 트라키아 네아폴리스)로 들어갔다(행 16:11). 바울은 빌립보(Philippi)에서 두아디라의 자주색 옷감 상인 루디아를 만나 복음을 전했다

(행 16:12-15). 빌립보에서 여종을 이용해 돈을 번 사람이 바울과 실라를 고발했다. 바울과 실라는 감옥에 갇혔다(행 16:16-25). 감옥 문이 기적적으로 열렸다. 간수가 구원을 받았다(행 16:25-34). 빌립보를 떠났다(행 16:35-40). 그들은 암비볼리(Amphipolis, 암피폴리스)와 아볼로니아(Apollonia 아폴로니아)를 지나갔다(행 17:1). 데살로니가(Thessalinici, 테살로니키)에서 그리스도를 전파하다가 피신해 베뢰아로 갔다(행 17:1-14). 바울은 아덴(Athene, 아테네)으로 가서 복음을 전파했다. 아덴 파르테논 신전 입구에 있는 아레오 바고(Areopagus, 아레오 파구스)에서 열정적으로 복음을 전파했다(행 17:16-34).

바울은 고린도(Corinth)에 도착했다. 아굴라와 브리스길라를 만났다. 하나님으로부터 두려워하지 말며 침묵하지 말고 말하라는 말씀을 들었다(행 18:9). 1년 6개월간 전도했다. 아가야 총독 갈리오 때 율법 문제로 유대인과 쟁론하다가 곤욕을 치루었다(행 18: 12-17). 겐그레아에서 머리를 깎았다(행 18:18). 바울은 에베소, 가이샤라, 예루살렘을 거쳐 안디옥으로 귀환왔다(행 18:18-22). 2차 선교 여행이 끝났다.

바울은 3차 선교 여행(52-57) 길에 올랐다. 갈라디아와 브루기아를 여행하며 제자들을 굳건하게 했다(행 18:23). 에베소로 가는 길에 높은 지방을 지나갔다(행 19:1). 에베소에서 3년간 사역했다. 에베소의 아데미 신상을 혁파했다(행 19:1-41).

바울은 에베소에서의 소요를 피하고, 안전을 위해 마게도냐, 아가야, 마게도냐, 안디옥으로의 귀환길을 택했다(행 20:1-3). 아시아 드로아에서 강론 중 혼절한 유두고를 살려냈다(행 20:4-12). 앗소. 미둘레네. 기오. 사모. 밀레도에 이르렀다(행 20:13-15). 바울은 에베소의 장로들을 밀레도로 불러 고별 설교를 했다(행 20: 15-38). 고스, 로도, 바다라. 두로, 돌레마이를 거쳐 가이사랴에 이르렀다(행 21:1-14). 3차 선교 여행이 종료됐다.

바울은 가이사랴에서 예루살렘으로 갔다. 바울은 예루살렘 성전에서 체포됐다(행 21:15-36). 바울은 폭도들 앞에서 연설했다(행 21:37-22:21). 바울의 시민권은 그를 채찍질로부터 구해냈다(행 22:22-29). 산헤드린 공회 앞에서 변론했다(행 22:30-23:10). 예수께서 담대하라 네가 예루살렘에서 나의 일을 증언한 것 같이 로마에서도 증언하여야 하리라고 말씀하셨다(행 23:11). 바울의 생명을 해치는 음모가 진행됐다(행 23:12-22). 살해의 위협이 있어 예루살렘에서 가이사랴로 보내졌다(행 23:23-35). 바울은 유대인들 앞에서 당당하게 예수가 그리스도라는 변론을 펼쳤다.

바울은 배를 타고 로마로 출발했다(행 27:1-5). 그들은 그레데 섬 항구로 항해했다(행 27:6-8). 바울의 천천히 움직이자는 경고에도 불구하고 그들은 다시 배를 타고 떠났다(행 27:9-12). 끔찍한 유라굴로 폭풍우 속에서 그들은 멜리데 섬에 난파됐다(행 27:13-28:1). 멜리데에서 수라구사로 항해했다(행 28:2-12). 이탈리아 레기온으로 이동한 후 보디올에 이르렀다(행 28:13).

바울은 로마에 도착했다(행 28:14-16). 유대인들을 만났다(행 28:17-28). 바울은 빌린 집에서 2년 동안 아무런 방해도 받지 않고 복음을 전파했다(행 28:30-31). 로마 감옥에서 풀려난 후에도 선교 활동을 이어갔다. 60년대 중반 두 번째 투옥된 뒤 로마에서 순교했다.

바울은 회심한 후 30여년간 그리스도 예수를 전도하는 선교에 죽기까지 헌신했다. 선교 활동 중 수많은 연단을 겪으면서 더욱 단단해졌다. 바울은 구약성경과 예수를 만난 체험을 근거로 「예수가 왜 그리스도인가」를 증명했다. 예수는 바울을 통해 그리스도를 증거하게 했고, 바울은 그리스도를 중심으로 한 기독교를 세웠다고 말한다.

바울은 신약성경 27권 가운데 13권을 저술했다. 바울의 글은 서신 형태다. 책의 제목은 서신이 도착하는 장소 이름을 나타낸다. 예를 들어 『에베소서』는 서신이 도착하는 튀르키예 에베소(에페서스)를 지칭한다. 바울의 삶과 업적에 대한 정보의 주요 출처는 신약성경 『사도행전』이다. 내용의 약 절반은 그의 여행, 설교, 기적을 기록했다.

대한민국 개신교는 신약성경 전서(대한성서공회)에서 「바울」로, 로마 가톨릭교회는 천주교 성경(한국 천주교 주교회의)에서 「바오로」로 칭한다. 동방 정교회는 공동번역성서에서 「바울로」로, 성공회는 공동번역성서에서 「바울로」, 「바우로」로 말한다.

천주교와 정교회에서는 바울을 성인으로 기린다. 바울은 예수의 제자인 12 사도는 아니다. 그러나 예수가 직접 바울에게 말씀 전도의 사명을 맡겼다(행 9:15-16).

표 1.1 바울 연표

연도	전개 과정	서신	로마 제국 (연도)
5	길리기아 다소에서 태어남(행 22:3) 출생권에 의한 로마 시민권(행 22:28)		유대 로마 제국 속주 (6) 티베리우스 집권(14)
	예루살렘 가말리엘 2세 문하에서 수학 (행 22:3)		빌라도 유대 총독(26)
33	예수 부활 Resurrection of Jesus		
33	사울 예수 믿는 사람 박해한 자(행 7:58-8:3, 빌 3:6)		
32/33	다메섹 도상에서 부활하신 예수 만남. 회심(행 9:1-9)		
34-36	다메섹에 체류하며 예수 전도(행 9:10-22) 아라비아 나바테아로 가서 3년 체류(갈 1:17) 다메섹으로 회귀하나 안전 위해 다메섹 떠남 (갈 1:17, 행 9:20-25, 고후 11:32-33) 베드로 만나러 예루살렘 방문(행 9:26-29, 갈 1:18-24) 안전 위해 다소로 돌아감(행 9:30)		
36-45	다소에 10년간 머무름		클라우디우스 집권 (41)
46/47	바나바가 사울을 청빙하려 다소 방문(행 11:25) 바나바와 안디옥에서 사역(행 11:26) 아가보가 천하에 일어날 기근 예언(행 11:28) 바나바와 예루살렘에 기근 지원금 전달(행 11:29-30) 예루살렘에서 요한 마가를 데리고 옴(행 12:25)		기근 발생 로마(41-42, 52) 유대(45) 그리스(50년경)
47-48	바나바, 바울, 마가 1차 선교 여행(행 13:1-14:28) 구브로에서 '사울'이 이방인에게 친숙한 '바울'로 바뀜 마가는 버가에서 예루살렘으로 떠남(행 13:13) 비시디아 안디옥(행 13:14-50) 이고니온(행 13:50-14:5) 루스드라(행 14:6-19) 더베(행 14:20-21) 전도 더베 반환점 돌아 버가 앗달리아 거쳐 안디옥 귀환 후 1차 선교 보고(행 14:21-28)	갈라디아서 (48/49)	
49	예루살렘 공의회에서 바울 바나바 이방인 선교 위임 (행 15:1-29, 갈 2:1) 디도 동행 실라 안디옥 같이 옴		

연도	전개 과정	저서	로마 제국 (연도)
49-52	2차 선교 여행(행 15:36-18:22) 바나바와 다툼 바나바 마가 구브로 선교(행 15:36-39) 바울 실라 수리아 길리기아 선교(행 15:40-41) 더베와 루스드라에서 디모데 합류(행 16:1-5) 아시아 비두니아 선교 막음 드로아 거쳐 마게도냐로 서양 선교 후 동양 선교(행 16:6-10) 드로아에서 누가 합류 '우리' 표현 등장(행 16:10) 선교단 바울 실라 디모데 누가 4인으로 꾸려짐 마게도냐 빌립보에서 루디아 만남(행 16:12-15) 바울 실라 빌립보 감옥에서 풀려남(행 16:16-40) 마게도냐 데살로니가 선교(행 17:1-9) 실라 디모데 남겨 두고 베뢰아 이동(행 17:10-14) 아가야 아덴 아레오 바고에서 선교(행 17:15-34) 고린도에서 1년 6개월 사역(행 18:1-17) 아굴라 브리스길라 만남 실라 디모데 합류 아가야 총독 갈리오에게 곤욕 치룸 겐그레아에서 머리 깍음(행 18:18) 에베소 가이샤라 안디옥 2차 여행 종료(행 18:19-22)	데살로니가 전서 (50/51) 데살로니가 후서 (50/51)	클라우디우스가 로마에서 유대인 추방 책임을 크레스투스 에게 돌림(49)
52-57	갈라디아 브루기아 다지기 선교(행 18:23) 3차 선교 여행(행 18:24-21:14) 에베소 가는 길에 높은 지방 지나감(행 19:1) 에베소에서 3년간 사역 소요 발생(행 19:2-41) 마게도냐 아가야 돌아 귀환하기로(행 20:1-3) 아시아 드로아에서 유두고 살림(행 20:7-12) 밀레도에서 에베소 장로들에게 설교(행 20:15-38) 가이샤라 도착 3차 선교 여행 종료(행 21:8-14)	고린도 전서 (55/56) 고린도 후서 (55/56) 로마서(57)	아그리피나 클라우디우스 독살 네로 집권(54)
57	예루살렘에서 체포됨(행 21:15-36) 예루살렘 군중에게 설교(행 21:37-22:29) 산헤드린 공회 앞에서 변론(행 22:30-23:10) 예수께서 로마에서 증거하라고 말씀하심(행 23:11) 살해 음모 피해 가이사랴 병영 이송(행 23:12-30)		
57-59	총독 벨릭스 앞에서 변론(행 23:31-24:23) 후임 총독 베스도 바울 미결수로 연금(행 24:27) 베스도 앞에서 변론 기이샤에게 항소(행 25:1-12) 아그립바 버니게 앞에서 변론(행 25:13-26:32) 바울 로마로의 이송 결정(행 25:12, 26:32)		아그리피나 암살 (59)

연도	전개 과정	저서	로마 제국 (연도)
59-60	로마 이송 선교 활동 계속(행 27:1-5) 살모네 라새아 미항 그레데 지남(행 27:6-12) 유라굴로 폭풍 멜리데 섬에 난파(행 27:13-28:10) 수라구사 레기온 보디올 거쳐 로마 도착(행 28:11-14) 로마에서 유대인 만나 환대 받음(행 28:15) 로마에서 자택 연금 조치(행 28:16-28)		
61-62	로마 빌린 집에서 2년간 복음 전파(행 28:30-31) 로마 1차 투옥에서 풀려남	골로새서 (60-62) 빌레몬서 (60-62) 에베소서 (60-62) 빌립보서 (60-62)	
63-64	스페인, 동쪽 선교 여행한 것으로 추정	디도서(63) 디모데 전서 (65) 디모데 후서 (65)	로마 대화재(64) 기독교도 대 박해
64 이후	네로에 의해 로마에서 2차 투옥 순교		유대인 반란(66-70) 네로 자살(68) 티투스 성전 파괴 (70)

출처:

『사도행전』, 『갈라디아서』, 『빌립보서』

톰 라이트, 박규태 역, 2020, 바울 평전, 비아토르, 692-693.

피터 워커, 박세혁 역, 2023, 바울의 발자취를 따라서, 도서출판 CUP

https://penelope.uchicago.edu/encyclopaedia_romana/calendar/jesus.html

https://www.theologyfortherestofus.com/pauls-four-missionary-journeys-the-complete-guide/

케네스 오티즈, 2023.1.12., 바울의 4차 선교 여행(Paul's Four Missinary Journeys)

https://www.blueletterbible.org/study/paul/timeline.cfm

https://www.britannica.com/biography/Saint-Paul-the-Apostle/Mission

https://en.wikipedia.org/wiki/Paul_the_Apostle/Pauline_epistles

주: 연도는 연구자마다 약간씩 상이함

II

선교 활동과 선교 여행

제 2 장 로마 제국의 속주

로마 제국은 BC 27년 시작해 395년에 통일을 이뤘다.[1] 수도는 로마(BC 27-330)였다. 로마 제국은 5세기에 이르러 동·서로 나뉘었다. 서로마 제국은 395-476년 기간 존속했다. 수도는 메디올라눔(Mediolanum, 395-401), 라벤나(401-476)였다. 동로마 제국/비잔틴 제국은 330/395-1453년 기간에 존속했다. 수도는 콘스탄티노플(330-1453)이었다. 「동로마 제국」과 「비잔틴 제국」이라는 용어는 왕국이 끝난 후에 만들어졌다. 비잔틴은 비잔티움에서 유래했다. 비잔티움은 콘스탄티노플, 이스탄불로 바뀐 도시다.[2] 로마 시민들은 그들의 제국을 로마 제국으로, 스스로를 로마인이라고 불렀다. 그러나 ① 로마 제국의 중심이 로마에서 비잔티움으로 이동했고, ② 비잔틴 종교가 가톨릭에서 동방정교회로 바뀌었으며, ③ 동로마 제국에서는 라틴어보다 그리스어가 우세하다는 연유로 동로마 제국/비잔틴 제국을 초기 로마 제국과 구분한다.[3]

BC 27-1453년의 기간에 펼쳐진 로마 제국의 지배적인 말은 라틴어와 그리스어였다. 라틴어는 서양에서 링구아 프랑카가 되었다. 먹거리 산업은 농업과 무역이었다. 로마 제국의 종교는 다신교였다. 그러나 313년 이후 로마 제국 전역에 기독교가 전파됐다.

로마 제국의 최대 면적은 5,000,000㎢이었다고 추정했다. 1-2세기 기간의 로마 제국 인구는 590,000,000-760,000,000명으로 추산됐다. 로마 제

1 로마 제국에 관한 내용은 『권용우, 2024, 세계도시 바로 알기 9: 말·먹거리·종교, 로마 제국 시대의 도시문명(pp. 88-98)』(박영사)을 기초로 재구성.

2 https://en.wikipedia.org/wiki/Byzantium

3 https://en.wikipedia.org/wiki/Roman_Empire/Western_Roman_Empire/Byzantine_Empire

국 초기의 도시 인구는 이탈리아 로마 350,000명, 이집트 알렉산드리아 216,000명, 시리아 안디옥 90,000명, 소아시아 서머나 90,000명, 소아시아 에베소 51,000명, 그리스 고린도 50,000명 등으로 추정됐다.[4]

로마 제국의 군대는 상비군이었다. 전성기 때는 7,000km가 넘는 국경을 지켰다. 400,000명 이상의 군단병과 보조군으로 구성되어 있었다. 로마 군단병은 로마 군대의 전문 중보병이었다. 군사 방어, 경찰 업무, 공중 위생, 민간 재해 지원, 보건 업무, 농업, 공공 도로, 교량, 수로, 건물의 건설과 유지 관리 등 모든 유형을 담당했다. 군단병은 17-45세의 로마 시민이었다. 동쪽으로는 파르티아(오늘날 이란), 남쪽으로는 아프리카(튀니지), 아이깁투스(이집트), 북쪽으로는 브리타니아까지 관할했다. 로마 역사가 리비는 '로마 군대는 로마를 지켜준 핵심'이라고 했다.[5]

로마 제국이 통치했던 이탈리아 바깥의 고대 로마 행정 구역을 속주(라틴어Provincia, 영어 Province)라 했다. 속주의 수는 영토를 얻거나 잃을 때마다 변했다. 아우구스투스 황제(재위 BC 27-14) 때부터 디오클레티아누스(재위 285-305) 시대에 이르기까지 행정 단위가 조정됐다. 디오클레티아누스 때 속주가 96개로 늘어났다.

117년 트라야누스(재위 98-117) 시대 로마 제국의 영토가 가장 넓었다. 46개의 속주로 나뉘었다. 117년 로마 제국의 영토는 원로원 속주, 황실 속주, 클라이언트 국가로 구분됐다. 원로원 속주는 원로원의 몫이었다. 황제 속주는 아우구스투스가 창설했다. 클라이언트 국가는 로마에 의존하나 독립적

---

4 https://en.wikipedia.org/wiki/Demography_of_the_Roman_Empire
Russell, J.C. 1958. "후기 고대 및 중세 인구," 펜실베니아주 필라델피아, 미국 철학 협회. 재인용.
https://en.wikipedia.org/wiki/Roman_Empire/Ancient_Rome

5 https://en.wikipedia.org/wiki/Military_of_ancient_Rome/Livy
https://en.wikipedia.org/wiki/Roman_legion/Lorica_segmentata

출처: http://www.centuryone.com/rmnwrd.html 권용우

그림 2.1 바울 시대 로마 제국의 속주: 47년 클라우디우스

이고 자기들의 지도자가 있는 국가였다.[6] 각 속주는 총독으로 임명된 로마인 주지사가 통치했다. 국가 내부의 속주 주지사는 원로원에 의해 선정됐다. 반면에 국경 속주는 황제가 직접 임명한 주지사가 운영했다.[7]

바울은 1세기 중반 로마 속주를 돌며 선교 활동과 선교 여행을 진행했다.[8] 그림 2.1 2세기 117년 트라야누스 때 속주의 명칭은 다음과 같다. ① 아

6 https://en.m.wikipedia.org/wiki/File:RomanEmpire_117.svg
https://en.wikipedia.org/wiki/Client_state/Category:Roman_client_kingdoms

7 https://en.wikipedia.org/wiki/Roman_province/Augustus/Trajan/Diocletian
https://www.vox.com/world/2018/6/19/17469176/roman-empire-maps-history-explained

8 http://www.centuryone.com/rmnwrd.html

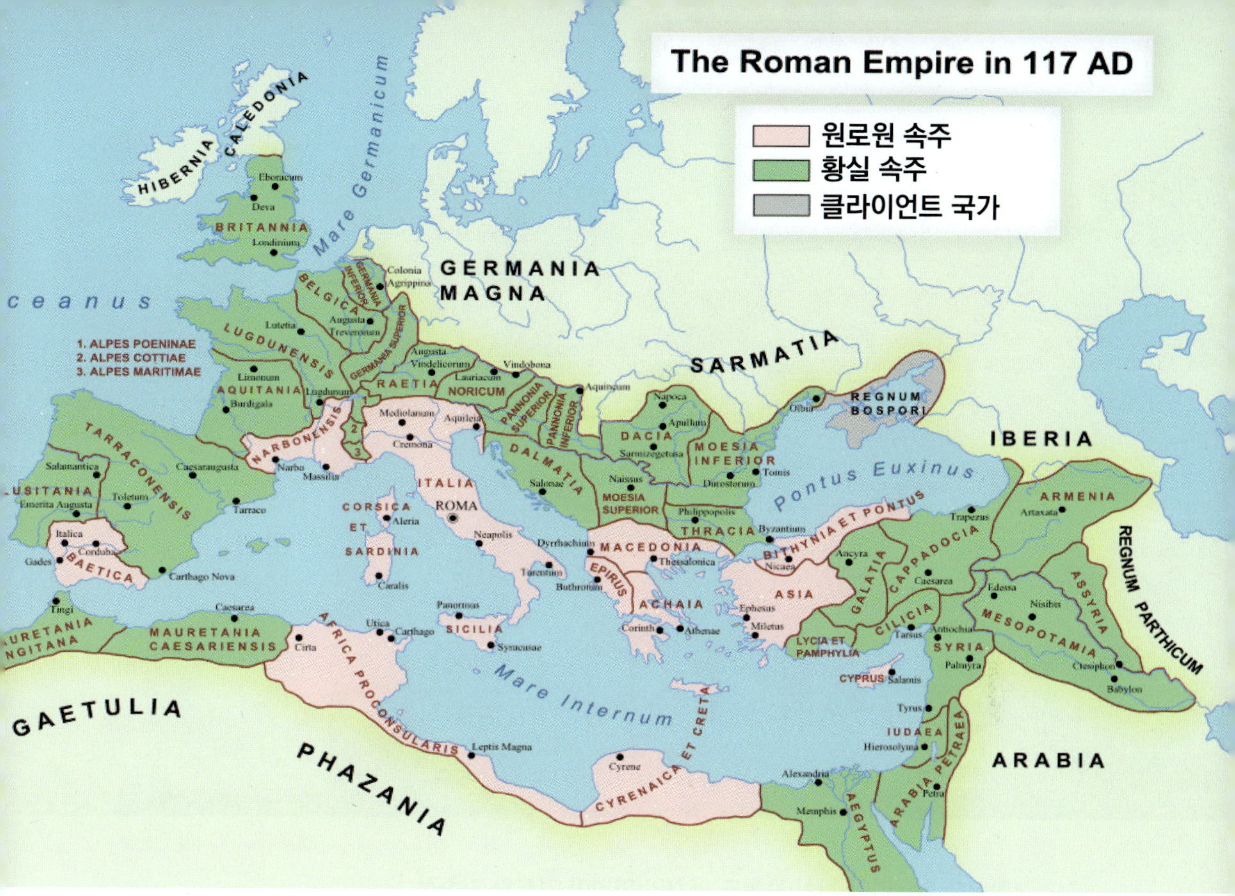

출처: 위키피디아 권용우

그림 2.2 로마 제국의 최대 영토 : 117년 트라야누스

카이아 ② 아이깁투스 ③ 아프리카 총독 ④ 알프스 코티에 ⑤ 알프스 마리티마에 ⑥ 알프스 그라이아에트 포에니나에 ⑦ 아라비아 페트레아 ⑧ 아르메니아 ⑨ 아시아 ⑩ 아시리아 ⑪ 비티니아와 폰투스 ⑫ 브리타니아 ⑬ 카파도키아 ⑭ 길리시아 ⑮ 코르시카와 사르데냐 ⑯ 크레타와 키레나이카 ⑰ 키프로스 ⑱ 다치아 ⑲ 달마티아 ⑳ 에피루스 ㉑ 갈라디아 ㉒ 갈리아 아키타니아 ㉓ 갈리아 벨기카 ㉔ 갈리아 루그두넨시스 ㉕ 갈리아 나르보넨시스 ㉖ 게르마니아 인페리어 ㉗ 게르마니아 슈페리어 ㉘ 히스파니아 바에티카 ㉙ 히스파니아 루시타니아 ㉚ 히스파니아 타라코넨시스 ㉛ 이탈리아 ㉜ 유다에아

https://en.wikipedia.org/wiki/Claudius/Alpes_Maritimae/Alpes_Cottiae
https://www.britannica.com/place/Alpes

출처: 위키피디아 권용우

그림 2.3 이탈리아 카살 로톤도 근처의 아피아 가도와 기종점

㉝ 리키아와 팜필리아 ㉞ 마케도니아 ㉟ 마우레타니아 카이사리엔시스 ㊱ 모리타니아 팅기타나 ㊲ 메소포타미아 ㊳ 모에시아 인페리어 ㊴ 모에시아 수페리어 ㊵ 노리쿰 ㊶ 파노니아 인페리어 ㊷ 파노니아 슈페리어 ㊸ 라에티아 ㊹ 시칠리아 ㊺ 시리아 ㊻ 트라키아.[9] 그림 2.2

속주를 연결하는 것은 도로였다. 로마 제국은 BC 312-264년 기간 건설한 아피아 가도(Via Appia)부터 시작해 80,000km의 도로를 건설했다. 아피아 가도는 로마와 이탈리아 남동부 브린디시를 연결했다. 이탈리아 남부 정복과 통신 개선을 위한 군수품의 주요 경로였다. 아피아 가도는 2024년 유네스코 세계문화유산으로 등재됐다.그림 2.3

9 https://en.wikipedia.org/wiki/Template:Roman_provinces_AD_117

로마의 도로는 영국에서 티그리스-유프라테스강 시스템까지, 다뉴브강에서 스페인과 북아프리카까지 이어지는 도로였다. 로마의 도로는 국가의 유지와 발전에 필수적인 물리적 인프라였다. 군대·관료·민간인의 육로 이동, 공식 통신의 내륙 운송, 무역로 등으로 활용됐다. 새로 만들어진 대부분의 도로는 로마로 이어졌다. 1175년 프랑스 신학자 알랭 드 릴은 '모든 길은 로마로 통한다(All Roads Lead to Rome)'는 말을 처음 기록했다.[10]

로마 제국은 제국의 주요 거점에 도시를 건설해 군(軍) 주둔지와 시민 정착지로 삼았다. 로마가 세운 도시는 상업·문화의 중심지로, 교통 허브로, 세계적 수도로 성장했다. 로마 제국이 세운 도시와 정착지는 제국 내에 870개, 제국 밖에 90개 등 960개였다. 이들 도시와 정착지에 33개 군단의 본부가 있었다. 이들 도시와 정착지는 오늘날의 유럽 대부분 국가와 아시아 일부 국가의 중심 도시로 성장 발전했다.[11] 그림 2.4

로마 제국 도시 가운데 로마, 에베소, 안디옥, 카르타고, 알렉산드리아, 콘스탄티노플, 메디올라눔, 데살로니가, 론디늄 등은 제국 여러 지역의 중심도시였다. 로마는 로마 제국의 핵심지역으로 세계 중심지였다. 티베르강과 지중해를 통해 이웃 영토에 연결됐다. 에베소는 BC 10세기에 설립됐고 15세기까지 번성했다. 그리스 도시로 출발해 로마 제국의 아시아 중심지였다. 기독교의 발전과 전파를 위한 중요 장소였다. 안디옥은 로마 제국의 시리아 중심지였다. BC 300년에 설립됐고 15세기 말까지 번성했다. 셀레우코스 제국의 수도였다. 안디옥은 예수를 따르는 사람들이 처음으로 「기독교인」이라고 불린 초기 기독교 중심지였다. 카르타고는 로마 제국의 아프리카 북부 해안과 지중

---

10 https://en.wikipedia.org/wiki/Roman_roads/Appian_Way
https://www.britannica.com/technology/Roman-road-system
https://italianstudies.nd.edu/news-events/news/all-roads-lead-to-rome-new-acquisitions-relating-to-the-eternal-city

11 https://en.wikipedia.org/wiki/List_of_cities_founded_by_the_Romans
https://brilliantmaps.com/roman-empire-211

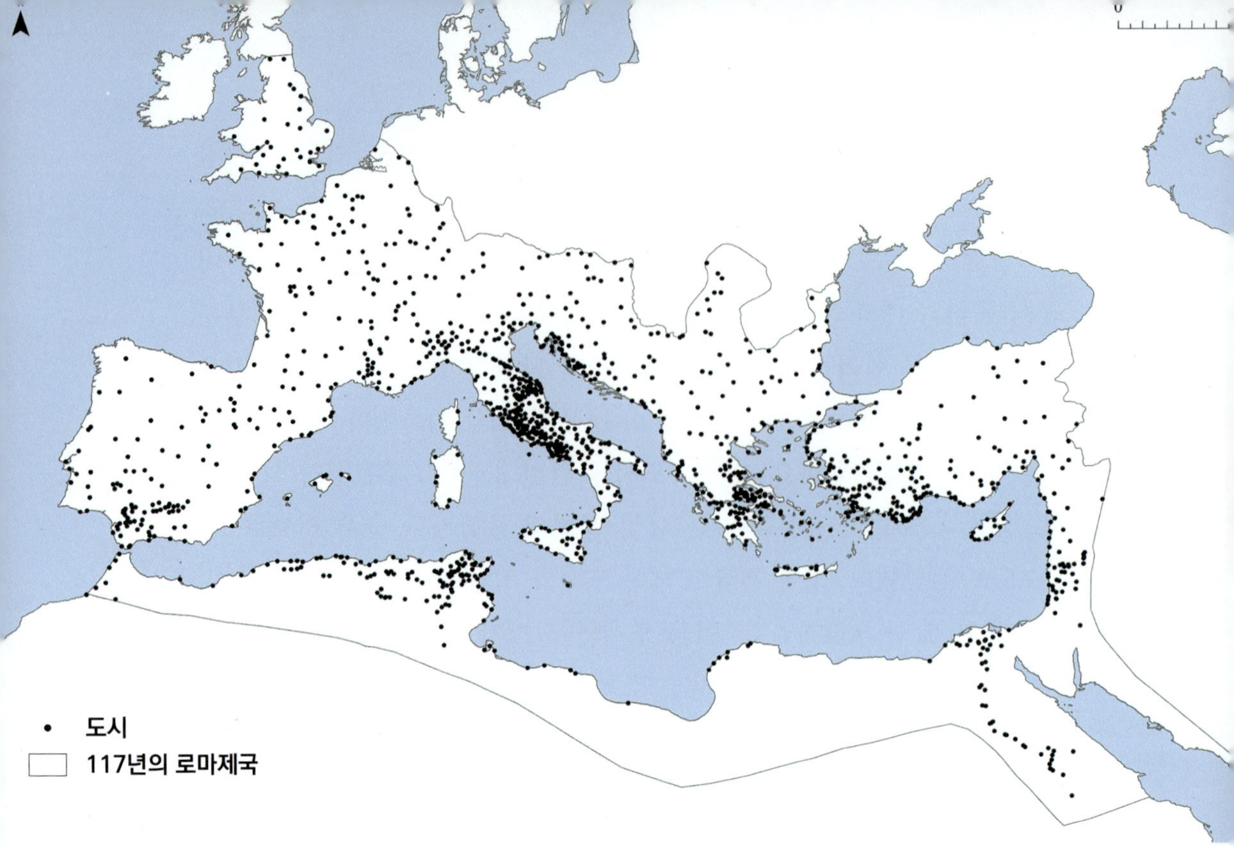

출처: http://www.centuryone.com/rmnwrd.html 권용우

그림 2.4 로마 제국의 도시 분포

해 연안의 전략 중심지였다. 알렉산드리아는 로마 제국의 지적(知的) 허브였다. 콘스탄티노플은 330년 세워진 동로마 제국의 수도였다. 흑해와 지중해 사이의 관문 도시였다. 메디올라눔(Mediolanum)은 서로마 제국의 수도였다. 오늘날 이탈리아의 밀라노다. BC 315년 설립된 데살로니가는 지중해에서 유럽으로 들어가는 관문 도시였다. 유럽과 아시아를 연결하는 무역 중심지 역할을 했다. 론디늄(Londinium)은 로마 브리튼의 수도로 오늘날 영국의 런던이다. 영국과 북쪽으로 지나가는 무역 상품의 통과 지점이었다.[12] 그림 2.5

12 https://www.worldatlas.com/cities/the-9-most-important-cities-of-the-roman-empire.html
https://en.wikipedia.org/wiki/Rome/Ephesus/Antioch/Carthage/Alexandria

출처: 위키피디아 권용우

그림 2.5 **로마 제국의 영토와 주요 도시**

로마 제국이 세운 도시 가운데 바울과 관련된 도시는 이탈리아 로마(BC 753년 건설), 이스라엘 가이사랴(BC 25-13), 이스라엘/팔레스타인 예루살렘(131)등이다. 로마 제국이 세우지는 않았으나 로마 제국과 함께 성장한 바울 관련 도시는 그리스 데살로니가(BC 315), 튀르키예 이즈미르(BC 74) 등이다.[13]

로마 제국의 속주 가운데 바울이 다녔거나 관련있는 로마 속주는 20여 개다. 대부분이 지중해 연안 속주였다.[14] 바울과 관련 있는 로마 제국 속주를 로

---

https://en.wikipedia.org/wiki/Constantinople/Mediolanum/Thessalonika/Londinium

13 로마 제국이 세웠거나 로마 제국과 관련을 맺으며 성장 발전해 오늘에 이른 유럽의 여러 도시에 관한 내용은 『권용우, 2021, 2022, 세계도시 바로 알기: 1 서부유럽·중부유럽, 3 남부유럽, 4 동부유럽, 5 중동』(박영사)에서 상세히 다루고 있다.

14 https://www.azbible.com/paul-evangelist-apostle-maps.html

마 제국에 설치·합병됐던 순서에 따라 정리하면 다음과 같다. 성경 속 지명 뒤의 ()에는 영어 지명, 지명, 설치·합병된 연도, 종료 연도 등을 표기했다.

1 이달리야(Roman Italy 로마 이탈리아, BC 264-476)

> [1]우리가 배를 타고 **이달리야**에 가기로 작정되매 바울과 다른 죄수 몇 사람을 아구스도대의 백부장 율리오란 사람에게 맡기니 [6]거기서 백부장이 **이달리야**로 가려 하는 알렉산드리아 배를 만나 우리를 오르게 하니(행 27:1,6)

바울은 수리아 가이샤라에서 배를 타고 이달리야 로마로 향했다. 지중해의 여러 지역과 섬을 두루 돌아 시칠리아 수라구사를 거쳐 이달리야로 들어갔다.

성경의 이달리야는 로마 이탈리아(Roman Italy)를 말한다. 로마 이탈리아라고도 한다. '이탈리아'라는 용어는 반도 남부에 거주하던 이탈리아 부족에서 유래됐다.[15]

로마 이탈리아는 BC 264년에 건국되어 476년에 소멸했다. 공통 언어는 라틴어였다. 종교는 로마 다신교였다. 그러나 니케아, 칼케돈 회의 이후 기독교로 바뀌었다. 서기 1년 로마 이탈리아의 인구는 4,000,000-10,000,000명으로 추산했다. 로마 인구는 1,000,000명으로 추정했다.[16]

로마 이탈리아는 도시 국가로 출발했다. 지역 부족과 도시의 연합으로 연방 국가를 형성했다. BC 3-2세기 포에니, 마케도니아 전쟁 승리로 도약했다. 지중해 전역에 로마 속주를 설립했다. 로마 행정관은 경찰권을 행사했다. 주민은 로마 시민, 라틴 권리 공동체 등으로 구성됐다. BC 2세기 말-BC 1세기 사이 중부지역에서 노예 전쟁이 일어났다. 귀족 엘리트와 대중 개혁가로 나

---

15 https://www.quora.com/What-was-Italy-called-in-ancient-Roman-times

16 https://en.wikipedia.org/wiki/Demography_of_the_Roman_Empire

출처: 위키피디아 권용우

그림 2.6 로마 이탈리아와 로마 제국의 속주, 117년 트라야누스

뉘어 갈등했다. 갈등이 끝날 무렵 이탈리아인 모두에게 로마 시민권이 인정됐다. 율리우스 카이사르가 갈리아를 비롯하여 영토를 유럽 대부분으로 확장했다. 옥타비아누스 아우구스투스가 로마 제국을 11개 지역으로 나누어 통치했다. 그 후 2세기 이상 안정을 유지했다. 클라우디우스는 영국을 로마 제국에 편입했다. 베스파시아누스는 유대 반란을 진압하고 금융 시스템을 개혁했다. 트라야누스는 다키아를 정복하고 파르티아를 격파했다. 마르쿠스 아우렐리우스는 철학자 왕의 이상을 구현했다. 로마 이탈리아는 「세계의 통치자」, 「모든 땅의 부모」라 불렸다.그림 2.6

286년 디오클레티아누스는 서부 속주(**후의 서로마 제국**)와 관련된 제국의 거주지를 로마에서 메디올라눔(**현재 밀라노**)으로 옮겼다.[17] 292년 디오클

17 https://en.wikipedia.org/wiki/Roman_Italy
https://www.britannica.com/place/Italy-ancient-Roman-territory-Italy

레티아누스는 코르시카, 사르데냐, 시칠리아, 몰타 섬을 이탈리아에 추가했다. 메디올라눔과 라벤나 등의 이탈리아 도시는 계속해서 서부의 사실상 수도 역할을 했다.[18] 기독교가 공인되면서 콘스탄티노플이 부상했다. 유목민 게르만족이 이탈리아를 침략했다. 476년 이탈리아의 로물루스 아우구스투스가 폐위되면서 서로마 제국은 종말을 맞았다. 오도아케르(재위 476-493)의 지배를 받았다.[19]

바울이 활동하던 1세기의 로마 이탈리아는 세계를 관리했다.[20] 영국에서 아프리카까지, 시리아에서 스페인까지, 지구상의 4명 중 1명은 로마법 아래에서 살다가 죽었다. 1세기에는 문명, 힘, 권력, 공포, 폭정, 탐욕, 정교함, 잔혹함이 공존했다. 대부분의 로마인이 목욕을 즐겼다. 크고 작은 목욕 시설이 유적으로 남아 있다. 옷, 음식, 집, 취미는 사회 계층마다 달랐다. 시민들은 방해받지 않고 거래하고 여행할 수 있었다. 이는 초기 기독교가 로마까지 전파되는 데 도움을 주었다. 새로운 종교 기독교는 점진적으로 전통적인 로마 정신과 신의 영역을 대체했다. 트라야누스는 로마 제국을 다문화적인 용광로로 만들었다. 사회 구조는 유전, 재산, 부, 시민권, 자유에 기반을 두었다. 로마 사회는 남성을 중심으로 구성됐다. 여성은 아버지나 남편의 사회적 지위에 따라 결정됐다. 계층 간의 경계는 엄격했다. 계층의 구성원은 옷도 다르게 입었다. 황제는 보라색 옷을, 원로원은 가장자리를 따라 넓은 보라색 줄무늬가 있는 흰색 옷을 입었다. 빌립보에서 바울을 만난 루디아는 고급 의상인 자색 옷을 만들었다.[21]

---

18 https://en.wikipedia.org/wiki/Roman_province/Roman_Italy

19 https://en.wikipedia.org/wiki/Odoacer

20 https://en.wikipedia.org/wiki/Ancient_Rome
https://www.pbs.org/empires/romans/empire/
http://www.centuryone.com/rmnwrd.html

21 두아디라 시에 있는 자색 옷감 장사로서 하나님을 섬기는 루디아라 하는 한 여자가 말을 듣고 있을 때 주께서 그 마음을 열어 바울의 말을 따르게 하신지라(행 16:14)

2 시칠리아(Sicilia 시실리, BC 241-476)

[12](시칠리아) 수라구사에 대고 사흘을 있다가(행 28:12)

바울은 시칠리아 수라구사를 거쳐 이달리야로 들어갔다.

성경에서 수라구사가 나온다. 수라구사는 시칠리아(Sicily)에 있는 시라쿠사(Siracusa)를 말한다.그림 2.7 시칠리아는 BC 241년에 로마 제국이 획득한 최초의 속주다. 히에론 2세가 통치하던 시라쿠사 왕국은 BC 212년 제2차 포에니 전쟁에서 패배할 때까지 로마의 독립 동맹국으로 남았다. 그 이후 로마 제국은 시칠리아 섬 전체, 몰타 섬, 그리고 더 작은 섬 그룹인 에가디 섬, 리파리 섬, 우스티카, 판텔레리아 등을 차례로 정복했다.

출처: 위키피디아 권용우

그림 2.7 이탈리아의 시칠리아 시라쿠사와 몰타

시칠리아 섬은 로마 시의 주요 곡물 공급원이었다. BC 36년 아우구스투스가 속주 전체를 관리했다. 시칠리아 여러 주요 도시에 대규모 로마 식민지가 건설됐다. 동쪽의 시라쿠사, 카타니아, 메시나, 서쪽의 릴리바에움과 파노르무스 등의 여러 도시가 성장했다. 시칠리아의 공동체는 대체로 자치적이었다. 그리스어와 라틴어가 주요 언어였다. 포에니어, 히브리어 등의 언어도 사용됐다. 시칠리아 섬에는 여러 유대인 공동체가 있었다. 200년경부터 상당한 기독교 공동체가 들어섰다. 시칠리아는 476년 서로마 제국이 붕괴되면서 속주 기능이 종료됐다. 그 이후 콘스탄티노플의 동로마 제국의 지배를 받아 9세기까지 이어졌다.[22]

3 멜리데(Malta 몰타, BC 218-535)

> [1]우리가 구조된 후에 안즉 그 섬은 **멜리데**라 하더라(행 28:1)

바울은 로마로 이송 중 유라굴로 광풍을 만나 멜리데에 정박했다. 누가도 동행했다. 정박한 곳은 당대 멜리데의 므디나(Mdina)였다. 므디나 라바트에 1578년 성 바울 대성당이 지어졌다.[23] **그림 2.8** 바울은 멜리데에서 독사(毒蛇)에 물리나 상함이 없이 나왔다. 멜리데 섬의 최고 지도자 보블리오 아버지의 열병과 이질을 치료했다. 여러 병자를 고쳐 후한 대접을 받았다. 3개월 동안 복음을 전파한 후 섬을 떠나 시칠리아 수라구사로 이동했다.

22 https://en.wikipedia.org/wiki/Sicily/Sicilia_(Roman_province)/Messina
https://www.getty.edu/art/exhibitions/sicily/roman_conquest.html

23 https://en.wikipedia.org/wiki/Mdina/Rabat,_Malta
https://en.wikipedia.org/wiki/Basilica_of_St_Paul,_Rabat
https://2001-2009.state.gov/r/pa/ei/bgn/5382.htm

출처: 위키피디아

그림 2.8 **바울이 정박했던 몰타 공화국의 므디나와 성 바울 대성당**

성경의 멜리데는 몰타(Malta)를 뜻한다. BC 218년 로마는 이전에 섬을 지배했던 카르타고를 물리치고 몰타를 정복했다. 몰타는 로마의 시칠리아 속주에 속하게 됐고 로마 총독이 통치했다. BC 218년-535년 기간에는 로마가 몰타를 관리했다. 이 기간 동안 몰타는 멜리데로 불렸다. 로마의 통치 하에 몰타는 농업, 광업, 무역의 중요한 중심지가 됐다.

로마로 이송 중이었던 바울이 이 섬에 난파되어 이 섬 사람들을 기독교로 개종시켰다. 몰타는 초기 기독교 시대 기독교의 중요한 중심지가 됐다. 395년 로마 제국은 두 제국으로 나뉘었다. 몰타는 535년까지 동로마 제국의 일부로 남았다. 535년 몰타는 아랍 세력에게 정복당했다. 19세기 초 몰타에 영국 지중해 함대 사령부가 주둔했다. 1964년 몰타는 영국으로부터 독립했다. 1974년 몰타 공화국을 수립했다.그림 2.7

몰타 공화국(Republic of Malta)은 이탈리아에서 남쪽으로 80km 떨어진 지중해에 위치해 있다. 시칠리아에서 몰타까지 페리로 1시간 45분 걸린다. 유럽, 북아프리카, 중동과 연결되는 교차로다. 2021년 기준으로 몰타에는 316㎢ 면적에 542,051명이 거주한다. 수도는 발레타(Valletta)다. 발레타는 1980년 유네스코 세계문화유산으로 등재됐다. 몰타 공화국의 공용어는 몰타어, 영어다. 1530-1934년 기간의 공식 언어는 이탈리아어였다. 인종 구성은 2021년 기준으로 백인 89.1%, 아시아계 5.2% 등이다. 고소득 경제 선진국이다. 2024년 기준으로 1인당 GDP는 44,140 달러다. 따뜻한 기후, 개방된 시장 경제, 다국어를 구사하는 인구를 갖고 있다. 외국 무역, 제조업, 전자, 관광, 3차 산업 서비스 등의 경제 활동이 활발하다. 바울이 다녀간 이후 초기 기독교 중심지로 성장했다. 2021년 기준으로 몰타의 종교 분포는 기독교 88.5%, 이슬람 3.9%다.[24]

4 마게도냐(Macedonia 마케도니아, BC 146-7세기)

[9]밤에 환상이 바울에게 보이니 **마게도냐** 사람 하나가 서서 그에게 청하여
이르되 **마게도냐**로 건너와서 우리를 도우라 하거늘 [10]바울이 그 환상을 보
았을 때 우리가 곧 **마게도냐**로 떠나기를 힘쓰니 이는 하나님이 저 사람들에
게 복음을 전하라고 우리를 부르신 줄로 인정함이러라 [12]거기서 빌립보에 이
르니 이는 **마게도냐** 지방의 첫 성이요 또 로마의 식민지라 이 성에서 수일을
유하다가(행 16: 9-10, 12) [5]실라와 디모데가 **마게도냐**로부터 내려오매 바울이
하나님의 말씀에 붙잡혀 유대인들에게 예수는 그리스도라 밝히 증언하니(행
18:5) [21]이 일이 있은 후에 바울이 **마게도냐**와 아가야를 거쳐 예루살렘에 가
기로 작정하여 이르되 내가 거기 갔다가 후에 로마도 보아야 하리라 하고 [22]
자기를 돕는 사람 중에서 디모데와 에라스도 두 사람을 **마게도냐**로 보내고 자
기는 아시아에 얼마 동안 더 있으니라 [29]온 시내가 요란하여 바울과 같이 다
니는 **마게도냐** 사람 가이오와 아리스다고를 붙들어 일제히 연극장으로 달려

24 https://en.wikipedia.org/wiki/Malta/Capture_of_Malta_(218_BC)
https://en.wikipedia.org/wiki/History_of_Malta/Economy_of_Malta/Valletta
https://www.directferries.com/ferries_from_sicily_to_malta.htm
https://www.sharingholidays.com/content/history

> 들어가는지라(행 19: 21-22,29) [1]소요가 그치매 바울은 제자들을 불러 권한 후에 작별하고 떠나 **마게도냐**로 가니라 [3]거기 석 달 동안 있다가 배 타고 수리아로 가고자 할 그 때에 유대인들이 자기를 해하려고 공모하므로 **마게도냐**를 거쳐 돌아가기로 작정하니(행 20: 1,3)

바울은 아시아에 복음을 전파하려 했으나 성령께서 막았다. 무시아(**Mysia, 미시아**) 앞에서 비두니아(**Bythinia, 비티니아**) 쪽으로 가려 했으나 예수의 영이 허락하지 않았다. 무시아를 지나 드로아(**Alexandria Troas, 알렉산드리아 트로아스**)로 내려갔다. 밤에 환상으로 하나님이 마게도냐에 복음을 전하라고 부르셨다(**행 16:6-10**). 바울이 서양 그리스로 가서 먼저 복음을 전파하고, 나중에 동양 튀르키예에 복음을 전도하는 분수령이 되는 역사적 사건이었다.**그림 2.9** 바울은 2차, 3차 선교 여행을 통해 마게도냐의 네압볼리, 빌립보, 암비볼리, 아볼로니아, 데살로니가, 뵈뢰아 등을 답사하며 선교했다.

출처: biblestudy.org 권용우

그림 2.9 바울의 마게도냐 선교 行과 관련된 로마의 속주

성경의 마게도냐는 오늘날의 마케도니아(Macedonia)를 말한다.[25] BC 168년 로마 제국은 제3차 마케도니아 전쟁에서 마케도니아 왕국을 눌렀다. BC 146년 제4차 마케도니아 전쟁에 승리해 로마 제국은 마케도니아를 제국의 속주로 편입했다. 마케도니아 속주에는 옛 마케도니아 왕국과 에피루스, 테살리아, 일리리아, 파이오니아, 트라키아의 일부가 포함됐다. 마케도니아는 7세기까지 로마 속주로 존속했다.

고대 마케도니아어는 고대 그리스어의 방언이었다. 기원전 1천년 동안 마케도니아 왕국에서 사용된 인도유럽어족이다. BC 4세기에 마케도니아 귀족이 아테네 그리스어를 사용하면서 점차 사용이 중단됐다. 고대 그리스 방언은 헬레니즘 시대의 링구아 프랑카인 코이네 그리스어의 기초가 됐다. 고대 그리스 방언은 헬레니즘 또는 로마 제국 시대에 멸종됐고 코이네 그리스어로 완전히 대체됐다.[26] 바울이 활동하던 시대의 링구아 프랑카는 코이네 그리스어였다.

BC 120-146년 기간 로마 제국은 비아 에그나티아(Via Egnatia)를 건설했다. 일리리쿰, 마케도니아, 트라키아를 가로질러 알바니아, 북마케도니아, 그리스, 유럽 튀르키예의 일부를 통과하는 비아 아피아의 연장선이었다. 총 거리는 1,120km, 너비 6m였다. 다각형의 큰 석판으로 포장되었거나 단단한 모래 층으로 덮여 있었다.[27] 바울이 누비고 다녔던 로마의 도로다.

도로와 행정 시스템이 갖춰진 로마 식민지가 건설되면서 경제가 활성화됐다. 광대한 경작지와 풍부한 목초지는 부를 가져다 주었다. 생산 계층의 생활

---

25 https://en.wikipedia.org/wiki/Macedonia_(ancient_kingdom)
https://en.wikipedia.org/wiki/Macedonia_(Roman_province)
https://www.britannica.com/event/Macedonian-Wars
http://www.centuryone.com/rmnwrd.html

26 https://en.wikipedia.org/wiki/Ancient_Macedonian_language

27 https://en.wikipedia.org/wiki/Via_Egnatia
https://egnatia.eu/en/projects/egnatia-motorway/i-istoria-tis-egnatias-odoy/

조건이 개선되어 장인과 기술자가 증가했다. 석공, 광부, 대장장이 등이 상업과 기술직에서 일했다. 그리스인은 교사, 교육자, 의사 등으로 활동했다. 목재, 수지, 피치, 대마, 아마, 생선, 가축 등 농업 관련 제품과 철, 구리, 금이 수출됐다. 마케도니아의 항구 테살로니키, 카산드레이아 등은 수출 관문 도시였다. 수리아 안디옥의 그리스 의사 집안에서 태어난 누가는 내과의사였다.[28]

5 아시아(Asia, 소 아시아 Asia Minor, BC 133-7세기)

> [22]자기를 돕는 사람 중에서 디모데와 에라스도 두 사람을 마게도냐로 보내고 자기는 **아시아**에 얼마 동안 더 있으니라 [26]이 바울이 에베소뿐 아니라 거의 전 **아시아**를 통하여 수많은 사람을 권유하여 말하되 사람의 손으로 만든 것들은 신이 아니라 하니 이는 그대들도 보고 들은 것이라 [27]우리의 이 영업이 천하여질 위험이 있을 뿐 아니라 큰 여신 아데미의 신전도 무시 당하게 되고 온 **아시아**와 천하가 위하는 그의 위엄도 떨어질까 하노라 하더라 [31]또 **아시아** 관리 중에 바울의 친구된 어떤 이들이 그에게 통지하여 연극장에 들어가지 말라 권하더라(행 19:22,26-27,31) [4]**아시아**까지 함께 가는 자는 베뢰아 사람 부로의 아들 소바더와 데살로니가 사람 아리스다고와 세군도와 더베 사람 가이오와 및 디모데와 **아시아** 사람 두기고와 드로비모라 [16]바울이 **아시아**에서 지체하지 않기 위하여 에베소를 지나 배 타고 가기로 작정하였으니 이는 될 수 있는 대로 오순절 안에 예루살렘에 이르려고 급히 감이러라(행 20:4,16) [27]그 이레가 거의 차매 **아시아**로부터 온 유대인들이 성전에서 바울을 보고 모든 무리를 충동하여 그를 붙들고(행 21:27) [18]드리는 중에 내가 결

---

28 https://en.wikipedia.org/wiki/Luke_the_Evangelist
https://slparish.com/history-of-our-patron-st-luke

례를 행하였고 모임도 없고 소동도 없이 성전에 있는 것을 그들이 보았나이다 그러나 **아시아**로부터 온 어떤 유대인들이 있었으니(행 24:18) [2]**아시아** 해변 각처로 가려 하는 아드라뭇데노 배에 우리가 올라 항해할새 마게도냐의 데살로니가 사람 아리스다고도 함께 하니라(행 27:2)

바울은 1차, 2차, 3차 선교 여행 동안 소아시아의 여러 지역과 도시를 순회하면서 복음 전도에 전력투구했다. 초기 기독교가 소아시아에 뿌리를 내려 성장했다.

바울 시대 사도행전의 아시아는 소아시아(Asia Minor), 오늘날의 튀르키예 서부 아나톨리아(Anatolia)를 말한다. 바울이 에베소 등에서 역동적으로 선교 활동을 펼쳤던 곳이다. 동쪽의 팔레스타인과 서쪽의 로마 사이 지중해 연안 지역이다. 지리학자 스트라보(BC 64/63-24)는 타르수스의 서쪽을 소아시아라 말했다. 역사학자 오로시우스(375-418)는 아시아 본토와 바울이 복음을 전파한 지역을 구분하기 위해 소아시아라는 용어를 사용했다. 소아시아는 최초의 기독교 교회 발상지로 일곱 교회가 있었다. 일곱 교회는 요한계시록에서 예수가 요한에게 말씀하신 교회다. 여기에서의 교회는 대부분 각 도시에 거주하는 기독교인들의 기독 공동체를 의미한다. 일곱 교회는 에베소, 서머나, 버가모, 두아디라, 사데, 빌라델비아, 라오디게아 등이다. 모두 튀르키예 아나톨리아 지역에 있다.[29] **그림 2.1, 2.2, 2.9, 2.10**

BC 133년 페르가몬 왕국의 아탈루스 3세가 운명했다. 합법적인 후계자가 없던 아탈루스 3세는 자신의 왕국을 동맹 국가인 로마에 물려주었다. BC

---

29 권용우, 2022, 세계도시 바로 알기, 5권 중동, 튀르키예 공화국, 박영사.
https://en.wikipedia.org/wiki/Seven_churches_of_Asia/Anatolia
https://referenceworks.brill.com/view/entries/NPOE/e614980.xml
https://sharperiron.org/article/asia-new-testament
https://christianquestions.com/bible-questions/why-was-paul-told-not-to-preach-in-asia/
https://www-worldhistory-org.webpkgcache.com/doc/-/s/www.worldhistory.org/Asia_Minor/

출처: 위키피디아 Britannica 권용우

그림 2.10 소아시아의 일곱 교회와 바울과 관련된 로마 제국의 아나톨리아 속주

133년 로마는 페르가몬 왕국을 합병해 아시아 속주(**Provincia Asia**)를 세웠다.[30] 아시아 속주는 트로아스(**Troas**), 미시아(**Mysia**), 아에올리스(**Aeolis**), 리디아(**Lydia**), 이오니아(**Ionia**), 크레타를 제외한 에게해 섬들, 카리아(**Caria**)의 대부분, 피시디아(**Pisidia**)를 거쳐 팜필리아(**Pamphylia**)까지 이어지는 육로로 구성됐다. 프리기아(**Phrygia**)의 서쪽 부분은 BC 116년에, 리카오니아(**Lycaonia**)는 BC 100년 이전에, 키비라(**Cabira**) 주변 지역은 BC 82년에 아시아 속주에 추가됐다. 로마 제국의 통치 하에서 아시아 속주는 북쪽으로는 비티니아(**Bithynia**), 남쪽으로는 리키아(**Lycia**), 동쪽으로는 갈라티아(**Galatia**)와 경계를 이루었다. 아우구스투스가 로마 제국을 건국한 후 아시아 속주는 가장 명망있는 원로원 속주가 됐다. 아시아 속주는 7세기까지 존속했다. 아시아 속주는 소아시아(**아나톨리아**) 지역에 있었다.[31]

---

30 https://en.wikipedia.org/wiki/Kingdom_of_Pergamon/Attalus_III

31 https://en.wikipedia.org/wiki/Asia_(Roman_province)/Anatolia
https://kids.britannica.com/kids/article/Asia-Minor/346087

아시아 속주는 제국에서 가장 부유한 지역 중 하나였다. 아시아 속주에는 천연자원이 풍부했다. 농업과 산업이 활성화되어 생산물이 많았다. 모직물은 내륙의 특산품이었다. 무역로는 내륙에서 헤르무스 강과 마이안데르 강 계곡을 따라 에게해의 항구까지 이어졌다.

미시아, 리디아, 프리기아의 내륙 지역에 새로운 도시들이 건설됐다. 도시는 지방 행정, 자체 재정 및 건물, 영토 내의 법과 질서, 세금 징수를 담당했다. 에베소, 스미르나, 페르가몬, 사르디스, 키지코스 등의 5개 도시는 아시아 속주의 중심 도시 역할을 했다. 유물로 남을 만한 건물, 기념물 등이 건축됐다. 비문이 세워지고, 현지에서 주조된 동전 등이 유통됐다. 도시는 자치 도시에서 점차 행정 중심지로 바뀌었다.

도시에서는 축제 게임, 종교적 컬트, 웅변과 문화 활동이 활발히 이뤄졌다. 부유한 수사학자와 변증론자가 많이 사는 해안 도시는 화려하고 사치스러웠다. 내륙은 전통적인 농촌 사회가 유지됐다. 리디아와 프리기아는 아나톨리적 특성이 지속됐다. 아시아 속주 내륙 지역에서의 이교도 신앙은 엄격하고 자기 규율적인 도덕성이 강했다. 이는 유대인과 초기 기독교 집단이 번성할 수 있는 비옥한 토양을 제공했다. 아시아 속주 내륙에 위치한 상당수 지역은 4세기 초 이전에 기독교로 개종한 것으로 보인다.

① 드로아(Alexandria Troas 알렉산드리아 트로아스, BC 129)

> 8무시아를 지나 **드로아**로 내려갔는데 11우리가 **드로아**에서 배로 떠나 사모드라게로 직행하여 이튿날 네압볼리로 가고(행 16:8,11) 5그들은 먼저 가서 **드로아**에서 우리를 기다리더라 6우리는 무교절 후에 빌립보에서 배로 떠나

https://www.oxfordreference.com/display/10.1093/oi/authority.20110803095428649
https://www.britannica.com/place/Asia-ancient-Roman-province
https://www.quora.com/What-was-Asia-in-biblical-times

닷새 만에 **드로아**에 있는 그들에게 가서 이레를 머무니라 [7]그 주간의 첫날
에 우리가 떡을 떼려 하여 모였더니 바울이 이튿날 떠나고자 하여 그들에게
강론할새 말을 밤중까지 계속하매 [8]우리가 모인 윗다락에 등불을 많이 켰는
데 [9]유두고라 하는 청년이 창에 걸터 앉아 있다가 깊이 졸더니 바울이 강론
하기를 더 오래 하매 졸음을 이기지 못하여 삼 층에서 떨어지거늘 일으켜보
니 죽었는지라 [10]바울이 내려가서 그 위에 엎드려 그 몸을 안고 말하되 떠들
지 말라 생명이 그에게 있다 하고 [11]올라가 떡을 떼어 먹고 오랫동안 곧 날
이 새기까지 이야기하고 떠나니라 [12]사람들이 살아난 청년을 데리고 가서
적지 않게 위로를 받았더라(행 20:5-12)

바울은 2차 선교 여행에서 무시아를 지나 드로아에 왔다. 드로아에서 배로 떠나 사모드라게로 직행하여 이튿날 마게도냐의 네압볼리로 갔다. 바울은 3차 여행에서 다시 드로아에 들러 강론했다. 강론 중에 혼절한 유두고를 다시 살려 냈다.

성경의 드로아는 알렉산드리아 트로아스(**Alexandria Troas**)를 뜻한다.[32] BC 301년 알렉산더 대왕을 기리기 위해 이름을 알렉산드리아 트로아스로 바꾸었다. BC 227년까지 셀레우코스 관리 아래 있었다. BC 129년 이곳에 로마 제국의 아시아 속주가 설립되면서, 알렉산드리아 트로아스는 로마 제국의 속주가 됐다. 알렉산드리아 트로아스는 북서부 소아시아의 주요 항구로서 로마 시대에 크게 번영했다. BC 188년 자유롭고 자치적인 도시가 됐다. 전성기 인구는 100,000명으로 추산했다. 가톨릭과 동방 정교회의 기독교 도시로 유지됐다. 1336년 이슬람 오스만 제국에 정복당했다. 오스만 제

32 https://en.wikipedia.org/wiki/Alexandria_Troas
https://www.britannica.com/place/Troas
https://www.ancientportsantiques.com/wp-content/uploads/Documents/PLACES/Turkey/AlexTroas-Feuser2011.pdf

출처: 위키피디아

그림 2.11 알렉산드리아 트로아스의 목욕탕 시설 테르마이

국이 들어서면서 이 곳은 폐허로 변했다. 1900년대 400ha 면적 규모의 유적지가 발굴됐다. 목욕탕 테르마이(**Thermai**)[33], 극장, 체육관 단지, 대형 경기장 등의 유적지가 확인됐다.**그림 2.11**

② 무시아(Mysia 미시아, BC 129)

> 7**무시아** 앞에 이르러 비두니아로 가고자 애쓰되 예수의 영이 허락하지 아니하시는지라 8**무시아**를 지나 드로아로 내려갔는데(행 16:7,8)

바울의 2차 선교 여행 중 바울, 실라, 디모데는 무시아에 왔다. 비두니아로 가려했으나 예수의 성령이 허락하지 않았다. 아시아에서 전도하는 것도 금

33 https://en.wikipedia.org/wiki/Thermae

출처: 위키피디아

그림 2.12 무시아 페르가몬의 아크로폴리스

하셨다. 바울 선교팀은 무시아를 지나 드로아로 내려갔다. 밤에 환상을 통해 바울에게 마게도냐로 가서 복음을 전하라 하셨다.**그림 2.9, 2.10**

성경의 무시아는 고대 소아시아 북서쪽에 있었던 미시아(**Mysia**)를 말한다. 오늘날 튀르키예 아나톨리아 북서쪽에 위치해 있다. 미시아는 리디아, 페르시아, 페르가몬의 차례로 통치를 받았다. BC 129년 로마 제국의 아시아 속주에 편입됐다. 나중에 헬레스폰투스(**Helespontus**)라 불리는 별도의 로마 총독의 속주가 됐다. 미시아에는 카이쿠스 계곡의 페르가몬과 프로폰티스 강변의 키지쿠스 등의 도시가 번성했다. 북부에는 파리움, 람프사쿠스, 아비도스가, 남부에는 아소스, 엘라에아, 미리나, 키메 등의 도시가 있었다. 페르가몬에 아크로폴리스 유적이 있다.[34] **그림 2.12**

34 https://en.wikipedia.org/wiki/Mysia/Hellespontus
https://www.britannica.com/place/Mysia

③ 브루기아(Phrygia 프리기아, BC 116)

> [10]**브루기아**와 밤빌리아, 애굽과 및 구레네에 가까운 리비야 여러 지방에 사는 사람들과 로마로부터 온 나그네 곧 유대인과 유대교에 들어온 사람들과(행 2:10) [6]성령이 아시아에서 말씀을 전하지 못하게 하시거늘 그들이 **브루기아**와 갈라디아 땅으로 다녀가(행 16:6) [23]얼마 있다가 떠나 갈라디아와 **브루기아** 땅을 차례로 다니며 모든 제자를 굳건하게 하니라(행 18:23)

오순절 때 예루살렘에 모인 군중 가운데 브루기아에서 온 방문객들이 있었다. 바울과 실라의 2차 선교 여행 중 성령이 아시아에서 말씀을 전하지 못하게 하셨다. 그들은 브루기아와 갈라디아를 지나서 드로아로 내려갔다. 바울은 2차 선교 여행에서 안디옥으로 돌아왔다. 얼마 있다가 안디옥을 떠나 갈라디아와 브루기아를 순회하면서 모든 제자들을 굳건히 했다.

성경의 브루기아는 프리기아(**Phrygia**)를 말한다. 프리기아는 오늘날 튀르키예 아나톨리아 중서부에 위치해 있다. 프리기아에는 BC 1200-675년 기간에 사카리아 강을 중심으로 프리기아 왕국이 존재했었다.**그림 2.10**

BC 133년 프리기아는 로마 제국으로 넘어갔다. 로마는 프리기아를 분할해 북동쪽을 갈라티아 속주에, 서쪽을 아시아 속주에 편입했다. 프리기아 일부가 로마 속주에 편입된 때는 BC 116년이다. 서부 프리기아와 카리아는 254-259년에 아시아에서 분리되어 새로운 프리기아와 카리아 속주가 됐다. 디오클레티아누스 때 프리기아는 동쪽의 프리기아 살루타리스(**Salutaris**)와 서쪽의 프리기아 파카티아나(**Pacatiana**)라는 두 개의 속주로 나뉘었다. 파카티아나의 수도는 리쿠스 강변의 라오디게아(**Laodicea**)였다. 라오디게아는 소아시아에 있던 부유한 고대 그리스 도시였다. 라오디게아에는 요한계시록에서 언급된 아시아 일곱 교회중 하나가 있었다. 라오디게아는 오늘날 튀르키예 남서부 데니즐리(**Denizli**) 근처에 있다. 데니즐리 주에는 탄산염 광물

출처: 위키피디아

그림 2.13 라오디게아의 기둥이 늘어선 거리

위에 온천수가 흘러내리는 파묵칼레(Pamukkale) 자연 유적지가 있다. 데니즐리 파묵칼레 인근에 라오디게아 유적지가 있다.**그림 2.13** 프리기아 속주는 7세기 말까지 존속했다. 1071년 셀주크 튀르크는 만지케르트 전투를 통해 이 지역을 정복했다. 프리기아 지명은 1453년 비잔틴 제국 때까지 사용됐다.[35]

④ 루가오니아(Lycaonia 리카오니아, 일부 BC 100 전부 371)

[6]그들이 알고 도망하여 **루가오니아**의 두 성 루스드라와 더베와 그 근방으로 가서 [8]루스드라에 발을 쓰지 못하는 한 사람이 앉아 있는데 나면서 걷지 못하게 되어 걸어 본 적이 없는 자라 [11]무리가 바울이 한 일을 보고 **루가오**

35 https://en.wikipedia.org/wiki/Phrygia/Sakarya_River
https://en.wikipedia.org/wiki/Denizli/Laodicea_on_the_Lycus/Pamukkale
https://oxfordre.com/classics/view/10.1093/acrefore/9780199381135.001.0001/acrefore-9780199381135-e-859?product=orecla

니아 방언으로 소리 질러 이르되 신들이 사람의 형상으로 우리 가운데 내려 오셨다 하여(행 14:6,8,11)

바울은 루가오니아를 세 번 방문했다. 1차 선교 여행 때 바나바와, 2차 선교 여행 때 실라와 방문했다. 3차 여행 때 바울은 안디옥을 떠나 루가오니아의 여러 교회를 격려하고 굳건히 했다. 바울 당시 루가오니아는 갈라디아에 속했다. 바울과 바나바가 이고니온에서 유대인 회당에 들어가 유대와 헬라인에게 말씀을 전했다. 유대인 일부가 바울과 바나바를 공격해 이웃 루가오니아에 있는 두 도시 루스드라와 더베로 피신했다. 바울은 루스드라에서 발을 쓰지 못하는 사람을 치유했다. 이 일을 보고 루스드라 사람들이 루가오니아 방언으로 신들이 우리에게 내려 오셨다고 소리쳤다.

성경의 루가오니아는 리카오니아(**Lycaonia**)를 말한다. BC 133년 페르가몬 왕국이 해체되면서 리카오니아를 포함한 아시아는 로마가 관리했다. BC 100년 전부터 리카오니아의 일부가 로마에 편입됐다. BC 64년 폼페이우스 때 리카오니아 테트라르키 북부는 갈라티아에, 리카오니아 스트라테기아 동부는 카파도키아에 주어졌다. 바울이 활동 하던 시기의 리카오니아는 갈라티아에 속했다. 나머지는 길리시아에 합병됐다. BC 25년부터 리카오니아는 갈라디아 또는 갈라디아-카파도키아의 일부가 됐다. 371년 리카오니아는 처음으로 별도의 로마 속주로 편입됐다.

리키오니아에는 아나톨리아를 가로지르는 큰 도로 중 하나가 지나갔다. 그 도로를 따라 도시가 형성됐다. 이코니움(**Iconium**)은 셀레우코스 시대부터 리카오니아 중심 도시였다. 바울이 이고니온에서 말씀을 전했다. 바울 이후 리카오니아는 기독교 지역으로 바뀌었다. 4세기에 이르러 리카오니아는 아나톨리아의 다른 어떤 지역보다 잘 조직된 교회 시스템을 갖추었다.[36] **그림 2.10**

36 https://en.wikipedia.org/wiki/Asia_(Roman_province)
https://en.wikipedia.org/wiki/Lycaonia/Konya

⑤ 밤빌리아(Pamphylia 팜필리아, BC 67)

[13]바울과 및 동행하는 사람들이 바보에서 배 타고 **밤빌리아**에 있는 버가에 이르니 요한은 그들에게서 떠나 예루살렘으로 돌아가고(행 13:13) [24]비시디아 가운데로 지나서 **밤빌리아**에 이르러 [25]말씀을 버가에서 전하고(밤빌리아) 앗달리아로 내려가서 [26]거기서 배 타고 안디옥에 이르니 이 곳은 두 사도가 이룬 그 일을 위하여 전에 하나님의 은혜에 부탁하던 곳이라(행 14:24-26) [38]바울은 **밤빌리아**에서 자기들을 떠나 함께 일하러 가지 아니한 자를 데리고 가는 것이 옳지 않다 하여(행 15:38) [5]실리시아와 **밤빌리아** 바다를 건너 루기아의 무라 시에 이르러(행 27:5)

바울, 바나바, 마가 등 선교팀은 1차 선교 여행에서 구브로 바보를 떠나 밤빌리아에 들어갔다. 요한 마가는 밤빌리아 버가에서 선교팀으로부터 이탈해 예루살렘으로 가버렸다. 마가의 선교 중 도중 하차는 바울과 바나바가 2차 선교 여행에서 갈라서는 빌미를 만들었다. 바울과 바나바는 1차 선교 여행 귀환길에 밤빌리아에 다시 돌아왔다. 버가에서 말씀을 전하고 밤빌리아 앗달리아로 내려가 배를 타고 안디옥으로 귀환했다.

성경의 밤빌리아는 팜필리아(**Pamphylia**)를 뜻한다. 아나톨리아 반도 남부 해안에 위치한 고대 지역이다. 오늘날 튀르키예 안탈리아 주에 해당한다. 리키아와 길리시아 사이에 있다. 팜빌리아는 '많은 사람들의 땅'이란 뜻이다. 팜빌리아의 도시/유물은 아탈레이아(**안탈리아**), 페르게, 아스펜도스, 시데가 있다.[37] **그림 2.10**

BC 133년 아탈루스 3세가 죽은 후 소아시아 아나톨리아 지역은 로마의 속주가 됐다. BC 67년 폼페이우스 때 팜필리아는 로마의 속주 중 하나가 됐

---

https://www.britannica.com/place/Lycaonia
https://www.biblicaltraining.org/library/lycaonia

37 https://en.wikipedia.org/wiki/Pamphylia
https://en.namu.wiki/w/%ED%8C%9C%ED%95%84%EB%A6%AC%EC%95%84

다. 43년 팜필리아는 리키아와 합병됐다. 4세기 초 팜필리아 리키아는 각자의 독립된 속주로 나뉘었다. 로마 통치 기간 팜필리아는 경제적·문화적으로 번영했다. 팜필리아 항구는 지중해 무역로의 중요한 허브 기능을 수행했다. 팜필리아는 동로마 제국을 거쳐 오스만 제국의 일부가 됐다. 1911년 오스만 제국은 그리스, 크레타, 발칸반도에서 추방된 무슬림들을 팜필리아에 정착시켰다. 그 후 그리스-튀르크계 인구 교환이 이루어졌다. 오늘날 팜필리아 인구는 대부분 튀르크계 무슬림이다.

⑥ 비시디아(Pisidia 피시디아, BC 25)

[14]그들은 버가에서 더 나아가 **비시디아** 안디옥에 이르러 안식일에 회당에
들어가 앉으니라(행 13:14) [24]**비시디아** 가운데로 지나서 밤빌리아에 이르러(행
14:24) [1]아볼로가 고린도에 있을 때에 바울이 **윗지방**으로 다녀 에베소에 와
서 어떤 제자들을 만나(행 19:1) [11]박해를 받음과 고난과 또한 (비시디아) 안디옥
과 이고니온과 루스드라에서 당한 일과 어떠한 박해를 받은 것을 네가 과연 보고 알았거니와 주께서 이 모든 것 가운데서 나를 건지셨느니라(딤후 3:11)

바울과 바나바는 1차 선교 여행에서 비시디아 안디옥을 찾았다. 바울은 비시디아 안디옥 유대인 회당에서 설교했다. 동요와 갈등이 일어났다. 유대인들은 바울과 바나바를 비시디아 안디옥에서 추방했다. 그들은 이고니온, 루스드라, 더베로 가서 말씀을 전파했다. 더베에서는 복음이 잘 전달됐다. 바울과 바나바는 더베를 반환점으로 돌아 다시 비시디아 안디옥에 돌아왔다. 믿음의 공동체를 단단히 하려고 그리스도교 공동체에 장로들을 임명했다. 바울은 2차 , 3차 선교 여행에서도 비시디아 안디옥을 방문했다.

성경의 비시디아는 피시디아(**Pisidia**)를 뜻한다. 고대 소아시아 지역이다. 오늘날 튀르키예 안탈리아 지방에 해당한다.**그림 2.10**

피시디아는 로마의 동맹국인 카파도키아 왕국에 주어졌다. BC 25년 피시디아 대부분은 로마의 갈라티아 속주에 편입됐다. 로마 시대 피시디아는 군단의 식민지였다. 아우구스투스 치하에서 피시디아에는 8개의 식민지가 건설됐다. 안티오크는 피시디아의 주요 도시였다. 3세기 말까지 피시디아 속주의 공식 언어는 라틴어였다.

피시디아는 중요한 초기 기독교 중심지였다. 바울은 1차, 2차, 3차 선교 여행에서 피시디아를 방문했다. 74년 피시디아는 부분적으로 리키아와 팜필리아에 재편성됐다. 313년 콘스탄티누스가 기독교를 합법화했다. 이런 결과로 피시디아 안티오크는 기독교 중심지로 성장했다. 피시디아의 도시는 내전과 외국의 침략에 견디기 위해 요새화됐다. 그러나 518년의 지진, 541-543년경의 전염병, 7세기 중반의 또 다른 지진, 아랍의 습격 등으로 황폐해졌다. 비잔틴시대에 일부는 트라케시아 속주에, 일부는 아나톨리아 속주에 편입됐다. 11세기 셀주크 투르크가 피시디아를 점령했다. 셀주크 투르크는 중부 아나톨리아에 셀주크 술탄국을 건국했다.[38]

이상의 지역을 비롯해 아시아 속주에는 아에올리스(**Aeolis**), 리디아(**Lydia**), 이오니아(**Ionia**), 크레타를 제외한 에게해 섬들, 카리아(**Caria**)의 대부분, 키비라(**Cabira**) 주변 지역 등이 있었다.

6 비두니아(Bithynia 비티니아, BC 74-7세기)

> [7]무시아 앞에 이르러 **비두니아**로 가고자 애쓰되 예수의 영이 허락하지 아니하시는지라(행 16:7)

38 https://en.wikipedia.org/wiki/Pisidia/Antioch_of_Pisidia
https://www.britannica.com/place/Pisidia

바울이 무시아 앞에 이르러 동쪽 비두니아로 가고자 했으나 예수의 영이 허락하지 않았다.

성경의 비두니아는 비티니아(**Bithynia**)를 말한다. 비티니아는 오늘날 튀르키예 서북부 지역에 위치했다. 마르마라해, 보스포루스 해협, 흑해에 연해 있다. 니케아, 칼케돈, 니코메디아, 키우스, 아파메아 등 여러 도시가 있었다. 헤로도토스, 크세노폰 등에 따르면 비티니아는 트라케에서 넘어온 부족의 땅이었다고 한다. BC 297-BC 74년 기간 비티니아 왕국으로 존속했었다. BC 74년 비티니아는 로마 제국의 속주가 됐다. BC 63년 트라야누스 시기에 폰투스와 합병되어 비티니아 폰투스로 바뀌었다. 300년경 디오클레티아누스는 비티니아와 폰투스를 비티니아, 호노리아스, 파플라고니아의 3개 작은 속주로 나누었다. 7세기 비티니아는 비잔틴 옵시키온 테마(**Opsician Theme**)에 편입됐다. 13세기 셀주크 제국의 국경 지역이 됐다. 1325-1333년 사이 오스만 튀르크에 정복됐다.[39]

니케아(**Nicaea, Nicaia**)는 비티니아의 북서부 아나톨리아 지역에 있던 고대 그리스 도시다. 오늘날 튀르키예 이즈니크 부르사에 니케아 유적지가 있다. 니케아는 니케아 공의회 개최지며, 니케아 신조가 이루어진 곳이다. 325년 콘스탄티누스 1세가 니케아에서 개최한 니케아 공의회에서 삼위일체론(**Trinity**)이 본격적으로 논의됐다. 381년 콘스탄티노플 공의회에서 니케아 신조를 확정했다. 451년 칼케돈(**Chalcedon, Kalchedon**) 공의회에서 예수의 인간적 본성과 신적 본성이 논의됐다. 칼케돈 공의회에서 성부, 성자, 성령의 삼위일체론이 세계적인 기독교의 정식 교리로 채택됐다. 니케아는 1204년 제4차 십자군 전쟁 이후 니케아 제국의 수도였다. 1261년 비잔틴 제국이 콘스탄티노플을 탈환할 때까지 수도였다.[40] **그림 2.14**

---

39 https://en.wikipedia.org/wiki/Kingdom_of_Bithynia/Bithynia
https://en.wikipedia.org/wiki/Bithynia_and_Pontus/Opsikion
https://www.britannica.com/place/Bithynia

40 https://en.wikipedia.org/wiki/Nicaea/Nicene_Creed

출처: 위키피디아 권용우

그림 2.14 로마 속주 비티니아와 니케아, 칼케돈

7 그레데(Crete 크레타, BC 67-297)

7배가 더디 가 여러 날 만에 간신히 니도 맞은편에 이르러 풍세가 더 허
락하지 아니하므로 살모네 앞을 지나 **그레데** 해안을 바람막이로 항해하여
8간신히 그 연안을 지나 미항이라는 곳에 이르니 라새아 시에서 가깝더라
12그 항구가 겨울을 지내기에 불편하므로 거기서 떠나 아무쪼록 뵈닉스에 가
서 겨울을 지내자 하는 자가 더 많으니 뵈닉스는 **그레데** 항구라 13남풍이 순
하게 불매 그들이 뜻을 이룬 줄 알고 닻을 감아 **그레데** 해변을 끼고 항해하
더니 14얼마 안 되어 섬 가운데로부터 유라굴로라는 광풍이 크게 일어나니

---

https://en.wikipedia.org/wiki/First_Council_of_Nicaea/Second_Council_of_Nicaea
https://en.wikipedia.org/wiki/Council_of_Chalcedon/Chalcedonian_Definition/Trinity

[16]가우다라는 작은 섬 아래로 지나 간신히 거루를 잡아 [21]여러 사람이 오래 먹지 못하였으매 바울이 가운데 서서 말하되 여러분이여 내 말을 듣고 **그레데**에서 떠나지 아니하여 이 타격과 손상을 면하였더라면 좋을 뻔하였느니라 (행 27:7-8,12-14,16,21)

바울은 수리아의 가이사랴를 떠나 로마로 이송됐다. 로마에서 재판을 받기 위해서다. 지중해 해풍이 심하게 불어 그레데 연안을 지나 미항이라는 곳에 기항했다. 그러나 많은 사람이 그레데 해안 뵈닉스 항이 겨울 나기에 좋은 항구라 했다. 남풍이 순하게 불어 닻을 감아 그레데 해안을 끼고 항해했다. 얼마 안 되어 섬 가운데로부터 유라굴로라는 광풍이 크게 일어나 가우다라는 작은 섬 아래로 지나 간신히 거루를 잡아 표류했다. 바울은 그레데를 떠나지 않는 것이 타격과 손실을 면했을 것이라 말했다.

성경의 그레데는 크레타(Crete)를 말한다. 크레타는 그리스의 13개 행정구역 중 하나다. 그리스 섬 가운데 가장 크다. BC 67년 크레타와 키레나이카는 하나의 로마 속주로 통합됐다. 크레타와 키레나이카의 로마 수도는 크레타 섬의 고르틴(Gortyn)이었다.**그림 2.15** 크레타 속주에는 살모네(Salmone), 케이프 시데로스(Cape Sideros), 라새아(Lasaea), 미항(美港) 칼로이 리메네스(Kaloi Limenes), 뵈닉스(Phoenix 피닉스) 등의 도시가 있었다. 통합 속주였던 키레나이카(Cyrenaica)는 오늘날 리비아 동부 지역에 해당되는 지역이다. 298년 디오클레티아누스는 지리적인 불편함 때문에 크레타 속주와 키레나이카 속주를 분리했다. 곧 크레타 로마 속주는 BC 67-297년경까지 존속했다. 오늘날의 크레타(Crete)는 2021년 기준으로 8,450㎢ 면적에 624,408명이 거주한다. 행정 수도는 헤라크리온(Heraklion)이다. 헤라크리온에는 2021년 기준으로 244.6㎢ 면적에 179,302명이 산다. 크레타 섬은 대부분 산악 지대다. 크레타의 경제는 농업, 목축, 관광업이 받쳐준다. 농

출처: 위키피디아

그림 2.15 크레타와 키레나이카의 로마 수도 고르틴

업은 포도와 올리브 생산에 집중되어 있다.[41] **그림 2.1, 2.2**

BC 2700년부터 BC 1420년까지 유럽 최초의 선진 문명인 미노스문명이 크레타에서 전개됐다. 크노소스 궁전과 페스토스 유적, 고르틴 유적, 말리아 유적이 남아 있다. 미노스 문명은 그리스 본토의 미케네 문명에 의해 대체됐다. 로마, 비잔틴 제국, 안달루시아 아랍인, 베네치아 공화국, 오스만 제국이 차례로 크레타를 관리했다. 1913년 크레타는 그리스의 일부가 됐다. 크레타에는 하니아 베네치아 항구, 레팀노의 올드타운, 케이프 시데로스 등의 유적이 있다.

41 https://en.wikipedia.org/wiki/Crete/Gortyn/Heraklion/Salmone
https://en.wikipedia.org/wiki/Crete_and_Cyrenaica/Cyrenaica
https://www.britannica.com/place/Crete

8 키레나이카(Cyrenaica 키레나이카, BC 74-643)

[19]그 때에 스데반의 일로 일어난 환난으로 말미암아 흩어진 자들이 베니게
와 구브로와 안디옥까지 이르러 유대인에게만 말씀을 전하는데 [20]그 중에
구브로와 (키레나이카) **구레네** 몇 사람이 안디옥에 이르러 헬라인에게도 말하
여 주 예수를 전파하니(행 11:19-20) [1]안디옥 교회에 선지자들과 교사들이 있
으니 곧 바나바와 니게르라 하는 시므온과 (키레나이카) **구레네** 사람 루기오와
분봉 왕 헤롯의 젖동생 마나엔과 및 사울이라(행 13:1) [21]마침 알렉산더와 루
포의 아비인 (키레나이카) **구레네** 사람 시몬이 시골로서 와서 지나가는데 그들
이 그를 억지로 같이 가게 하여 예수의 십자가를 지우고(막 15:21)

예루살렘에서 스데반이 돌로 맞아 순교했다. 기독교도들은 흩어져 베니게, 구브로, 안디옥 등지로 모였다. 키레나이카 구레네에는 유대인이 많이 살았다. 이런 연유로 구레네에 초기 기독교가 퍼졌다. 안디옥에 모인 기독교인 가운데 키레나이카 구레네에서 온 사람들이 있었다. 시몬이라는 키레나이카 구레네 사람이 예수님의 십자가를 지고 예수가 십자가에 못 박히실 때까지 지고 다녔다.

성경의 구레네는 키레나이카(Cyrenaica) 속주에 있는 도시 키레네(Cyrene)를 말한다. 키레나이카는 키레네(Cyrene) 시의 이름을 따서 지은 지명으로 리비아 동부 지역을 일컫는다. 동경 16도에서 25도 사이의 리비아 동부 전체를 포함한다. BC 7세기부터 그리스인이 키레나이카(Cyrenaica) 해안지방에 식민도시를 건설했다. BC 67년 크레타와 키레나이카는 하나의 로마 속주로 통합됐다. 298년 크레타 속주와 키레나이카 속주가 분리됐다. 키레나이카는 643년까지 로마의 속주로 존속했다. 그후 키레나이카는 1951-1963년 기간에 리비아(Lybia) 왕국으로 바뀌었다.[42] 그림 2.1, 2.2

42 https://en.wikipedia.org/wiki/Crete_and_Cyrenaica/Cyrenaica

9 수리아(Roman Syria 로마 시리아, BC 64-198)

[23]그 편에 편지를 부쳐 이르되 사도와 장로 된 형제들은 안디옥과 **수리아**
와 실리시아에 있는 이방인 형제들에게 문안하노라 [41]**수리아**와 실리시아로
다니며 교회들을 견고하게 하니라(행 15:23, 41) [18]바울은 더 여러 날 머물다
가 형제들과 작별하고 배 타고 **수리아**로 떠나갈새 브리스길라와 아굴라도
함께 하더라 바울이 일찍이 서원이 있었으므로 겐그레아에서 머리를 깎았더
라(행 18:18) [3]거기 석 달 동안 있다가 배 타고 **수리아**로 가고자 할 그 때에 유
대인들이 자기를 해하려고 공모하므로 마게도냐를 거쳐 돌아가기로 작정하
니(행 20:3) [3]구브로를 바라보고 이를 왼편에 두고 수리아로 항해하여 두로에
서 상륙하니 거기서 배의 짐을 풀려 함이러라(행 21:3)

바울은 수리아 안디옥을 선교 활동과 선교 여행의 기·종착점으로 삼았다. 1차 선교 여행을 마친 후 안디옥에 돌아왔다. 안디옥, 수리아, 실리시아의 이방인 형제들에게 문안했다. 2차 선교 여행을 떠나기 전에 수리아 실리시아 교회들을 다니며 믿음을 견고히 했다. 2차 선교 여행에서 고린도에 머물다가 배를 타고 브리스길라와 아굴라와 함께 수리아로 떠났다. 3차 여행에서 에베소 선교를 마치고 배를 타고 수리아로 돌아가려 했다. 그러나 유대인이 해하려 해서 마게도냐를 거쳐 귀환하기로 했다. 로마로의 이송 과정에서 수리아 가이사랴에서 떠나 두로에 상륙했다.

성경의 수리아는 로마 속주 시리아(Roman Syria)를 말한다.[43] BC 64년 폼페이우스가 제3차 미스리다테스 전쟁에서 승리한 후, 로마 공화국의 시리아 속주(Provincia Syria)로 편입시켰다. 로마 시리아는 BC 64-198년 기간에 존속했다.

198년 로마 제국은 시리아 속주를 코엘레 시리아(Coele Syria)와 시

43 https://en.wikipedia.org/wiki/Roman_Syria/Syria

리아 포에니케(Syria Phoenice)로 나누었다. 각 속주의 수도는 안티오크(Antioch)와 두로(Tyre)로 정했다[44] 셀레우코스 왕조의 후원을 받아 정착한 안티오크, 아파메아, 키루스, 데카폴리스 등에서는 헬라어가 사용됐다. 두로, 시돈, 베리투스 등에서는 페니키아어가 사용됐다. 로마 시리아인은 근동 문화의 요소를 유지하면서 그리스 생활양식을 받아 들였다.그림 2.16

유대는 유대, 사마리아, 이두매, 갈릴리 지역을 통합하고 하스모네안과 헤로데 유대의 이전 지역 일부를 아우르는 로마의 속주였다. 135년 로마 제국은 유대를 시리아 팔레스티나(Syria Palaestina)로 바꾸었다.그림 2.16 로마 속주 시리아 팔레스티나는 136-390년의 254년 동안 존속했다. 팔레스티나 속주의 수도는 카이사레아 마리티마였다.[45]

로마 속주 수리아에는 다메섹, 실루기아, 안디옥, 시돈, 돌레마이, 두로, 예루살렘, 가이샤라 등의 도시가 있었다.

오늘날의 시리아는 시리아 아랍 공화국을 일컫는다. 시리아 아랍 공화국에는 2024년 추정으로 185,180㎢ 면적에 25,000,753명이 거주한다. 종교는 2024년 기준으로 이슬람 94.17%, 기독교 2.5%다. 2024년 기준으로 1인당 GDP는 781.90 달러다. 수도는 다마스쿠스다.

10 길리기아(Cilicia 길리시아, BC 64-8세기)

> [23]그 편에 편지를 부쳐 이르되 사도와 장로 된 형제들은 안디옥과 수리아와 **길리기아**에 있는 이방인 형제들에게 문안하노라 [41]수리아와 **길리기아**로 다

44 https://en.wikipedia.org/wiki/Coele_Syria_(Roman_province)
https://en.wikipedia.org/wiki/Phoenice_(Roman_province)

45 https://en.wikipedia.org/wiki/Syria_Palaestina/Syria
https://tradingeconomics.com/syria/gdp-per-capita

출처: 위키피디아 권용우

그림 2.16 210년 시리아-코엘레, 시리아-포에니케, 시리아-팔레스티나

니며 교회들을 견고하게 하니라(행 15:23, 41) [39]바울이 이르되 나는 유대인이
라 소읍이 아닌 **길리기아** 다소 시의 시민이니 청컨대 백성에게 말하기를 허
락하라 하니(행 21:39) [3]나는 유대인으로 **길리기아** 다소에서 났고 이 성에서
자라 가말리엘의 문하에서 우리 조상들의 율법의 엄한 교훈을 받았고 오늘
너희 모든 사람처럼 하나님께 대하여 열심이 있는 자라(행 22:3) [34]총독이 읽
고 바울더러 어느 영지 사람이냐 물어 길리기아 사람인 줄 알고(행 23:34) [5]**길
리기아**와 밤빌리아 바다를 건너 루기아의 무라 시에 이르러(행 27:5)

바울은 예루살렘 공의회를 마치고 안디옥으로 돌아오는 길에 길리기아의 여러 교회의 믿음을 견고하게 다졌다. 바울은 여러 선교 활동과 선교 여행에서 자기가 길리기아 다소에서 출생한 사람임을 변론했다. 바울은 로마로 이송되면서 길리기아 앞바다를 지나갔다.

성경의 길리기아는 길리시아(Cilicia)를 뜻한다. 길리시아는 튀르키예 남부 지중해 해안에 위치한 초기 로마의 속주였다. BC 64년 폼페이우스가 길리시아 해적과의 전쟁, 제3차 미트리다테스 전쟁에서 승리했다. BC 64년 전쟁의 승리로 길리시아는 로마 공화국에 합병되어 로마의 속주가 됐다. 길리시아 속주의 수도를 타르수스로 정했다. 길리시아 속주의 영역은 BC 47년 율리우스 카이사르와 BC 36년 마르쿠스 안토니우스 때 변화됐다. BC 27년 아우구스투스는 길리시아 속주를 축소시켰다. 키프로스는 별도의 속주가 됐다. BC 25년 아민타스가 죽은 후 팜필리아, 이사우리아, 피시디아, 리카오니아가 포함된 별도의 갈라티아 속주가 구성됐다. 이에 길리시아는 원래의 캄페스트리스와 아스페라로 축소됐고, 시리아-길리시아 포에니케로 이름이 바뀌었다. 길리시아는 7세기 중반 이후 인구가 감소해 로마와 칼리파국 사이의 무인지대를 형성했다. 길리시아는 8세기 초까지 동로마 제국이 관리하다가 우마이야 칼리파국에게 정복됐다. 1921년 길리시아는 앙카라 조약에 따라 튀르키예 땅이 됐다. 길리시아에는 2022년 기준으로 38,585.16㎢ 면적에 6,435,986명이 거주한다. 길리시아에는 메르신, 아다나, 오스마니예, 킬리스, 하타이 지방이 포함되어 있다. 길리시아에 유대교, 기독교, 이슬람이 널리 퍼졌다.[46] **그림 2.1, 2.2**

46 https://en.wikipedia.org/wiki/Cilicia_(Roman_province)/Cilicia

11 본도(Pontus 폰투스, BC 64-62)

> [2]아굴라라 하는 **본도**에서 난 유대인 한 사람을 만나니 글라우디오가 모든 유대인을 명하여 로마에서 떠나라 한 고로 그가 그 아내 브리스길라와 함께 이달리야로부터 새로 온지라 바울이 그들에게 가매(행 18:2)

바울은 고린도에서 본도 출신 유대인 아굴라를 만났다. 이달리야로부터 떠나온 아굴라와 브리스길라는 부부 사이로 천막 제작을 하는 장인이었다.

성경의 본도는 폰투스(Pontus)를 뜻한다. 튀르키예 북부에 위치한다. BC 281-BC 62년 기간 폰투스 왕국이 있었다. BC 64년 폼페이우스가 폰투스 왕국을 정복했다. 왕국의 일부가 로마 제국에 합병되어 폰투스와 비티니아라는 이중 속주가 됐다. 62년 폰투스는 서쪽의 폰투스 갈라티쿠스, 중앙의 폰투스 폴레모니아쿠스, 동쪽의 폰투스 카파도키쿠스 등 3지역으로 나뉘었다. BC 3세기에 그리스어가 폰투스 공식언어가 됐다. 폰투스는 그리스, 페르시아, 아나톨리아 문화가 융합되어 있는 지역이었다.[47] 그림 2.1, 2.2, 2.10

12 유대/이스라엘(Judaea 유다에아, Israel 이스라엘, BC 63-132)(Judaea 유대, Samaria 사마리아, Idumea 이두매, 6-132, Galilee 갈릴리, Perea 페레아, 44-132)

> [15]주께서 이르시되 가라 이 사람은 내 이름을 이방인과 임금들과 **이스라엘** 자손들에게 전하기 위하여 택한 나의 그릇이라(행 9:15) [31]그리하여 온 **유**

47 https://en.wikipedia.org/wiki/Kingdom_of_Pontus/Pontus/Pontus_(region)
https://en.wikipedia.org/wiki/Bithynia_and_Pontus

> **대와 갈릴리**와 **사마리아** 교회가 평안하여 든든히 서 가고 주를 경외함과 성령의 위로로 진행하여 수가 더 많아지니라(행 10:31) [24]그가 오시기에 앞서 요한이 먼저 회개의 세례를 **이스라엘** 모든 백성에게 전파하니라 [31]**갈릴리**로부터 예루살렘에 함께 올라간 사람들에게 여러 날 보이셨으니 그들이 이제 백성 앞에서 그의 증인이라(행 13:24,31) [3]그들이 교회의 전송을 받고 베니게와 **사마리아**로 다니며 이방인들이 주께 돌아온 일을 말하여 형제들을 다 크게 기쁘게 하더라(행 15:3) [28]외치되 **이스라엘** 사람들아 도우라 이 사람은 각처에서 우리 백성과 율법과 이 곳을 비방하여 모든 사람을 가르치는 그 자인데 또 헬라인을 데리고 성전에 들어가서 이 거룩한 곳을 더럽혔다 하니(행 21:28) [20]먼저 다메섹과 예루살렘에 있는 사람과 **유대** 온 땅과 이방인에게까지 회개하고 하나님께로 돌아와서 회개에 합당한 일을 하라 전하므로(행 26:20)

사도행전에서는 바울이 유대, 사마리아, 갈릴리 등지를 다닌 것으로 기록되어 있다. 바울은 3차 선교 여행에서 돌아와 예루살렘에 들어갔다. 예루살렘의 유대인, 헬라인 등 여러 사람들에게 복음을 전했다. 이를 반대하는 유대인들이 군중들에게 바울을 비난하는 말을 외쳤다.

성경의 유대는 로마 속주 유대(Judaea)를, 이스라엘(Israel)은 유대인이 사는 땅을 뜻하는 경우가 많다. 전성기 때 이스라엘은 유대, 이두매, 사마리아, 갈릴리의 레반트지역과 블레셋을 포함한 해안 평야의 일부를 영토로 관리했다. 하스모네와 헤로데 왕국이 존재했었다. 유대라는 이름은 철기 시대 유다 왕국에서 유래됐다.[48]

로마 공화국은 BC 63년 이스라엘(유대)을 정복했다. 정복한 이래 유대를 반자치적 가신 제도로 유지했다. 6년 유대가 로마 속주로 편입되면서 갈릴리의 유대인 봉기가 일어났으나 진압됐다. 30-33년경 예수가 십자가형으로 처

---

48 https://en.wikipedia.org/wiki/Judaea_(Roman_province)/Samaria
https://en.wikipedia.org/wiki/Edom/Antipater_the_Idumaean/Galilee/Perea

형된 후 기독교가 출현했다. 66-73년 제1차 유대-로마 전쟁이 일어났다. 70년 예루살렘 포위 공격과 성전 파괴가 이루어져 제2 성전 시대가 끝났다.

로마는 서기 6년 **유대**(Judaea), 사마리아(Samaria), 이두매(Idumea)를 로마 속주로 편입시켰다. 44년 갈릴리(Galilee), 페레아(Perea)를 로마 유대 속주에 편입시켰다. 132년 갈릴리와 유대를 합병해 시리아 팔레스티나(Syria-Palestina)라는 확장된 속주로 재편시켰다. 6-132년까지 유대라는 명칭의 로마 속주가 존속됐다. 로마가 이스라엘을 정복한 기간까지를 포함시키면 로마는 BC 63-132년 사이 유대(이스라엘)를 관리했다고 할 수 있다.그림 2.17

사마리아(Samaria)는 유대와 갈릴리 사이에 있다. 유대와 유사한 환경을 가졌다. 언덕과 계곡으로 이루어져 있고 농사에 충분한 비와 비옥한 땅이 있었다. 나무와 풀이 많아 목축이 가능해 우유를 생산했다. 6년 헤롯이 죽은 후 사마리아는 로마의 유대 속주에 편입됐다. 예수 당시 로마의 유대는 유대, 사마리아, 갈릴리, 파랄리아의 토파키로 나뉘어 있었다. 사마리아는 유대의 중심지였다. 신약 성서에 사마리아가 여러 차례 언급된다. 예수는 사마리아와 갈릴리 경계에서 열 명의 나병환자를 고쳤다(눅 17:11,12). 예수는 야곱의 우물에서 수가의 여자를 만나 자신을 메시아라고 선언했다(요 4:1-26). 예수의 초기 제자 공동체가 예루살렘에서 박해를 받아 유대와 사마리아 온 지방으로 흩어졌다(행 8:1). 6년 사마리아는 이두매와 함께 유대 속주에 편입됐다.

에돔(Edom)과 **이두매**(Idumaea)는 서로 관련이 있지만 서로 다른 용어다. BC 2세기 에돔족은 하스모네아 왕조에 의해 강제로 유대교로 개종하여 유대인 인구에 편입됐다. 에돔은 오늘날 요르단 남부 지역에 에돔 왕국을 세웠다. 에돔은 BC 6세기 바빌로니아가 유대를 파괴했을 때 유대 왕국의 남동쪽인 이두매로 이주했다. 헤롯 왕조의 창시자이자 헤롯왕의 아버지인 안티파터 1세(BC 113-BC 43)가 이두매인이었다. 6년 이두매는 사마리아와 함께 유대 속주에 편입됐다.

출처: 위키피디아 권용우

그림 2.17 1세기 유대 속주의 여러 지역

초기 로마 시대 **갈릴리**(Galilee)는 주로 유대인들이 거주했다. BC 63년 로마가 이곳을 정복한 후 유대인 정착민이 대량으로 유입됐다. BC 1세기-1세기 사이 많은 도시가 건설됐다. 갈릴리 경제는 농업, 어업, 특수 공예의 결합으로 번창했다. 나사렛에서는 수많은 올리브 압착기와 곡물 창고가 발굴되었다.

갈릴리해 주변은 비옥한 땅과 번창하는 어업으로 풍요로웠다. 타리캐아(**막달라**)에서는 소금에 절인 생선, 말린 생선, 중요한 수출 상품이었다. 44년 갈릴리는 페레아와 함께 로마 유대 속주의 일부가 됐다.

페레아(Perea)는 요르단 강 서쪽 유대와 사마리아의 동쪽에 위치했다. 데카폴리스 남서쪽에 있었다. 페레아는 헤롯 왕과 그의 후손들 왕국의 일부였다. 44년 페레아는 갈릴리와 함께 로마 유대 속주의 일부가 됐다.

13 구브로(Roman Cyprus 로마 키프로스, BC 58-688)

[4]두 사람이 성령의 보내심을 받아 실루기아에 내려가 거기서 배 타고 **구브**
로에 가서(행 13:4) [19]그 때에 스데반의 일로 일어난 환난으로 말미암아 흩어
진 자들이 베니게와 **구브로**와 안디옥까지 이르러 유대인에게만 말씀을 전하
는데 [20]그 중에 **구브로**와 구레네 몇 사람이 안디옥에 이르러 헬라인에게도
말하여 주 예수를 전파하니(행 11:19-20) [4]두 사람이 성령의 보내심을 받아
실루기아에 내려가 거기서 배 타고 **구브로**에 가서(행 13:4) [39]서로 심히 다투
어 피차 갈라서니 바나바는 마가를 데리고 배 타고 구브로로 가고(행 15:39) [3]
구브로를 바라보고 이를 왼편에 두고 수리아로 항해하여 두로에서 상륙하니
거기서 배의 짐을 풀려 함이러라 [16]가이사랴의 몇 제자가 함께 가며 한 오랜
제자 **구브로** 사람 나손을 데리고 가니 이는 우리가 그의 집에 머물려 함이라
(행 21:3,16) [4]또 거기서 우리가 떠나가다가 맞바람을 피하여 **구브로** 해안을
의지하고 항해하여(행 27:4)

구브로와 구레네 출신 몇 사람이 안디옥에 와서 주 예수를 전도했다. 바울은 바나바, 마가와 함께 1차 선교 여행을 떠났다. 레위족 사람 요셉 바나바는 구브로에서 태어났다. 요한 마가(**John Mark**)가 동행했다. 마가는 바나바의

사촌이다[49](**행 12:12**). 1차 선교 여행팀은 실루기아에 내려가 거기서 배 타고 구브로에 들어갔다. 구브로의 동쪽 살라미에서 가로질러 서쪽 바보에 이르기까지 말씀을 전했다. 바울은 2차 선교 여행에 앞서 마가의 동행을 놓고 바나바와 언쟁했다. 바나바는 마가와 함께 구브로로 떠났다. 바울이 로마로 이송되면서 구브로를 바라 보고 수리아 두로에 상륙해 짐을 풀었다. 구브로 사람 나손의 집에 머물렀다. 두로를 떠나 구브로 해안을 의지하고 항해를 계속했다.

성경의 구브로는 로마 키프로스(**Roman Cyprus**)를 말한다. 로마 키프로스는 로마 제국 내의 작은 원로원 속주였다. 종교적 성지가 여러 개 있었다. 키프로스는 구리의 생산과 무역에서 중요한 역할을 했다. 키프로스는 BC 2,000년에 미케네 그리스인이 두 차례 들어와 정착했다. 동지중해의 전략적 요충지였다, 이런 연유로 아시리아, 이집트, 페르시아 제국이 이곳을 점령했다. BC 58년 로마는 키프로스를 합병했다. 키프로스는 길리시아 속주의 일부가 됐다. BC 31년 로마의 독립적인 속주가 됐다. BC 22년 키프로스는 길리시아에서 분리된 원로원 속주가 됐다. 네아파포스를 수도로 삼았다. BC 18년, BC 17년, BC 15년, 16년, 76/77년, 342년, 365년 지진으로 섬이 파괴됐다. 40년대 후반 바울과 바나바가 섬 전체에 기독교를 전파했다. 293년 동로마 제국의 일부가 됐다. 346년 살라미스 도시가 키프로스의 수도 콘스탄티아로 재건됐다. 688년까지 키프로스는 로마가 다스렸다.

로마 시대 키프로스는 살라미스, 파포스, 아마투스, 라페토스의 네 지구로 나뉘어 관리됐다. 총독은 로마에 더 가까운 파포스에 거주했다. 로마는 도로, 수로, 다리를 건설했다. 도시에는 체육관, 극장, 사원이 지어졌다. 116년 이후 유대인 반란이 일어났으나 진압됐다. 로마 원로원이 유대인들에게 떠나라고 명령했다. 그러나 키프로스는 유대교의 중심지로 남았다. 이후 키프로스

---

49 https://en.wikipedia.org/wiki/Mark_the_cousin_of_Barnabas

는 아랍 칼리프국, 프랑스 루지냥 왕조, 베네치아, 오스만 제국(1571-1878)의 통치를 받았다. 1878년 키프로스 조약으로 영국이 관리했다. 1914년 영국이 공식적으로 합병했다. 1960년 키프로스는 영국으로부터 독립했다.[50]

구브로는 '구리(銅, copper)'를 뜻하는 고전 라틴어 Cuprum에서 이름을 얻었다. Cuprum은 헬라어로 「쿠프로스」라 하며 여기에서 「구브로」라는 말이 파생됐다. 키프로스 섬에서는 BC 4,000년부터 구리를 비롯한 광물 생산이 이뤄져 키프로스 경제의 버팀목이 되어 왔다. 키프로스에 스쿠리오티사에 노천 구리 광산이 있다. 2000년 이후 거주자가 급격히 줄어 들었다.그림 2.18

출처: 위키피디아

그림 2.18 **키프로스의 스쿠리오티사 구리 광산의 습식 야금 공장**

---

50 https://en.wikipedia.org/wiki/Roman_Cyprus/Cyprus/cuprum/Zeno_of_Citium
https://en.wikipedia.org/wiki/Mining_industry_of_Cyprus/Skouriotissa
https://www.metmuseum.org/toah/hd/hcyp/hd_hcyp.htm

키프로스의 오늘날 공식 명칭은 키프로스 공화국이다. 지중해에서 세 번째로 큰 섬이다. 2021년 기준으로 9,251㎢ 면적에 923,272명이 거주한다. 수도는 니코시아다. 섬의 북동쪽 지역은 「북키프로스 터키 공화국」으로 분리됐다. 키프로스의 공식언어는 그리스어와 튀르키예어다. 영어는 영국 식민지 통치 기간(1878-1960) 동안 유일한 공식 언어로 1960년까지 링구아 프랑카였다. 2010년에 키프로스인의 80.4%가 제2언어로 영어에 능통했다. 2024년 기준으로 키프로스의 1인당 명목 GDP는 37,149달러다. 관광, 금융 서비스, 해운이 주요 산업이다. 세율이 낮고 사업하기가 용이해 여러 해외 기업의 선호 지역이 되어 왔다. 종교는 2020년 기준으로 기독교 72.3%, 이슬람 25.0%다. 기독교는 동방 정교회가 대부분이다.

키프로스는 그리스 신화의 아프로디테, 아도니스가 태어난 곳이다. 키프로스 출신 제논(BC 334-BC 262)은 스토아 철학의 창시자다. 스토아 주의는 고대 그리스와 고대 로마에서 번성했던 헬레니즘 철학의 한 학파다. 스토아주의자는 행복(eudaimonia)한 삶을 이루는 길은 지혜, 용기, 절제 또는 온건함, 정의라는 네 가지 덕목을 일상생활에서 실천하며 사는 삶이라고 규정했다.

14 아가야(Achaia, BC 27-7세기)

[12]갈리오가 **아가야** 총독 되었을 때에 유대인이 일제히 일어나 바울을 대적하여 법정으로 데리고 가서(행 18:12) [21]이 일이 있은 후에 바울이 마게도냐와 **아가야**를 거쳐 예루살렘에 가기로 작정하여 이르되 내가 거기 갔다가 후에 로마도 보아야 하리라 하고(행 19:21) [26]이는 마게도냐와 **아가야** 사람들이 예루살렘 성도 중 가난한 자들을 위하여 기쁘게 얼마를 연보하였음이라(롬 15:26)

바울이 2차 선교 여행에서 아가야 총독 갈리오에게 법정에서 시달림을 받았다. 3차 여행 중 바울은 마게도냐, 아가야, 예루살렘, 로마 여행을 구상했다. 로마 통치 때 아가야는 그리스 중부와 남부의 대부분을 포함하는 로마 속주였다.

성경의 아가야는 아카이아(Achaea)를 말한다. 아카이아는 펠로폰네소스 반도의 최북단 지역이다. 오늘날 그리스 상당 지역에 걸친 땅이었다. 아카이아는 BC 146년 로마에 정복당했다. BC 27년 아우구스투스는 아카이아를 원로원 속주로 설립했다. 아카이아가 다른 속주보다 로마에 지리적으로 더 가까웠다. 이런 연유로 로마 궁정이 제국 내에서 정치적 균형을 유지할 수 있도록 아카이아에 정치적 이점과 더 큰 지위를 부여했다.그림 2.1, 2.2

아카이아는 원로원이 통치하기에 가장 명예롭고 평화로운 속주 중 하나였다. 아카이아의 아테네는 알렉산드리아에 이어 제국의 엘리트를 위한 주요 교육 중심지였다. 7세기 슬라브족의 침략으로 광범위한 파괴가 발생했다. 많은 인구가 요새 도시, 에게해 섬, 이탈리아로 도피했다. 중세 시대 여러 차례의 침략과 분할을 거쳤다. 아카이아는 1460년에 투르크에 정복당했다. 아카이아 속주의 칼라브리타 근처에 있는 아이아 라브라 수도원에서 1821년 3월에 그리스 혁명의 깃발이 게양되었다. 아카이아는 1828년에 투르크로부터 해방됐다. 아가야 속주에는 아덴(아테네), 고린도, 겐그레아 등의 도시가 있었다.[51]

15 갈라디아(Galatia 갈라티아, BC 25-7세기)

> [6]성령이 아시아에서 말씀을 전하지 못하게 하시거늘 그들이 브루기아와 **갈라디아** 땅으로 다녀가(행 16:6) [23]얼마 있다가 떠나 **갈라디아**와 브루기아

51 https://en.wikipedia.org/wiki/Achaia_(Roman_province)/Greece
https://www.britannica.com/place/Achaea/Hellas_(theme)

땅을 차례로 다니며 모든 제자를 굳건하게 하니라(행 18:23) [4]아시아까지 함께 가는 자는 베뢰아 사람 부로의 아들 소바더와 데살로니가 사람 아리스다고와 **세군도**와 더베 사람 가이오와 및 디모데와 아시아 사람 두기고와 드로비모라(행 20:4)

바울은 1차 선교 여행에서 갈라디아 여러 도시에서 강론했다. 2차 선교 여행에서 갈라디아 땅을 지나 드로아로 갔다. 3차 선교 여행에서 갈라디아 제자들을 굳건히 했다. 바울의 3차 여행 중 아시아의 드로아에서 바울을 기다리는 사람 가운데 갈라디아 세군도 사람이 있었다. 바울은 갈라디아서 서신을 보내 예수 그리스도의 말씀을 전했다.

성경의 갈라디아는 갈라티아(Galatia)를 뜻한다. 튀르키예 중부 아나톨리아에 있는 로마 제국의 속주였다. 오늘날 튀르키예의 앙카라와 에스키셰히르 지방에 해당한다. 갈라티아는 BC 279년 갈리아가 발칸 반도를 침략한 후 정착하면서 시작됐다. BC 25년 로마 제국의 아우구스투스(BC 30-14)가 이곳을 로마 제국의 속주로 합병시켰다. 수도는 안키라(Ancyra)였다. 안키라는 현대 튀르키예의 수도 앙카라다. 디오클레티아누스의 사분 통치 개혁에 따라 북부와 남부가 나뉘어 각각 파플라고니아 속주의 남부와 리카오니아 속주를 형성했다. 398년 아르카디우스의 통치 기간 동안 이 지역은 갈라티아 프리마와 갈라티아 세쿤다 또는 살루타리스 속주로 나뉘었다. 갈라티아 프리마는 옛 속주의 북동쪽 부분을 차지했으며, 안키라를 수도로 유지했다. 살루타리스는 옛 속주의 남서쪽 절반을 차지했다. 두 속주는 유스티니아누스 1세 때(536-548) 재통합됐다. 7세기에 갈라티아는 새로운 아나톨리 테마(Anatolic Theme)에 편입되면서 로마 속주 기능은 끝났다. 갈라티아 속주에는 비시디아 안디옥, 이고니온, 루스드라, 더베 등의 도시가 있었다.[52] 그림 2.1, 2.2, 2.10

52 https://en.wikipedia.org/wiki/Galatia/Galatia_(Roman_province)/Anatolic_Theme
https://en.wikipedia.org/wiki/Epistle_to_the_Galatians

16 루기아(Lycia 리키아, 43-395)

[5]실리시아와 밤빌리아 바다를 건너 **루기아**의 무라 시에 이르러(행 27:5)

바울은 로마로 이송하던 중 실리시아와 밤빌리아 바다를 건너 루기아의 무리 시에 이르렀다.

성경의 루기아는 리키아(Lycia)를 뜻한다. 오늘날 튀르키예의 안탈리아와 무글라 지방에 해당하는 지중해와 부르두르 지방의 일부 내륙 지역에 접해 있다. 리키아는 BC 168-43년 기간 로마의 보호령으로 존속하면서 자치권을 부여받았다. 리키아는 43년 로마 제국의 밤빌리아에 합병되어 로마 속주가 됐다. 141년, 240년 지진으로 파괴됐다. 395년 밤빌리아와 분리되어 동로마 제국에 할당됐다. 13세기초 룸 술탄국이 리키아를 점령했다. 리키아는 1308년까지 룸 술탄국의 지배를 받았다. 1423년 이후 오스만 제국이 점령하여 관리했다. 오스만 제국이 해체되면서 튀르키예 공화국이 계승했다. 리키아에는 크산토스, 레툰, 미라, 피나라, 파타라, 키브라 등의 고대 도시 유적이 있다.[53] **그림 2.1, 2.2, 2.10**

17 아라비아(Arabia Petrea 아라비아 페트레아, 106-630년대)

[17]또 나보다 먼저 사도 된 자들을 만나려고 예루살렘으로 가지 아니하고 **아라비아**로 갔다가 다시 다메섹으로 돌아갔노라(갈 1:17)

---

https://www.britannica.com/place/Galatia

53 https://en.wikipedia.org/wiki/Lycia/Lycia_et_Pamphylia
https://www.britannica.com/place/Lycia
https://www.unrv.com/provinces/lycia.php

바울은 다메섹에서 회심한 후 예루살렘으로 가지 아니하고 아라비아로 갔다가 다시 다메섹으로 돌아왔다. 바울은 아라비아 나바테아 왕국이 관리하던 시기에 아라비아로 갔다.

성경의 아라비아는 나바테아 왕국이 있었던 아라비아(**Arabia**)를 뜻한다. 아라비아 페트레아 또는 아라비아로 표기한다. 106년에 로마 속주로 편입됐다. 로마의 아라비아 속주는 106-630년대 기간 로마 제국의 국경 속주였다. 남부 레반트에 있는 전 나바타아 왕국, 시나이 반도, 북서부 아라비아 반도로 구성됐다. 수도는 페트라였다. 북쪽은 시리아, 서쪽은 유대와 이집트, 남쪽과 동쪽은 아라비아 데저타와 아라비아 펠릭스로 알려진 나머지 아라비아와 접했다.[54]

헬라화된 유대인 디아스포라 바울은 전통 유대교에 맹종했던 예수 박해자였다. 32/33년 다메섹 회심은 바울을 완전히 바꾸어 놓았다. 바울은 「예수가 구약에서 예언하고 계시한 그리스도 자체」라고 선언했다. 율법과 할례라는 형식은 중요하지 않다고 보았다. 사랑의 본질인 예수를 구세주로 믿고 사랑을 실천하는 것이 믿음의 핵심이라고 선포했다. 바울은 모국어인 히브리어, 아람어와 화자어(**話者語**)인 헬라어를 완벽하게 구사했다. 장막 만드는 텐트 메이커로 생업을 꾸렸다. 예수를 빛으로 만나 회심한 바울은 성령으로 무장한 「예수 전도자」로 떨쳐 일어났다. 바울은 뜨거운 열정으로 거침없이 「예수가 그리스도다!」를 외치며 온 몸을 던졌다.

유대 사회에서 바울과 전통 유대교인 사이에 갈등이 일어나는 것은 필연적인 구조였다. 바울이 선교 활동을 다니면서 택한 장소는 유대인 회당 시나고그(**Synagogue**)다.[55] 시나고그에는 전통 유대인, 헬라화된 유대인, 사마리아인, 헬라인 등이 주요 참석자였다. 헬라인은 비유대인이라 하여 이방인으로 규정했다. 바울은 「할례와 율법보다 예수를 믿는 것이 구원을 받는 길」임을 천명했다. 바울이 강론할 때마다 유대인 회당과 유대인 사회는 발칵 뒤집

---

54 https://en.wikipedia.org/wiki/Arabia_Petraea
https://www.britannica.com/place/Arabia-Roman-province

55 https://en.wikipedia.org/wiki/Synagogue

혔다. 전통에 매달리는 유대인은 바울을 타도의 대상으로 설정했다. 그러나 바울의 말씀은 다이나마이트 같은 폭발력을 발휘했다. 이방인 헬라인과 본질에 의미를 두는 헬라화된 유대인에게 바울의 말씀은 진정한 복음이 되었다. 바울의 말씀은 마른 들판의 뜨거운 불씨가 되어 소아시아, 발칸반도 남부, 이탈리아 등으로 활활 타올랐다.

바울 이후 기독교는 로마 제국의 공식 종교가 됐다. 기독교는 유럽, 아메리카, 대양주, 아시아, 아프리카 등 전 세계로 퍼졌다. 2024년 기준으로 전 세계 기독교 신자 수는 2,630,000,000명이다.[56]

바울은 회심한 이후 예수를 전도하기 위해 선교 여행길에 나섰다. 바울의 주요 선교 활동 지역은 그리스-로마 시대의 소아시아(**Asia Minor**), 발칸반도 남부, 이탈리아 등지였다. 바울의 발길이 닿은 곳은 동양과 서양의 20여 개 속주와 수십 개의 도시에 이른다. 바울은 이들 선교 활동 지역을 한 차례 이상 여러 번 방문했다. 이곳에는 유대인 디아스포라와 헬라인이 다수 거주했다. 바울은 순교하면서까지 유대교와 완전히 다른 「예수 중심의 기독교」를 세우는 데 헌신했다.

여기에서는 바울의 선교 활동이 고정된 한 지역에서 펼쳐진 것이 아니고 선교 여행길 가운데 다양하게 전개되었음에 주목하고자 한다.

바울이 회심한 이후 진행된 바울의 선교 활동은 크게 다섯 갈래로 고찰하는 것이 가능하다. ① 초기 선교 활동(**32/33-45**) ② 1차 선교 여행(**46-49**) ③ 2차 선교 여행(**49-52**) ④ 3차 선교 여행(**52-57**) ⑤ 로마 선교 여행(**58-60년대 중반**) 등이다. 바울의 선교 활동과 여행길을 따라 가면서 구체적 내용을 순차적으로 정리해 보기로 한다. 지명은 성경에 나오는 지명과 오늘날의 지명을 병기하여 설명하기로 한다. 로마의 속주는 제2장에서 다루었다. 이에 다음 장부터 전개되는 바울의 선교 활동과 선교 여행에서는 도시를 중심으로 고찰하기로 한다.

---

56 https://en.wikipedia.org/wiki/History_of_Christianity
https://research.lifeway.com/2024/01/22/8-encouraging-trends-in-global-christianity-for-2024/

표 2.1 바울과 관련된 로마의 속주

	성경지명	지명	설치·합병연도	종료연도
01	이달리야	Roman Italy 로마 이탈리아	BC 264	476
02	시칠리아	Sicilia 시실리	BC 241	476
03	멜리데	Malta 몰타	BC 218	535
04	마게도냐	Macedonia 마케도니아	BC 146	7세기
05	아시아	Asia 소 아시아 Asia Minor	BC 133	7세기
	드로아	Alexandria Troas 알렉산드리아 트로아스	BC 129	
	무시아	Mysia 미시아	BC 129	
	브루기아	Phrygia 프리기아	BC 116	
	루가오니아	Lycaonia 리카오니아	일부 BC 100 전부 371	
	밤빌리아	Pamphylia 팜필리아	BC 67	
	비시디아	Pisidia 피시디아	BC 25	
06	비두니아	Bithynia 비티니아	BC 74	7세기
07	그레데	Crete 크레타	BC 67	297
08	키레나이카	Cyrenaica 키레나이카	BC 74	643
09	수리아	Roman Syria 로마 시리아	BC 64	198
10	길리기아	Cilicia 길리시아	BC 64	8세기
11	본도	Pontus 폰투스	BC 64	62
12	유대/이스라엘	Judaea 유다에아 Israel 이스라엘	BC 63	132
		Judaea 유대 Samaria 사마리아 Idumea 이두매	6	
		Galilee 갈릴리 Perea 페레아	44	
13	구브로	Roman Cyprus 로마 키프로스	BC 58	688
14	아가야	Achaia 아카이아	BC 27	7세기
15	갈라디아	Galatia 갈라티아	BC 25	7세기
16	루기아	Lycia 리키아	43	395
17	아라비아	Arabia Petrea 아라비아 페트레아	106	630년대

출처와 주 : Wikipedia, Brittanica 외 자료를 기초로 종합 정리

제3장 초기 선교 행로 Early Travels

바울의 초기 선교 행로(**Early Travels**)는 두 기간으로 나뉜다. 32/33-36년 기간에는 다마스쿠스, 아라비아, 예루살렘 등지에서 활동했다. 36-45년 기간에는 가이사랴를 거쳐 고향인 타르수스에서 머물렀다. 바울은 자신이 사람에게서 복음을 받은 것이 아니라 예수 그리스도의 은혜로 부르심을 받았다고 강조했다(**갈 1:11-16**).

바울이 초기 선교 활동으로 다녔던(**travels**) 구체적인 로마의 속주와 도시는 아래와 같다.**그림 3.1**

출처: 위키피디아 구글 권용우

그림 3.1 바울의 초기 선교 행로

수리아 **다메섹 - 아라비아 - 다메섹** - 수리아 **예루살렘** - 수리아 **가이사랴** - 길리기아 **다소**

여기에서는 바울이 초기 선교 활동을 활발하게 펼쳤던 다메섹, 아라비아, 예루살렘, 다소 등지에 대해서 살펴보기로 한다.

1 다메섹(Damascus 다마스쿠스)

[2]**다메섹** 여러 회당에 가져갈 공문을 청하니 이는 만일 그 도를 따르는 사람을 만나면 남녀를 막론하고 결박하여 예루살렘으로 잡아오려 함이라 [3]사울이 길을 가다가 **다메섹**에 가까이 이르더니 홀연히 하늘로부터 빛이 그를 둘러 비추는지라 [8]사울이 땅에서 일어나 눈은 떴으나 아무 것도 보지 못하고 사람의 손에 끌려 다메섹으로 들어가서 [10]그 때에 **다메섹**에 아나니아라 하는 제자가 있더니 주께서 환상 중에 불러 이르시되 **아나니아야** 하시거늘 대답하되 주여 내가 여기 있나이다 하니 [11]주께서 이르시되 **일어나 (다메섹) 직가라 하는 거리로 가서 유다의 집에서 다소 사람 사울이라 하는 사람을 찾으라 그가 기도하는 중이니라**(행 9:2-3, 8, 10-11) [19]사울이 **다메섹**에 있는 제자들과 함께 며칠 있을새 [20]즉시로 (다메섹) 각 회당에서 예수가 하나님의 아들이심을 전파하니 [22]사울은 힘을 더 얻어 예수를 그리스도라 증언하여 **다메섹**에 사는 유대인들을 당혹하게 하니라(행 9:19-20, 22)

[17]또 나보다 먼저 사도 된 자들을 만나려고 예루살렘으로 가지 아니하고 아라비아로 갔다가 다시 **다메섹**으로 돌아갔노라(갈 1:17) [23]여러 날이 지나매 (다

> 메섹) 유대인들이 사울 죽이기를 공모하더니 [24]그 계교가 사울에게 알려지니라
> 그들이 그를 죽이려고 밤낮으로 (다메섹) 성문까지 지키거늘 [25]그의 제자들이
> 밤에 사울을 광주리에 담아 (다메섹) 성벽에서 달아 내리니라(행 9:23-25) [32]**다메**
> **섹**에서 아레다 왕의 고관이 나를 잡으려고 **다메섹** 성을 지켰으나 [33]나는 광주
> 리를 타고 들창문으로 성벽을 내려가 그 손에서 벗어났노라(고후 11:32-33)

바울은 자신이 회심하기 전에 초기 그리스도인을 '한량없이' 박해했다고 고백했다. 바울은 더 구체적으로 예루살렘으로 돌아온 헬라화된 디아스포라 유대인들에게 고통을 주었다고 말했다.

바울은 다메섹에서 빛으로 예수를 만나 눈이 멀었다. 바울은 직가(**直街**)라는 거리의 유다집에 머물렀다. 아나니아가 바울에게 안수했다. 바울은 다시 보게 됐다.

다메섹에서 불의 연단을 받은 바울은 완전히 회심했다(**행 9:15, 22:15, 갈 1:16, 고전 15:8**).[1]

바울은 다메섹에서 예수의 제자들과 며칠 동안 지냈다. 바울은 다메섹으로 가는 길에 예수의 환상을 보았다고 선포한 후 다메섹에 머물렀다. 바울은 곧바로 각 회당에가서 「예수가 하나님의 아들」임을 전파했다. 듣는 사람이 다 놀랐다. 이 사람은 예루살렘에서 「예수를 따르는 사람」을 멸하려는 자가 아니냐. 여기 온 것도 그들을 결박해 대제사장에게 끌어 가고자 함이 아니냐고 했다. 그러나 바울은 「예수를 그리스도」라고 힘차게 증언했다. 다메섹에 있는 유대인은 당혹했다[2](**행 9:20-22**).

바울은 먼저 사도된 자들을 만나려고 예루살렘으로 가지 아니하고 아라비아로 갔다가 다시 다메섹으로 돌아왔다(**갈 1:17**). 바울이 아라비아에서 다

---

1 https://www.britannica.com/biography/Saint-Paul-the-Apostle
https://en.wikipedia.org/wiki/Conversion_of_Paul_the_Apostle

2 https://www.dwellcc.org/essays/chronological-study-pauls-ministry
https://www.ligonier.org/learn/devotionals/the-preparation-of-paul

메섹으로 돌아온 후 다메섹 탈출 사건이 일어났다. 다메섹까지 사울을 추격한 유대인들과 아라비아인들은 다메섹에 있는 유대인들과 바울을 치려고 공모했다. 당시 다메섹을 지배하던 아레다왕 방백들의 지휘 아래 바울이 드나들 성문을 지켰다. 사도행전의 이러한 기록은 바울이 아라비아에서 복음을 전파했다는 해석을 가능하게 한다. 체포될 위기 상황에서 신실한 예수의 추종자들이 바울을 광주리에 담아 들창문으로 성벽에서 달아 내려 피신시켰다[3](행 9:23-25)(고후 11:32-33). 바울은 다메섹을 떠나 게바(베드로)를 만나려고 예루살렘으로 갔다.

성경의 다메섹은 다마스쿠스(Damascus)다. 시리아의 수도이자 최대 도시다. 2022년 기준으로 77㎢ 면적에 2,503,000명이 거주한다. 다마스쿠스 대도시지역 인구는 2,685,000명이다. 다마스쿠스는 개신교 성경에서 히브리어 발음인 '다메섹'으로 표현한다. 라틴어로 '다마스쿠스', 아랍어로 '디마

출처: 위키피디아

그림 3.2 시리아의 수도 다마스쿠스 대도시 지역

3 https://en.wikipedia.org/wiki/Aretas_IV_Philopatris

출처: 위키피디아

그림 3.3 다마스쿠스의 직가(直街)라 불리는 거리(1900)와 동쪽 문 바브 사르키

슈크', 영어로 '다마스커스'로 표기한다.[4] **그림 3.2**

BC 64년 로마가 시리아 서부를 합병했다. 로마는 다마스쿠스에 두 개의 주요 도로 축을 구축했다. 동서 방향의 데쿠마누스 막시무스(**Via Recta**)와 남북 방향의 카르도(**Cardo**)다. 데쿠마누스 막시무스는 카르도보다 두 배 더 길었다. 직선 거리(**直街**)라고 불렸다. 직선 거리의 동쪽 절반은 바브 사르키(**Bab Sharqi**) 거리로, 서쪽 절반은 미드하트 파샤(**Midhat Pasha**) 거리로 명명됐다. 바브 사르키 거리는 데쿠마누스 막시무스의 동쪽 끝에 세워진 바브 사르키(**동쪽 門**)에서 따왔다. 바브 사르키 문의 이름은 주변 기독교 지구에서 유래했다. 바울 시대에 다마스쿠스는 7개의 문이 뚫린 성벽으로 둘러싸여 있었다. 오늘날에는 1960년대에 재건된 바브 샤르키 '동쪽 문'만 남아 있다. 바울은 「직가(**直街**)라 불리는 거리(**Street called Straight**)」에 머물렀다(**행 9:11**). 영어로 Straight Street라 표현한다. 다마스쿠스의 주요 동서 도로인

---

4 https://en.wikipedia.org/wiki/Damascus
https://www.britannica.com/place/Damascus/History

출처: 위키피디아

그림 3.4 바울과 아나니아, 다마스쿠스의 성 아나니아 예배당

데쿠마누스 막시무스다.[5] 그림 3.3

바울이 머물렀던 직가에 있던 집은 성 아나니아의 집(Saint Ananias House)이 됐다(행 9:17-19). 이곳에 성 아나니아의 예배당이 세워졌다.[6] 아나니아가 바울에게 세례를 준 다마스쿠스의 아나니아 집 유적으로 지하 구조물이다. 이 유적은 바브 샤르키 근처의 직선 거리 끝에 있다. 1921년 발굴됐다. 1631년 코르토나가 바울의 시력을 회복해 주는 아나니아를 그림으로 남겼다.그림 3.4

바브 키산은 다마스쿠스의 남동쪽에 위치한 문이다. 바브 키산은 '키산 문(Kisan Gate)'이라는 뜻이다. 다마스쿠스의 7개 고대 도시 문 중 하나였다. 칼리프 무아위야의 정복 당시 잘 알려진 노예의 이름을 따서 명명됐다. 도시의 남동쪽 구역은 바울이 갔을 로마 도로의 시작점과 매우 가까웠다. 이 구역에 초기부터 기독교인들이 살았다. 바울이 바구니에 담겨 성벽 창문 밖

5 https://en.wikipedia.org/wiki/The_Cardo_(Jerusalem)
https://en.wikipedia.org/wiki/Straight_Street/Midhat_Pasha_Souq/Bab_Sharqi
https://dailyencouragement.wordpress.com/2016/02/02/the-other-judas/

6 https://en.wikipedia.org/wiki/Ananias_of_Damascus/Saint_Ananias_House

출처: 위키피디아

그림 3.5 다마스쿠스의 바브 키산 성 바울 예배당

으로 내려져 다마스쿠스에서 탈출한 장소는 바브 키산(Bab Kisan)으로 여겨진다. 바브 키산 근처 타라파 빈 알-압드 거리에 성 바울 예배당(Chapel of Saint Paul)이 세워졌다. 1939년에 봉헌됐다. 이 예배당에는 바브 키산의 돌이 몇 개 포함되어 있다.[7] 그림 3.5

2 아라비아(Arabia, 나바테아 왕국 Nabataean Aramaic)

> [23]여러 날이 지나매 유대인들이 사울 죽이기를 공모하더니(행 9:23) [17]또 나보다 먼저 사도 된 자들을 만나려고 예루살렘으로 가지 아니하고 **아라비**

7 https://en.wikipedia.org/wiki/Chapel_of_Saint_Paul/Bab_Kisan
https://www.thebyzantinelegacy.com/early-christian

아로 갔다가 다시 다메섹으로 돌아갔노라(갈 1:17) [24]이것은 비유니 이 여자들은 두 언약이라 하나는 시내 산으로부터 종을 낳은 자니 곧 하갈이라 [25]이 하갈은 **아라비아**에 있는 시내 산으로서 지금 있는 예루살렘과 같은 곳이니 그가 그 자녀들과 더불어 종 노릇 하고(갈 4:24-25) [11]광야와 거기에 있는 성읍들과 게달 사람이 사는 마을들은 소리를 높이라 셀라의 주민들은 노래하며 산 꼭대기에서 즐거이 부르라(사 42:11)

바울은 예루살렘으로 가기 전에 먼저 아라비아로 갔다(**갈 1:17**). 아라비아에서 3년을 지냈다. BC 85-BC 71년 기간에 아라비아 나바테아 왕국(**BC 3세기-106**)이 다메섹을 지배했다. 나바테아 왕국에는 시내(**시나이**)산이 있다. 바울은 시내산을 언급했다(**갈 4:24-25**).

『사도행전』 9장 23절의 '여러 날'이라고 번역한 헬라어 표현은 「오랜 기간」을 의미한다는 해석이 있다. 오랜 기간 아라비아에 갔다왔다는 설명이다. 바울은 3년간 아라비아에 머물렀다. 바울이 아라비아 행을 택한 이유는 확실하지 않다. 바울은 유대인의 역사적 흐름을 잘 알고 있었다. 이런 연유로 바울이 아브라함의 아들 이스마엘 후손들이 다수 살고 있던 아라비아로 가서 복음을 전파하려 했다는 주장이 있다. 바울이 시내산이 있는 아라비아에 머물며 하나님의 가르침을 직접 체험해 보려는 뜻이었다는 견해도 있다.[8]

성경의 아라비아는 당시 아라비아에 있던 나바테아 왕국(**Nabataean Aramaic**)이라고 설명한다. 나바테아 왕국은 「나바테아」라고도 불렸다. 나바테아는 아라비아에서 BC 3세기 중반부터 106년까지 독립적인 정치체로

---

8 https://www.britannica.com/biography/Saint-Paul-the-Apostle
https://www.journals.uchicago.edu/doi/pdfplus/10.1086/474761
https://kr.christianitydaily.com/articles/90527/20170116/
https://www.jesuswalk.com/paul/02_arabia.htm
https://readingacts.com/2017/09/08/why-did-paul-go-to-arabia/
https://www.ligonier.org/learn/devotionals/the-preparation-of-paul
https://library.biblicalarchaeology.org/article/what-was-paul-doing-in-arabia/

출처: 위키피디아 권용우

그림 3.6 나바테아 왕국(BC 3세기–106), 다메섹(다마스쿠스), 시내산

존속했다. 남쪽으로 티하마를 따라 헤자즈까지, 북쪽으로는 다마스쿠스까지 뻗어 있었다. 나바테아 왕국은 관할 지역의 많은 무역로를 장악하여 막대한 부를 축적했다. BC 85-BC 71년 기간 동안 다마스쿠스는 나바테아 왕국의 통치를 받았다. 106년 로마 제국은 나바테아 왕국을 합병해 「아라비아 페트라에아」로 개칭했다. 성경의 아레다 왕은 아레타스 4세 필로파트리스(**Aretas IV Philopatris, 재임 BC 9-40**)를 지칭한다. 그는 자기 딸이 헤롯 안티파스와 결혼했지만 이혼당한 것에 대한 보복으로 헤롯 안티파스의 영토를 공략했다.[9]

시나이산(**Mount Sinai**)은 아랍어로 「자발 무사(**모세의 산**)」이라 불린다. 시나이 산은 이집트 시나이 반도 세인트 캐서린 근처에 있다. 높이 2,285m

9 https://en.wikipedia.org/wiki/Nabataean_Kingdom/Aretas_IV_Philopatris

다. 이 산은 『토라』, 『성경』, 『꾸란』에서 모세가 「십계명」을 받은 장소 중 하나라 했다.[10] 그림 3.6

3 예루살렘(Jerualem)

[17]또 나보다 먼저 사도 된 자들을 만나려고 **예루살렘**으로 가지 아니하고 아라비아로 갔다가 다시 다메섹으로 돌아갔노라 [18]그 후 삼 년 만에 내가 게바를 방문하려고 **예루살렘**에 올라가서 그와 함께 십오 일을 머무는 동안(행 21:17-18) [19]주의 형제 야고보 외에 다른 사도들을 (예루살렘에서) 보지 못하였노라(갈 1:19) [26]사울이 **예루살렘**에 가서 제자들을 사귀고자 하나 다 두려워하여 그가 제자 됨을 믿지 아니하니, [27]바나바가 데리고 사도들에게 가서 그가 길에서 어떻게 주를 보았는지와 주께서 그에게 말씀하신 일과 다메섹에서 그가 어떻게 예수의 이름으로 담대히 말하였는지를 전하니라. [28]사울이 제자들과 함께 있어 **예루살렘**에 출입하며, [29]또 주 예수의 이름으로 담대히 말하고 헬라파 유대인들과 함께 말하며 변론하니 그 사람들이 죽이려고 힘쓰거늘 [30]형제들이 알고 (예루살렘에서) **가이사랴**로 데리고 내려가서 다소로 보내니라(행 9:26-30)

아라비아에서 다메섹으로 돌아 온 바울은 게바(Cephas, 베드로)를 만나려고 예루살렘으로 갔다(갈 1:18-24, 행 9:26-30). 바나바가 바울을 사도들에게 데리고 갔다. 바울은 베드로와 함께 15일을 지냈다. 예수의 동생 야고보도 만났다.[11] 그러나 상당수 예수의 제자들은 바울과 사귀는 것에 부담을 가졌다. 바

10 https://en.wikipedia.org/wiki/Mount_Sinai

11 https://en.wikipedia.org/wiki/Paul_the_Apostle

울이 예수의 제자가 된 것을 믿지 않았기 때문이다. 이에 바나바는 ① 바울이 길에서 어떻게 주 예수를 보았는지 ② 예수께서 그에게 말씀하신 내용이 무엇인지 ③ 다메섹에서 그가 어떻게 예수의 이름을 담대히 말했는지를 힘주어 전했다. 바울은 예수의 제자들과 함께 있으며 예루살렘에 출입했다. 주 예수 이름으로 담대히 말했다. 헬라파 유대인과 함께 말하고 변론했다. 예루살렘 유대인이 바울을 죽이려고 했다. 예수를 믿는 형제들이 이러한 사실을 알아냈다. 예수의 추종자들은 안전을 위해 바울이 예루살렘을 떠나 수리아의 가이사랴를 거쳐 길리기아의 고향 다소로 돌아가게 했다(행 9:26-30)(갈 1:18-21).

성경의 예루살렘은 이스라엘의 수도 예루살렘(Jerusalem)을 말한다. 예루살렘은 '평화의 도시'라는 뜻이다. 2022년 기준으로 48.325㎢ 면적에 981,711명이 거주한다. 유대인 60%, 팔레스타인 37%, 기독교인 1.7%다. 예루살렘 대도시지역 인구는 1,253,900명이다. 지중해와 사해 사이의 유대 산맥의 고원에 위치한 남부 레반트 도시다. 유대교, 기독교, 이슬람 종교의 성지다. 이들 세 종교의 공통 조상은 아브라함이다. 이스라엘국과 팔레스타인국은 예루살렘이 서로 자기들 수도라고 주장한다. 1981년 예루살렘 구시가지는 세계문화유산으로 등재됐다.[12] 그림 3.7

예루살렘은 BC 3000-BC 2800년에 기혼샘 정착지로부터 시작됐다. BC 1100년 다윗은 여부스족을 누르고 예루살렘을 이스라엘 연합 왕국의 수도로 세웠다. 그의 아들 솔로몬은 제1성전을 건축했다. BC 198년 셀레우코스 왕조는 예루살렘과 유대를 정복했다. 예루살렘을 수도로 하는 하스모네아 왕국(BC 140-BC 37)이 건국됐다. BC 37년 에돔 사람 헤롯이 등장해 하스모네아 왕국을 몰아냈다. 로마는 유대인의 속국 왕으로 헤롯 1세(재임 BC 37-BC 4)를 선임했다. 헤롯 1세는 벽, 탑, 궁전, 제2성전 등을 짓고 성전산을 확

https://www.ligonier.org/learn/devotionals/paul-meets-peter-and-james

12 https://en.wikipedia.org/wiki/Jerusalem/History_of_ancient_Israel_and_Judah
https://www.pbs.org/empires/romans/empire/josephus.html
권용우, 2022, 세계도시 바로 알기, 5권 중동, 이스라엘국, 팔레스타인국, 박영사.

출처: 위키피디아

그림 3.7 이스라엘의 수도 예루살렘

장했다. 성전산의 면적이 두 배로 늘어났다. 헤롯 1세가 죽고 아들 헤롯 안티파스(재임 BC 4-39)가 집권했다. 「분봉왕 헤롯」, 「헤롯 왕」으로 불렸다. 세례자 요한의 처형 사건에서 관여했다(마 14:1-12)[13]

기원후 6년 유대, 사마리아, 이두메아가 유다 속주로서 로마의 직접 통치를 받게 됐다.[14] 33년 예루살렘에서 예수가 십자가에 못 박혀 죽은 후 부활했다. 로마의 예루살렘과 유대 지배는 제1차 유대-로마 전쟁(66-73)에서 도전을 받았으나 전쟁은 로마의 승리로 끝났다. 70년에 로마인들은 예루살렘과 제2성전을 파괴했다. 제2성전 시대(BC 516-70)는 끝났다.[15] 바르 코크바 반란(Bar Kokhba revolt, 132-135)으로 이스라엘은 로마의 속주에서 추방됐다. 135년 유대(Judaea) 속주와 주변 지방과 통합해 새로운 이름인 시리아 팔레스티나(Syria Palaestina)로 개명됐다. 이때부터 이스라엘 땅이 「팔레스타인」으로 불리우게 됐다. 예루살렘은 콜로니아 아엘리아 카피톨리나(Colonia Aelia Capitolona)라 바뀌었다. 324년 콘스탄티누스 때 도시명칭이 다시 예루살렘으로 복원됐다.[16] 예루살렘은 설립 이래 두 번 이상 파괴됐다. 23번 포

13 https://en.wikipedia.org/wiki/Herod_the_Great/Herod_Antipas

14 https://en.wikipedia.org/wiki/History_of_the_Jews_in_the_Roman_Empire

15 https://en.wikipedia.org/wiki/Second_Temple

16 https://en.wikipedia.org/wiki/Hadrian/Bar_Kokhba_revolt

출처: 위키피디아
주: 왼쪽부터 오른쪽으로 종탑(12세기), 로툰다(큰 돔), 카톨리콘(작은 돔), 앰뷸레이터

그림 3.8 이스라엘 예루살렘의 성묘교회

위되었고, 44번 함락된 후 탈환되었다. 52번 공격을 받았다.

예루살렘은 기독교의 요람이다. 예루살렘은 구약 역사와 예수의 삶에서 중요한 의미를 지닌다. 예수는 예루살렘에서 사랑의 말씀을 전도했다. 예수의 마지막 만찬이 있었던 곳으로 여겨지는 다락방은 다윗 왕의 무덤이 있는 건물과 같은 시온산에 있다. 골고다(**갈보리**)는 예수의 십자가 처형 장소다. 성묘 교회는 예수의 빈 무덤이 있던 곳으로 부활했다. 성묘 교회에는 예수가 골고다에서 십자가에 못 박힌 곳과 예수가 묻히고 부활한 빈 무덤이 모두 있다.[17] **그림 3.8**

https://en.wikipedia.org/wiki/Aelia_Capitolina/Palestine_(region)

17 https://en.wikipedia.org/wiki/Jerusalem/History_of_Jerusalem
https://en.wikipedia.org/wiki/Church_of_the_Holy_Sepulchre

바울은 예루살렘에서 청소년기에 공부하고, 중장년기에 활동하며, 말년에 체포됐다. 바울은 예루살렘 가말리엘(Gamaliel) 학교에서 수학했다. 바울은 베드로를 만나러 예루살렘을 찾아갔다. 바나바와 함께 기근 지원금을 전달하기 위해 얘루살렘을 방문했다(행 11:29-30). 49년 예루살렘 공의회에 참석했다. 이 과정에서 바울, 바나바는 이방인 선교의 사명을 위임받았다(행 15:1-19)(갈 2:1). 2차 선교 여행길을 마치고 예루살렘을 거쳐 안디옥에 귀환했다(행 18:18-22). 3차 선교 여행길 끝에 예루살렘에서 체포됐다(행 21:15-36).

4 다소(Tarsus, 타르수스)

> [30]형제들이 알고 가이사랴로 데리고 내려가서 **다소**로 보내니라(행 9:30)

바울은 예루살렘에서 가아사랴를 거쳐 고향 다소로 돌아왔다. 36-45년의 10년 동안 바울은 다소에서 머물렀다(행 9:30, 갈 1:21).[18] 바울이 다소에서 기독교 공동체 등에 관여하고, 토론을 벌였으며, 예수로부터 환상과 계시를 받았을 것이라는 해석이 있다.[19]

성경의 다소는 타르수스(Tarsus)를 뜻한다. 개역한글판 한글성서에서 다소로, 한글성서 공동번역에서 타르소로, 천주교 성경에서 타르수스로 표기한다. 타르수스는 튀르키예에서 네 번째로 큰 아다나-메르신 대도시 지역의 일부 지구다. 튀르키예 남부에 있다. 2022년 기준으로 2,029㎢ 면적에 350,732명이 거주한다. 지중해에서 내륙으로 20km 떨어진 도시다. 6,000년이 넘는 역사를 지닌 역사 도시다. 오랫동안 상업 중심지, 문명의 중심지였다. 로마 제국 시대 길리시아 속주의 수도였다. 알렉산더 대왕 시대부터

18 https://www.andrewforrest.org/bible-blog/the-10-year-period-when-paul-goes-dark

19 https://www.jesuswalk.com/paul/02_arabia.htm

출처: 위키피디아

그림 3.9 튀르키예 타르수스의 성 바울 교회와 성 바울 우물

소아시아에서 가장 영향력 있는 도시 중 하나였다. 이곳은 마크 안토니우스와 클레오파트라의 첫 만남의 장소다.[20]

BC 64년 폼페이우스 황제는 길리기아를 로마의 속주로 만들었다. 수도인 타르수스는 아우구스투스 시대부터 자유 도시였다. 당대 타르수스는 그리스 문화와 철학이 풍미했던 도시였다. 바울은 유대인으로 자랐으나, 타르수스에 널리 퍼진 그리스-로마의 역사 문화적 내용을 교육받았다. 타르수스에서의 학습은 바울의 유대인과 이방인을 대상으로 한 복음 사역에서 커다란 자산이 되었다.

기원후 5년경 바울은 타르수스에서 태어났다. 바울은 초기 선교 활동 중 예루살렘에서 낙향해 타르수스에 머물렀다. 2차, 3차 선교 여행 중에 타르수스를 들렀다.[21]

---

20 https://en.wikipedia.org/wiki/Tarsus,_Mersin

21 https://en.wikipedia.org/wiki/Paul_the_Apostle

타르수스에 바울을 기리는 성 바울 교회(**Saint Paul's Church**)가 세워져 있다. 1102년에 처음 건축됐고, 1862년 개축됐다. 1923년 타르수스에서 기독교 인구가 떠나 기독교 공동체수가 부족해 정기 예배는 열리지 않는다. 다만 순례자 그룹을 위한 의식은 거행된다. 1994년 튀르키예 문화관광부 보호 건물로 채택됐고, 기념 박물관으로 지정됐다. 1998-2000년 기간에 복원 작업이 진행됐다. 2000년 성 바울 교회, 성 바울 우물, 주변 역사 지구는 유네스코 세계유산 잠정목록에 등재됐다.**그림 3.9**

성 바울 교회 건물의 총 면적은 460㎡다. 건물은 석조 벽과 블라인드 볼트로 구성되어있다. 내부 크기는 19.30m×17.50m다. 북동쪽 모서리에 높은 종탑이 세워져 있다. 중앙 본당 창문의 측면은 천사와 풍경 묘사로 장식되어 있다. 천장 중앙에 예수의 프레스코화가 그려져 있다. 천장 양쪽에는 마태, 마가, 누가, 요한의 프레스코화가 있다.

성 바울 우물(**Saint Paul's Well**)은 바울이 타르수스에 살면서 사용했던 우물이다. 이 우물은 성 바울 교회와 함께 터키의 유네스코 세계문화유산 잠정목록에 올라 있다. 공공기관에서 관리하고 있다. 여전히 사용 가능한 우물은 1999년 구조 발굴 중에 발굴됐다. 대부분 직사각형 모양의 돌로 만들어진 우물의 경우 꼭대기 지름은 1.15m, 깊이는 38m다.[22]

22 https://en.wikipedia.org/wiki/Saint_Paul's_Church,_Tarsus
https://en.wikipedia.org/wiki/Saint_Paul%27s_Well

제 4 장 1차 선교 여행
1st Missionary Journey

바나바는 바울을 만나러 다소로 갔다. 바울을 안디옥 교회 교역자로 청빙했다. 바나바와 바울은 예루살렘의 기근을 지원하기 위해 예루살렘으로 파견됐다. 안디옥 교회는 바나바와 바울에게 1차 선교 여행을 가도록 결정했다. 바울이 회심한 후 14년의 기간에 흐른 시점이었다. 바울과 바나바는 구레네, 밤빌리아, 갈라디아, 수리아 등지의 여러 도시에 말씀을 전도하고 안디옥으로 돌아 왔다. 바울과 바나바는 안디옥 교회에 제1차 선교 여행을 보고했다.

바울의 1차 선교 여행 경로는 다음과 같다.**그림 4.1**

> 수리아 **안디옥**(Antioch) **실루기아**(Selucia) – 구브로 **살라미 바보**(Paphos) – 밤빌리아 **버가** – 갈라디아 **비시디아 안디옥**(Antioch of Pisidia) **이고니온** – 루가오니아 **루스드라 더베** – **(되돌아감)** – 더베 – 루스드라 – 이고니온 – 비시디아 안디옥 – 밤빌리아 버가 **앗달리아**–안디옥

여기에서는 바울이 1차 선교 여행을 다닌 안디옥, 실루기아, 살라미, 바보, 버가(Perga), 비시디아 안디옥, 이고니온, 루스드라, 더베(Derbe), 앗달리아 등지에 대해서 고찰하기로 한다.

1 안디옥(Antioch 안티오크, Antiochia ad Orontem 오론테스의 안티오크)

> [19]그 때에 스데반의 일로 일어난 환난으로 말미암아 흩어진 자들이 베니게

출처: 사도행전 위키피디아 오티즈 권용우

그림 4.1 바울의 1차 선교 여행

와 구브로와 **안디옥**까지 이르러 유대인에게만 말씀을 전하는데 [20]그 중에
구브로와 구레네 몇 사람이 **안디옥**에 이르러 헬라인에게도 말하여 주 예수
를 전파하니 [22]예루살렘 교회가 이 사람들의 소문을 듣고 바나바를 **안디옥**
까지 보내니(행 11:19-20, 22) [1]**안디옥** 교회에 선지자들과 교사들이 있으니 곧
바나바와 니게르라 하는 시므온과 구레네 사람 루기오와 분봉 왕 헤롯의 젖
동생 마나엔과 및 사울이라(행 13:1)

[25]바나바가 사울을 찾으러 다소에 가서 [26]만나매 **안디옥**에 데리고 와서 둘
이 교회에 일 년간 모여 있어 큰 무리를 가르쳤고 제자들이 **안디옥**에서 비로
소 그리스도인이라 일컬음을 받게 되었더라(행 11:25-26)

[27]그 때에 선지자들이 예루살렘에서 **안디옥**에 이르니 [28]그 중에 아가보라

하는 한 사람이 일어나 성령으로 말하되 천하에 큰 흉년이 들리라 하더니 글
라우디오 때에 그렇게 되니라 [29]제자들이 각각 그 힘대로 유대에 사는 형제
들에게 부조를 보내기로 작정하고 [30]이를 실행하여 바나바와 사울의 손으로
장로들에게 보내니라(행 11:27-30) [1]십사 년 후에 내가 바나바와 함께 디도를
데리고 다시 예루살렘에 올라갔나니(갈 2:1)

[2]주를 섬겨 금식할 때에 성령이 이르시되 내가 불러 시키는 일을 위하여
바나바와 사울을 따로 세우라 하시니 [3](안디옥 교회에서) 이에 금식하며 기도하
고 두 사람에게 안수하여 보내니라(행 13:2-3) [26]거기서 배 타고 **안디옥**에 이
르니 이 곳은 두 사도가 이룬 그 일을 위하여 전에 하나님의 은혜에 부탁하
던 곳이라 [27]그들이 이르러 교회를 모아 하나님이 함께 행하신 모든 일과 이
방인들에게 믿음의 문을 여신 것을 보고하고 [28]제자들과 함께 오래 있으니
라(행 14:26-28)

스데반은 예루살렘에서 순교했다. 예수를 믿는 사람들은 예루살렘을 떠나 베니게(**페니키아**), 구브로(**키프로스**), 안디옥(**안티오크**) 등지로 흩어졌다. 이 지역에서 유대인에게 말씀이 전해졌다. 특히 구브로와 구레네(**크레타-키레나이카 키레네**)에서 온 전도자들은 안디옥에 있는 헬라인에게 「예수가 그리스도」라고 설교했다. 예루살렘 교회가 이 사람들의 소문을 듣고 바나바를 안디옥에 파송했다. 스데반 순교 이후 안디옥은 새로운 기독교 중심지가 됐다(**행 11:19-20, 22**).

바울 시대의 안디옥은 세계적인 도시였다. 교회 지도자들은 당대 세계 전역에서 모여든 다양한 계층, 인종, 국적을 가진 사람들이었다. 바나바는 구브로 출신의 유대인 레위 사람이었다. 시므온은 피부색 때문에 니게르라고 불릴 가능성이 컸다. 니게르는 '검은색 또는 어두운'의 뜻이다. 루시우스는 북아프리카 해안(**현재 리비아**)에 있는 로마 속주 구레네에서 왔다. 마나엔

은 헤롯 아그리파 왕과 함께 자란 엘리트 통치 가문 혈통이었다. 바리새인 바울은 길리기아의 다소 출신이었다(행 13:1).

바울이 회심한 후 14년의 기간이 지났다. 안디옥에서 말씀을 전할 사람을 충원하기로 했다. 바나바가 다소로 바울을 찾아가 안디옥으로 청빙했다. 바나바와 바울은 일년간 안디옥 교회에서 예수를 믿는 신자들을 가르쳤다. 안디옥에서 처음으로 예수 그리스도를 뜻하는 기독교(Christianity)란 말이 나왔다. 기독교를 믿는 사람을 기독교인(Chriatian)이라 일컬었다. 안티오크의 케라테이온(Kerateion) 구역에는 유대인이 많이 살았다.[1] 안디옥의 기독교 공동체는 예루살렘에 살고 있던 헬라화된 디아스포라 유대인들에 의해 설립됐다. 안디옥에 살았던 상당수의 이방인은 경건한 자들이었다. 안디옥에서 이방인 선교가 시작되었다. 이런 연유로 최초의 기독교 선교사들이 안디옥으로 모여들었다. 이는 초기 기독교 운동의 성격을 근본적으로 바꾸는 계기가 됐다. 기독교는 이방인도 믿는 새로운 종교로 바뀌었다. 안디옥은 초기 기독교의 출현의 중요한 전진 기지로 「기독교 의 요람」으로 자리매김했다(행 11:25-26).

40년대 이후 로마(41-42, 52), 유대(45), 그리스(50년경)에 기근이 들었다.[2] 바울과 바나바는 안디옥 공동체로부터 재정 지원을 받아 이를 전달하기 위해 예루살렘으로 갔다. 디도가 동행했다(행 11:27-30, 갈 2:1).

안디옥 교회는 성령의 명에 따라 바나바와 바울을 선교에 나서게 했다(행

---

1 https://en.wikipedia.org/wiki/Antioch/Kerateion
https://en.wikipedia.org/wiki/Second_Temple/Jewish_Christianity
유대계 기독교인(Jewish Christians)은 제2성전 시대(BC 516-70) 후반에 유대에서 출현한 유대교 종파의 예수 추종자들이었다. 이 유대인들은 예수가 예언된 메시아라고 믿었고 유대법을 계속 고수했다. 유대계 기독교는 초기 기독교의 기초였다. 나중에 가톨릭, 동방 정교회, 오리엔탈 정교회로 발전했다. 기독교는 유대적 종말론적 기대에서 시작됐다. 예수의 지상 사역, 십자가 처형, 추종자들의 십자가 처형 후 「예수를 그리스도」라 믿는 종교로 발전했다. 유대계 기독교인을 「예수를 믿는 유대인」, 「예수를 따르는 유대인」이라고 부르자는 제안이 있다. 유대계 기독교인은 주류 유대교에서 벗어나 5세기경 소멸됐다.

2 https://www.wordsfitlyspoken.org/gospel_guardian/v7/v7n30p2-3a.html

13:2-3). 바나바의 조카인 요한 마가를 데려갔다. 바울의 1차 선교 여행이다. 바울이 32/33년 회심한 후 14년의 기간이 흐른 시점이었다. 사도행전의 저자 누가는 유대어 이름 「사울」을 이방인에게 친숙한 헬라어 이름 「바울」로 바꾸어 호칭했다[3](행 13:13). 바울과 바나바는 1차 선교 여행을 마치고 안디옥에 돌아왔다. 안디옥 교회에 1차 선교 여행을 보고한 후 제자들과 함께 오래 있었다(행 14:26-28).

성경의 안디옥은 안티오크(Antioch)를 말한다. 오론테스 강의 안티오크(Antiochia ad Orontem)라고도 한다. 실피우스산을 배경으로 한 안티오크에는 오론테스 강이 흐른다. 오늘날의 안티오크는 유적으로 남아 있다. 유적 면적은 15㎢다.

셀레우코스 1세 니카토로(Seleucus I Nicator)는 셀레우코스 제국을 세우면서 60여 개의 도시를 세웠다. 셀레우코스는 이 중 16개 도시에 자기 아버지인 안티오쿠스(Antiochus)의 이름을 따서 도시 명칭을 안티오크(Antioch)라 명명했다. 성경에서 말하는 안티오크는 수리아 오론테스 강변에 위치한 도시다. 사도행전에 나오는 비시디아 안티오크는 갈라디아에 있는 또 다른 도시다.[4]

BC 300년 알렉산더의 장군 중 한 명인 셀레우코스 1세 니카토르가 안티오크를 헬레니즘 도시로 건설했다. 셀레우코스는 지중해 전역의 그리스인들이 안티오크에 정착하도록 장려했다. 새로운 도시 안티오크에는 아테네인들이 근처 도시인 안티고니아에서 데려온 지역 정착민, 마케도니아인, 처음부터 살았던 유대인들이 함께 모여 살았다. 안티오크는 지리적, 군사적, 경제적으로 좋은 입지 여건을 갖춘 도시였다. 비단길과 왕도에도 가까웠기

---

3 https://en.wikipedia.org/wiki/Mark_the_cousin_of_Barnabas
https://www.thegospelcoalition.org/article/no-saul-the-persecutor-did-not-become-paul-the-apostle/

4 https://en.wikipedia.org/wiki/Antioch/Orontes_River/Antioch_of_Pisidia
https://en.wikipedia.org/wiki/Antiochus_(father_of_Seleucus_I_Nicator)
https://en.wikipedia.org/wiki/Seleucus_I_Nicator/Seleucid_Empire

때문이다. 안티오크는 향신료 무역으로 부를 쌓았다. 안티오크는 BC 240-BC 63년 기간 동안 셀레우코스 제국(BC 312-BC 63)의 수도였다.

로마 시대에 안티오크는 로마령 시리아 속주의 주요 도시로 바뀌었다. 로마, 에베소, 알렉산드리아에 이어 로마 제국에서 네 번째로 큰 도시였다.[5] 안티오크는 코엘레 시리아의 수도로 이어졌다. 로마 제국은 안티오크를 이집트의 알렉산드리아보다 제국의 동부에 더 적합한 수도로 여겼다. 성벽, 사원, 포럼, 극장, 도로, 서커스, 기둥, 목욕탕 등이 세워졌다. 율리우스 카이사르는 BC 47년에 이 도시를 방문했다. 안티오크는 비잔틴 제국의 지역 수도가 됐다. 십자군 전쟁 동안에는 안티오크 공국의 수도였다.

안티오크에서는 전쟁, 반복되는 지진, 무역로의 변화로 중세 시대 이후 쇠퇴했다. BC 148년, 37년에 지진이 발생해 큰 피해를 입었다. 115년 지진으로 260,000명이 사망했다. 지진 규모는 표면파 규모 척도로 진도 7.5였다. 메르칼리 진도 척도로 추정 최대 진도는 XI(극단)이었다. 526년 지진으로 250,000명이 사망했다. 지진 후 화재가 발생해 대부분의 건물이 파괴됐다. 최대 진도는 7.0이었다. 메르칼리 진도 척도에서 VIII(심각)에서 IX(극심) 사이로 추정됐다. 2023년에 두 차례의 강력한 지진으로 심각한 피해를 입었다. 성 바울 교회를 포함한 일부 역사적 유적지가 파괴됐다. 수천 명이 집을 잃었고, 20,000명 이상이 사망했다.[6]

맘루크 술탄국 군대(1250-1517)는 안티오크의 기독교인을 죽이거나 노예로 만들었다.[7] 1432년 이후 안티오크의 기독교 유적지는 버려졌다. 1516년

---

5 https://en.wikipedia.org/wiki/Hellenistic_Judaism/Septuagint
알렉산드리아와 안티오크에 유대교와 헬레니즘이 결합한 헬레니즘 유대교(Hellenistic Judaism)가 이뤄졌다. 알렉산드리아에서 히브리어 성경을 코이네 그리스어로 번역한 『칠십인역(Septuagint, LXX)』(BC 3세기경)이 출간됐다.

6 https://en.wikipedia.org/wiki/115_Antioch_earthquake

7 https://en.wikipedia.org/wiki/526_Antioch_earthquake/Antakya
https://en.wikipedia.org/wiki/Mamluk_Sultanate
https://en.wikipedia.org/wiki/Military_of_the_Mamluk_Sultanate

안티오크는 오스만 제국에 편입됐다. 1932-1939년의 기간과 2016년에 안티오크의 유적지 일부가 발굴됐다.

안티오크 교회는 기원후 34년에 설립됐다. 사도 베드로가 초대 주교였다.[8] 베드로는 안티오크 교회에서 복음을 전했다. 튀르키예 안티오크 인근에 「성 베드로 동굴교회」가 있다. 스타리우스 산비탈에 깊이 13m, 너비 9.5m, 높이 7m의 동굴로 이루어져 있는 교회다. 설교로 안티오크 교회를 다진 사도 베드로를 기리는 기독교회라고 설명한다. 4-5세기에 기초를 놓았다. 1100년경 십자군에 의해 건설됐다. 19세기에 재건됐다. 2013년 교회 박물관으로 복원됐다.[9] **그림 4.2**

출처: 위키피디아

그림 4.2 튀르키예 안타키아 인근 성 베드로 동굴교회

8 https://en.wikipedia.org/wiki/Patriarch_of_Antioch

9 https://en.wikipedia.org/wiki/Church_of_Saint_Peter

출처: 위키피디아

그림 4.3 튀르키예 안타키아 성 바울 교회(2011)

252-300년 사이 안티오크에서 10차례의 교회 집회가 열렸다. 327년 콘스탄티누스는 도무스 아우레아(Domus Aurea) 또는 대교회(Great Church) 건설을 시작했다. 이곳은 이후 2세기 동안 안티오크의 주요 교회 역할을 했다. 안티오크 교회는 안티오크 대교구청으로 발전해 451년 족장의 칭호가 부여됐다.

튀르키예 안타키아 시내 중심에 성 바울 교회(St. Paul's Church, Antakya)가 있다. 그리스 정교회다. 안티오크 그리스 정교회 총대주교청에 속한다. 1830년에 건축이 시작됐다. 1872년 아믹 지진으로 파손된 후 재건되어 1900년에 다시 개장했다. 교회는 2023년 튀르키예-시리아 지진으로 대부분 파괴됐다.[10] **그림 4.3**

10 https://en.wikipedia.org/wiki/St._Paul%27s_Church,_Antakya

오론테스강의 안티오크 일부 부지에 현대 도시 안타키야(Antakya)가 세워졌다. 오론테스 강에 폐허로 있는 고대 도시 안티오키아(Antiókheia)의 이름을 따서 명명됐다. 안타키야는 튀르키예 하타이 주의 주도다. 2022년 기준으로 703㎢ 면적에 399,045명이 거주한다. 레반트 해에서 20km 떨어진 비옥한 계곡에 위치해 있다. 오론테스 강이 흐른다.[11] **그림 4.4**

출처: 위키피디아

그림 4.4 튀르키예 안타키야

구레네(Cyrene 키레네)

19그 때에 스데반의 일로 일어난 환난으로 말미암아 흩어진 자들이 베니게
와 구브로와 안디옥까지 이르러 유대인에게만 말씀을 전하는데 20그 중에
구브로와 **구레네** 몇 사람이 안디옥에 이르러 헬라인에게도 말하여 주 예수

11 https://en.wikipedia.org/wiki/Antioch/Antakya

> 를 전파하니(행 11:19-20) [1]안디옥 교회에 선지자들과 교사들이 있으니 곧 바나바와 니게르라 하는 시므온과 **구레네** 사람 루기오와 분봉 왕 헤롯의 젖동생 마나엔과 및 사울이라(행 13:1) [21]마침 알렉산더와 루포의 아비인 **구레네** 사람 시몬이 시골로부터 와서 지나가는데 그들이 그를 억지로 같이 가게 하여 예수의 십자가를 지우고(막 15:21)

예루살렘에서 스데반이 순교한 후 기독교도들은 흩어져 베니게, 구브로, 안디옥 등지로 모였다. 구레네에는 유대인이 많이 살았다. 이런 연유로 구레네에 초기 기독교가 퍼졌다. 안디옥에 모인 기독교인 가운데 구레네에서 온 사람들이 있었다. 시몬이라는 구레네 사람이 예수님의 십자가를 지고 예수가 십자가에 못 박히실 때까지 지고 갔다.

성경의 구레네는 키레네(**Cyrene**)를 말한다. 로마 속주 키레나이카(**Cyrenaica**)의 한 도시다. 키레네는 북아프리카 리비아 북동부 샤하트(**Shahhat**) 근처에 있던 고대 그리스 식민지이자 로마 도시였다. 키레네는 BC 631년 세워졌고 7세기에 버려졌다. 키레네는 1982년 유네스코 세계문화유산에 등재됐다. 키레네는 키레나이카의 다섯 도시로 이루어진 펜타폴리스(**Pentapolis**)의 일부였다.[12] 그림 2.1, 2.5

2 실루기아(Selucia 셀레우키아, Seleucia Pieria 피에리아의 셀레우키아)

> [13]두 사람이 성령의 보내심을 받아 **실루기**아에 내려가 거기서 배 타고 구브로에 가서(행 13:4)

12 https://en.wikipedia.org/wiki/Crete_and_Cyrenaica/Cyrenaica/Cyrene,_Libya

출처: Bible Atlas 구글 위키피디아 권용우

그림 4.5 피에리아 셀레우키아, 시리아 안티오크, 오론테스강

바울, 바나바, 요한 마가 선교팀은 1차 선교 여행길에 올랐다. 안디옥을 떠나 항구 도시 실루기아에서 배를 타고 구브로에 들어갔다.

성경의 실루기아는 셀레우키아(**Selucia**)를 뜻한다. 피에리아의 셀레우키아(**Seleucia Pieria**)라고도 한다. 영어로 바닷가의 셀레우키아(**Seleucia by the Sea**)라 표기한다. 셀레우키아는 안티오크의 외항(**外港**)인 항구 도시였다. 안티오크에서 서쪽으로 25.7km 떨어져 있다. 오론테스 강 하구에서 북쪽으로 6km에 위치해 있다. 오론테스 강은 레바논에서 발원하여 시리아를 거쳐 튀르키예 하타이 주의 사만다그 근처 지중해로 흘러드는 강이다. 길이 571km다. 피에리아의 셀레우키아는 오론테스 강 북쪽 아마누스 산맥의 서쪽 경사면에 있는 작은 강들 사이에 지어졌다. 피에리아의 셀레우키아는 오늘날 튀르키예 하타이 주 사만다그(**Samandağ**) 근처의 해변 마을 카피수유(**Kapisuyu**) 체블릭(**çevlik**)이라고 설명한다. 카피수유에는 2022년 기준으로 1,959명이 거주한다. 사만다그까지의 거리는 10km다.**그림 4.5**

BC 300년 셀레우코스 니카토르가 셀레우키아를 건설했다. 「피에리아」라는 명칭은 마케도니아인들의 고향 지명이다. 셀레우코스 니카토르는 시리아에 4개 도시 테트라폴리스(Tetrapolis)를 건립했다. 아버지의 이름을 따서 안티오크를, 어머니의 이름을 따서 라오디게아를, 아내 아파마(Apama)의 이름을 따서 아파메이아를, 본인의 이름을 따서 셀레우키아를 세웠다. BC 281년 셀레우코스 니카토르는 마케도니아로 가던 중 암살당했다. 그의 아들 안티오쿠스 1세가 아버지의 유해를 셀레우키아에 안장했다.[13] 7세기에 이르러 퇴적물이 대거 하천에 유입되어 셀레우키아는 항구 도시의 기능을 잃었다.그림 4.6

출처: 위키피디아

주: 안티오크에서 셀레우키아로 가는 길의 일부

그림 4.6 튀르키예 하타이 주 카피수유-체블릭으로 가는 길

---

13 https://en.wikipedia.org/wiki/Seleucia/Seleucia_Pieria/Hatay_Province
https://en.wikipedia.org/wiki/Tetrapolis/Seleucis_of_Syria
https://www.britannica.com/place/Seleucia-Pieria
https://en.wikipedia.org/wiki/Samanda%C4%9F
https://en.wikipedia.org/wiki/Kap%C4%B1suyu/%C3%87evlik

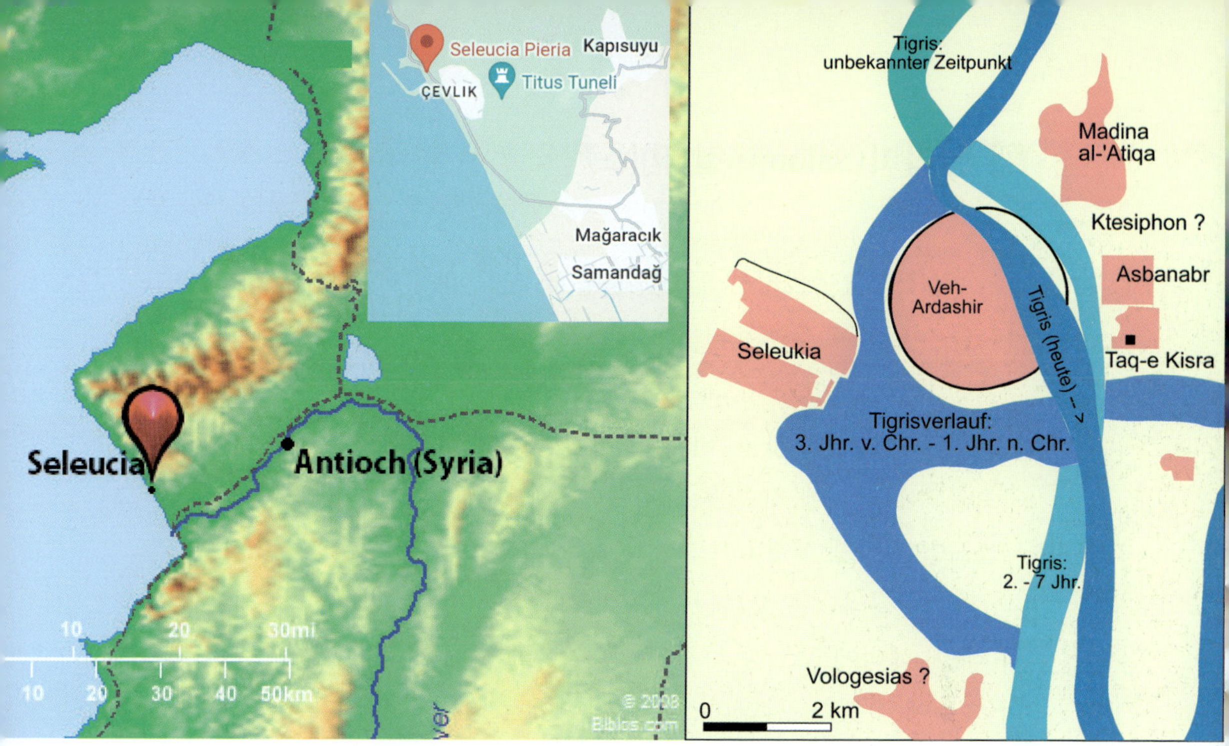

출처: Bible Atlas 구글 위키피디아

그림 4.7 피에리아의 셀레우키아와 티그리스 강 위의 셀레우키아

또다른 셀레우키아가 있다. 티그리스 강 서쪽 기슭에 위치한 메소포타미아 도시 티그리스 강 위의 셀레우키아(Seleucia ad Tigridem)다. 오늘날 이라크 바그다드 주에 있다. BC 305년 셀레우코스 니카토르가 셀레우코스 제국의 첫 수도(BC 305-BC 240)로 건설했다. 그후 셀레우코스 제국의 수도는 안티오크(BC 240-63)로 천도됐다. 165년 티그리스 강 위의 셀레우키아는 로마에 의해 파괴되었고 이후 버려졌다. 1920년대 이후 유적이 발굴됐다.[14] 그림 4.7

14 https://bibleatlas.org/seleucia.htm

3 살라미(Salamis 살라미스)

[5]**살라미**에 이르러 하나님의 말씀을 유대인의 여러 회당에서 전할새 요한을 수행원으로 두었더라(행 13:5)

1차 선교 여행길에 바울, 바나바, 마가 등 3인의 선교단은 실루기아를 떠나 구브로의 살라미에 첫 발을 내디뎠다. 선교단은 살라미 유대인 회당에서 그리스도를 전파했다(행 13:1-5).

성경의 살라미는 오늘날 키프로스의 살라미스(Salamis)다. 키프로스 동쪽 해안, 페디에오스 강 하구에 있다. 로마 시대 살라미스는 로마의 킬리키아 속주에 속했다. 살라미스는 우마이야 칼리프국 무아위야 1세(재위 661-680)에 의해 파괴된 후 7세기에 아랍의 침략 동안 버려졌다. 살라미스 유적지는 19세기 후반과 1952-1974년 기간에 발굴됐다. 로마 시대에 살라미스의 문화 중심지는 도시의 가장 북쪽에 위치해 있었다. 체육관, 극장, 원형극장, 경기장,공중 목욕탕 등이 발굴됐다.

바울은 초기 선교 활동과 1차 선교 여행에서 바나바와 동역자로 지냈다. 바나바는 바나바는 알렉산드리아와 로마에서 복음을 전파했고 61년경 살라미스에서 돌에 맞아 죽었다 한다. 그는 키프로스 교회의 창시자로 알려져 있다. 북 키프로스에 바나바의 이름을 딴 성 바나바 수도원이 있다. 477년 세워졌다. 지금은 박물관으로 사용되고 있다.[15] 그림 4.8

15 https://en.wikipedia.org/wiki/Salamis,_Cyprus/Monastery_of_Saint_Barnabas

출처: 위키피디아

그림 4.8 키프로스 살라미스의 성 바나바 수도원

4 바보(Paphos 파포스)

6온 섬 가운데로 지나서 **바보**에 이르러 바예수라 하는 유대인 거짓 선지자
인 마술사를 만나니 7그가 총독 서기오 바울과 함께 있으니 서기오 바울은 지
혜 있는 사람이라 바나바와 사울을 불러 하나님의 말씀을 듣고자 하더라 11보
라 이제 주의 손이 네 위에 있으니 네가 맹인이 되어 얼마 동안 해를 보지 못
하리라 하니 즉시 안개와 어둠이 그를 덮어 인도할 사람을 두루 구하는지라
12이에 총독이 그렇게 된 것을 보고 믿으며 주의 가르치심을 놀랍게 여기니
라 13바울과 및 동행하는 사람들이 **바보**에서 배 타고 밤빌리아에 있는 버가
에 이르니 요한은 그들에게서 떠나 예루살렘으로 돌아가고(행 13:6-7,11-13)

바울 선교팀은 구브로 살라미에서 섬 가운데를 지나서 서쪽 바보로 갔다. 유대인 거짓 선지자 마술사를 만났다. 바울은 성령의 능력으로 마술사를 맹인이 되게 했다. 총독 서기오 바울 옆에서 믿음을 가로 막고 있던 마술사가 무력화됐다. 총독은 놀라면서 주의 가르침을 받아 들였다. 살라미에서 바보로 가는 길에 키티온, 쿠리온 등지를 거쳐 갔다. 바나바와 마가는 2차 선교 여행에서 구브로에 전도했다(**행 15:39**).

출처: 위키피디아

그림 4.9 키프로스 파포스 항구

성경의 바보는 오늘날이 파포스(**Paphos**)다. 파포스는 키프로스 남서쪽에 있는 해안 항구 도시다.**그림 4.9** 쿠클리아(**Kouklia**)로 불리는 구 파포스와 신 파포스로 구성되어 있다. 파포스에는 2021년 기준으로 16.95㎢ 면적에 37,297명이 거주한다. 파포스 대도시지역 인구는 100,175명이다. 파포스 국제공항은 키프로스의 관문이다. 파포스는 1980년 고대 건축물, 모자이크, 고대 종교적 중요성으로 인해 유네스코 세계문화유산에 등재됐다. 2017년에는 덴마크 오르후스와 함께 유럽문화수도로 선정됐다.[16] 파포스는 346년

16 https://en.wikipedia.org/wiki/Paphos/Aarhus

까지 키프로스의 수도였다. 지리학자 프톨레마이오스는 키프로스에 파포스(Paphos), 살라미스(Salamis), 아마투스, 라페토스, 키티온, 쿠리온, 키레니아, 키트리, 카르파시아, 솔리, 타마소스 등의 도시가 있다고 기록했다.[17]

5 버가(Perga 페르가)

> [13]바울과 및 동행하는 사람들이 바보에서 배 타고 밤빌리아에 있는 **버가**에
> 이르니 요한은 그들에게서 떠나 예루살렘으로 돌아가고 [14]그들은 **버가**에서
> 더 나아가 비시디아 안디옥에 이르러 안식일에 회당에 들어가 앉으니라(행
> 13:13-14) [25]말씀을 **버가**에서 전하고 앗달리아로 내려가서(행 14:25)

바울, 바나바, 요한 마가는 바보에서 배를 타고 밤빌리아 버가에 이르렀다. 요한 마가가 버가에서 바울과 바나바를 떠나 예루살렘으로 돌아가 버렸다. 바울과 바나바는 버가에서 비시디아 안디옥 등지에 복음을 전했다. 안디옥으로 돌아오는 길에 버가에 와서 말씀을 전파했다. 바울은 앗달리아를 거쳐 안디옥으로 돌아갔다.

성경의 버가는 페르가(Perga)다. 페르가는 로마 속주 팜필리아 세쿤다의 수도였다. 오늘날 튀르키예 지중해 연안의 안탈리아 주에 위치해 있다. 페르가는 고대 리키아의 정착지로 출발해 팜필리아의 그리스 도시로 성장했다. 나중에 로마 속주 팜필리아 세쿤다의 수도가 됐다.[18]

로마 시대에 폭포수를 기반으로 수로를 만들어 도시용수로 활용했다. 페

---

17 https://en.wikipedia.org/wiki/Roman_Cyprus
https://www.livius.org/articles/place/cyprus/cyprus-5/

18 https://en.wikipedia.org/wiki/Perga/Nymphaeum
https://commons.wikimedia.org/wiki/File:Perge_nymphaeum.jpg

르가에는 길이가 11km인 쿠르순루 수로와 길이가 21km인 두덴바시 수로가 있었다. 이들 수로를 통해 페르가에서 사용하는 물이 공급됐다. 페르가에는 북쪽 하드리아누스의 님파이아(130-150년 건설)와 남쪽 님파이아(2세기 말-3세기 초 건설) 등 님파에움(nymphaeum)이 있었다. 님파에움은 샘의 님프에게 바쳐진 기념물을 뜻한다. 하드리아누스의 님파이아는 물이 쏟아지는 강의 신 케스트로스(Kestros)를 위시해 수많은 조각품으로 장식되었다. 콘스탄티누스(재위 324-337) 때부터 6세기까지 페르가는 기독교의 중요한 중심지였다. 1000년경 셀주크 제국이 건국될 때까지 사람이 거주했으나, 그 이후 버려졌다. 1946년부터 유적을 발굴했다. 극장, 경기장, 팔레스트라, 아르테미스신전, 두 개의 교회 등이 발굴됐다. 유적은 안탈리아에서 동쪽으로 15km 떨어져 있다.그림 4.10

출처: 위키피디아

그림 4.10 튀르키예 페르가의 샘의 님프 님파에움 유적지

6 비시디아 안디옥(Antioch of Pisidia)

[14]그들은 버가에서 더 나아가 **비시디아 안디옥**에 이르러 안식일에 회당에 들어가 앉으니라 [50]이에 유대인들이 경건한 귀부인들과 그 시내 유력자들을 선동하여 바울과 바나바를 박해하게 하여 그 지역에서 쫓아내니(행 13:14,50)
[21]복음을 그 성(더베)에서 전하여 많은 사람을 제자로 삼고 루스드라와 이고니온과 **(비시디아) 안디옥**으로 돌아가서 [24]비시디아 가운데로 지나서 밤빌리아에 이르러(행 14:21,24) [11]박해를 받음과 고난과 또한 **(비시디아) 안디옥**과 이고니온과 루스드라에서 당한 일과 어떠한 박해를 받은 것을 네가 과연 보고 알았거니와 주께서 이 모든 것 가운데서 나를 건지셨느니라(딤후 3:11)

바울과 바나바는 안식일에 갈라디아 비시디아 안디옥에 있는 유대인 회당에 들어가 말씀을 전파했다. 회당에는 율법과 할례를 믿는 유대교도들이 주류였다. 회당의 모임이 끝난 후 일부 유대인과 유대교에 입교한 경건한 비유대인들이 바울과 바나바의 말씀을 따랐다. 바울은 「예수가 구약의 선지자들이 예언한 메시아」라고 선언했다. 「율법과 할례가 중요한 것이 아니라 예수를 믿는 것이 믿음의 근본」이라고 선포했다. 마틴 루터가 로마서 1장 17절을 근거로 정의한 이신칭의(**以信稱義**)로 해석되는 말씀이다. 이신칭의는 '믿음으로써 의롭다고 칭한다.'라는 의미다. 율법과 할례를 확신하는 유대인들은 바울의 말씀에 동의하지 않았다. 그들은 경건한 귀부인과 비시디아 안디옥 시내 유력자를 선동해 바울과 바나바를 비시디아 안디옥에서 쫓아냈다. 안디옥에서 겪은 바울의 박해와 고난은 디모데후서 3장 11절에서 언급됐다.

바울의 주요 선교 대상은 경건한 이방인이었다. 경건한 이방인들은 바울의 변론에 적극적으로 동조하고 믿음을 함께 했다. 유대인들은 율법과 할례를 강조했다. 그러나 바울은 율법과 할례보다 예수에 대한 믿음과 사랑이 중요하다고 역설했다. 바울의 설교에 공감한 유대인들이 회심하여 예수의 제자가 되었다. 바울이 회심하여 예수의 제자가 된 것과 같았다. 이런 연유로 바울의 주 선교 대상은 경건한 이방인과 회심할 수 있는 유대인이라고 설명한다.[19]

성경의 비시디아 안디옥은 피시디아 안티오크(Antioch of Pisidia)를 말한다. 지중해, 에게해, 중부 아나톨리아의 교차로에 있는 터키 호수 지역에 위치한 고대 도시 유적지다. 한때 피시디아와 프리지아의 국경에 있었기 때문에 프리지아의 안티오키아로도 알려져 있다. 군사 행정 중심지였다. 이 유적지는 튀르키예 이스파르타의 현대 도시인 얄바치에서 북동쪽으로 1km 떨어져 있다. 얄바치는 2022년 기준으로 14,000㎢ 면적에 222,538명이 거주한다.[20]

셀레우코스 1세 니카토르(재위 BC 305-BC 281)가 피시디아를 정복했다. 함락된 곳은 헬레니즘화됐다. 셀레우코스 1세 니카토르는 60여 개의 도시를 건설했다. 피시디아 안티오크는 아버지 안티오쿠스의 이름을 딴 16개 도시 중 하나다. BC 133년 아탈루스 3세가 죽으면서 아나톨리아는 로마 제국의 아시아 속주가 됐다. 피시디아는 로마의 동맹국인 카파도키아 왕국에 주어졌다. 로마 시대 이곳은 라틴화됐다. 3세기 말까지 공식 언어는 라틴어였다.

바울과 바나바가 피시디아 안티오크에 들어갔을 때는 헬레니즘화된 지역이었다. 바울과 바나바는 1차 선교 여행에서 말씀을 전하고 그리스도교 공동체에서 일할 장로들을 임명했다. 바울은 2차 선교 여행과 3차 선교 여행에서도 피시디아 안티오크를 방문했다. 바울은 피시디아 안티오크를 선교 활동의 중심지로 선택했다. 피시디아 안티오크는 기독교를 받아들인 최초의 아나톨리아 도시 중 하나가 됐다. 바울에게 헌정한 교회는 피시디아 안

---

19 https://en.wikipedia.org/wiki/Paul_the_Apostle

20 https://en.wikipedia.org/wikii/Antioch_of_Pisidia/Yalva%C3%A7
https://barelis.com/downloads/160518-a4k-tur-antiochofpisidia-dji-0264-09/

출처: 위키피디아

그림 4.11 피시디아 안티오크의 성 바울 대성당 유적지

티오크의 서쪽에 있으며 가장 큰 교회였다. 유적지로 남아 있다.그림 4.11 6세기 이후 비시디아 안티오크는 전략적 중요성을 잃었고, 주요 무역로에서 벗어나면서 쇠퇴했다.

7 이고니온(Iconion 이코니움, Konia 콘야)

51두 사람이 그들을 향하여 발의 티끌을 떨어 버리고 **이고니온**으로 가거늘
(행 13:51) 1이에 **이고니온**에서 두 사도가 함께 유대인의 회당에 들어가 말하
니 유대와 헬라의 허다한 무리가 믿더라 19유대인들이 안디옥과 **이고니온**
에서 와서 무리를 충동하니 그들이 돌로 바울을 쳐서 죽은 줄로 알고 시외로

끌어 내치니라 [21]복음을 그 성에서 전하여 많은 사람을 제자로 삼고 루스드라와 **이고니온**과 안디옥으로 돌아가서(행 14:1,19,21)

바울과 바나바는 비시디아 안디옥에서 이고니온으로 옮겼다. 그들은 유대인 회당에 들어가 복음을 전했다. 이고니온이 두 사도 추종자와 반대하는 유대인으로 나뉘었다. 일부 유대인과 관리들이 두 사도를 모욕하며 돌로 치려고 달려들었다. 바울과 바나바는 이고니온을 떠나 루스드라로 갔다. 유대인들이 안디옥과 이고니온에서 루스드라로 왔다. 유대인들은 루스드라 사람들을 충동해 바울을 돌로 쳤다. 사람들은 바울이 죽은 줄로 알고 루스드라 시외로 끌어다 버렸다. 바울과 실라는 2차 선교 여행 중에 콘야를 방문했을 것이라고 설명한다. 바울은 3차 선교 여행 시작 무렵에도 콘야를 방문했을 것이라고 해설한다.[21]

성경의 이고니온은 이코니움(Iconion, 콘야 Konia)를 뜻한다. 고대와 셀주크 시대 이코니움으로 알려졌다. 19세기 이후 영어로 콘야(Konia) 또는 코니아(Koniah)로 표기됐다. 튀르키예 중부 아나톨리아 고원의 남서쪽 끝에 있다. 콘야 주의 주도다. 2024년 기준으로 6,600㎢ 면적에 1,390,051명이 거주한다. 콘야 주의 인구는 2022년 기준으로 2,296,347명이다. 콘야에는 여러 산업단지와 대기업의 본사가 입지했다. 농업, 농업 도구, 가공 식품, 자동차, 기계 제조, 화학 물질, 섬유 가죽 산업이 활성화되어 있다.**그림 4.12**

비잔틴 제국 시대 이코니움은 주교의 소재지가 됐다. 370년 이코니움은 리카오니아의 대도시주교로 승격됐다. 1084년 셀주크가 이코니움을 정복했다. 이코니움은 1243년까지 룸의 셀주크 술탄국의 두 번째 수도가 됐다. 1830년에 콘야 지방 정부가 수립됐다. 터키 독립 전쟁(1919-1922) 동안 콘야는 공군 기지로 활용됐다. 1923년 이전에는 4,000명의 기독교인이 살았었다. 이들은 정교회를 믿고, 튀르키예어, 그리스어를 사용했다. 1923년 그

21 https://en.wikipedia.org/wiki/Konyai/Konya_Province

출처: 위키피디아

그림 4.12 **튀르키예 콘야 주**

리스와 터키가 인구를 교환 하는 동안 인근 마을인 실레의 그리스인들은 난민으로 떠나 그리스에 정착했다.

8 루스드라(Lystra 리스트라)

[6]그들이 알고 도망하여 루가오니아의 두 성 **루스드라**와 더베와 그 근방으
로 가서 [8]**루스드라**에 발을 쓰지 못하는 한 사람이 앉아 있는데 나면서 걷
지 못하게 되어 걸어 본 적이 없는 자라 [19]유대인들이 안디옥과 이고니온에
서 와서 무리를 충동하니 그들이 돌로 바울을 쳐서 죽은 줄로 알고 시외로
끌어 내치니라 [20]제자들이 둘러섰을 때에 바울이 일어나 그 성에 들어갔다
가 이튿날 바나바와 함께 더베로 가서 [21]복음을 그 성에서 전하여 많은 사람
을 제자로 삼고 **루스드라**와 이고니온과안디옥으로 돌아가서(행 14:6,8,19-21)
[1]바울이 더베와 **루스드라**에도 이르매 거기 디모데라 하는 제자가 있으니 그

> 어머니는 믿는 유대 여자요 아버지는 헬라인이라 [2]디모데는 **루스드라**와이 고니온에 있는 형제들에게 칭찬 받는 자니(행 16:1-2) [11]핍박과 고난과 또한 안디옥과 이고니온과 **루스드라**에서 당한일과 어떠한 핍박 받은 것을 네가 과연 보고 알았거니와 주께서 이 모든 것 가운데서 나를 건지셨느니라(딤후 3:11)

바울과 바나바는 비시디아 안디옥을 떠나 루가오니아의 루스드라와 더베로 왔다. 복음을 전하여 많은 사람을 제자로 삼았다. 바울과 바나바는 루스드라에서 절름발이를 고쳐 걸을 수 있게 했다. 시외(市外) 제우스 신당의 제사장을 비롯한 무리들은 신(神)들이 사람의 형상으로 내려 오셨다면서 두 사람을 모시고 제사를 지내고자 했다. 그러나 바울과 바나바가 강력하게 말려 중지시켰다. 1515년 라파엘은 리스트라에서 행한 제사의 내용(Sacrifice at Lystra)을 태피스트리로 그렸다. 이 그림은 성 스테판의 날에 시스티나 예배당에 전시됐다(행 14:8-18).[22] **그림 4.13**

전통적인 유대인들이 비시디아 안디옥과 이고니온에서 몰려와 루스드라 군중들을 충동해 바울을 돌로 쳤다. 그들은 바울이 죽은 줄 알고 루스드라 성 밖으로 끌어내쳤다. 그러나 바울은 죽지 않았다. 제자들이 지켜보는 가운데 바울은 일어나 루스드라 성에 들어갔다. 이튿날 바나바와 함께 더베로 갔다(행 14:19-20). 바울은 루스드라에서 디모데를 만나 제자로 삼았다. 디모데의 어머니는 믿는 유대 여자요 아버지는 헬라인이었다. 디모데는 루스드라와 이고니온에서 형제들에게 칭찬 받는 사람이었다. 디모데는 루스드라에서 일어난 바울의 박해와 용기를 목격한 사람들 중 한 명이었다(행 16:1-2).

---

22 https://en.m.wikipedia.org/wiki/File:V%26A_-_Raphael,_The_Sacrifice_at_Lystra_(1515).jpg
https://www.italian-renaissance-art.com/Sacrifice-at-Lystra.html

출처: 위키피디아

그림 4.13 리스트라의 제사, 라파엘(1519)

성경의 루스드라는 리스트라(Lystra)를 말한다.[23] 리스트라는 튀르키예 아나톨리아 중부의 도시 유적지다. 신약성서에 여섯 번 언급된다. 바울은 1차 선교 여행에서 바나바와, 2차 선교 여행에서 실라와 방문했다. 3차 선교 여행에서도 들렸던 것으로 설명한다. 리스트라 유적지는 콘야에서 남쪽으로 30km 떨어진 곳이었다고 추정된다. 리스트라 유적지의 남동쪽에 하툰사라이(Hatunsaray) 마을이 있다. 하툰사라이 마을 내의 작은 박물관에 고대 리스트라의 유물이 전시되어 있다. 하툰사라이에는 2022년 기준으로 583명이 산다. 콘야 메람 지구의 괴큐르트 마을 근처에 「킬리스트라」라는 현대 마을이 있다. 마을 벽에 큰 십자가가 표시된 교회, 와인 양조장, 집과 같은 건물 등이 그려진 유적이 있다. 로마 제국은 BC 6년 리스트라를 식민지로 만들었다. 나중에 이곳은 로마의 갈라디아 속주에 편입됐다. 리스트라와 북쪽의 이코니움 사이를 연결하는 도로를 건설했다.

23 https://en.wikipedia.org/wiki/Lystra/Hatunsaray
https://www.biblegateway.com/resources/encyclopedia-of-the-bible/Lystra

9 더베(Derbe 데르베)

[6]그들이 알고 도망하여 루가오니아의 두 성 루스드라와 **더베**와 그 근방으
로 가서 [20]제자들이 둘러섰을 때에 바울이 일어나 그 성에 들어갔다가 이튿
날 바나바와 함께 **더베**로 가서(행 14:6,20) [1]바울이 **더베**와 루스드라에도 이
르매 거기 디모데라 하는 제자가 있으니 그 어머니는 믿는 유대 여자요 아버
지는 헬라인이라(행 16:1) [4]아시아까지 함께 가는 자는 베뢰아 사람 부로의
아들 소바더와 데살로니가 사람 아리스다고와 세군도와 **더베** 사람 가이오
와 및 디모데와 아시아 사람 두기고와 드로비모라(행 20:4) [21]복음을 그 성(더
베)에서 전하여 많은 사람을 제자로 삼고 루스드라와 이고니온과 안디옥으로
돌아가서(행 14:21)

바울은 리스트라에서 120km 떨어진 더베에 왔다. 더베 주민들은 바울의 말씀을 경청했다. 더베는 말씀을 즉시 받아들인 거의 유일한 도시였다. 바울과 바나바는 제1차 선교 여행에서 더베를 반환점으로 삼았다. 그들은 왔던 길로 되돌아 갔다. 바울은 바나바와 함께 더베, 루스드라, 이고니온, 비시디아 안디옥에서 복음 사역을 계속했다(**행 14:21**). 그들은 예수의 제자들에게 굳건히 믿음을 지키라고 권했다. 그간 세워 놓은 각 교회에서 장로들을 임명해 금식 기도하며 주께 그들을 위탁했다(**행 14:22-23**).

성경의 더베는 데르베(**Derbe**)를 뜻한다.[24] 데르베는 소아시아 갈라디아 도시로 출발해 리카오니아 도시가 됐다. 나중에 이사우리아와 카파도키아 도시로 바뀌었다. 바울과 바나바가 데르베를 방문했을 때는 리카오니아에 속해 있었다. 사도행전에서 데르베 지명이 4번 언급된다. 한번은 그 성(**城**)

---

24 https://en.wikipedia.org/wiki/Derbe
https://it.m.wikipedia.org/wiki/File:DAVIS(1879)_p329_SITE_OF_DERBE,_KARAJH_DAGH_MOUNTAINS_IN_THE_DISTANCE.jpg

으로 표현됐다(행 14:21). 1879년 데이비스는 멀리 있는 카라지 다그(Karajh Dagh) 산맥을 보며 걸어가는 바울의 데르베 행로를 그렸다.그림 4.14

출처: 위키피디아

그림 4.14 바울의 데르베 가는 길, 데이비스(1879)

10 앗달리아(Antalya 안탈리아)

> [25]말씀을 버가에서 전하고 **앗달리아**로 내려가서(행 14:25)

바울과 바나바는 왔던 길을 되돌아가 밤빌리아 버가와 앗달리아에서 말씀을 전파했다. 앗달리아에서 배를 타고 안디옥으로 돌아왔다(행 14:24-26). 바울과 바나바는 안디옥 교회에 제1차 선교 여행을 보고했다. 바울은 안디옥에서 제자들과 머물렀다(행 14:27-28).

성경의 앗달리아는 안탈리아(Antalya)를 말한다. 튀르키예 안탈리아 주의 주도다. 2019년 기준으로 1,417㎢ 면적에 1,344,000명이 거주한다. 안탈리아 대도시권 인구는 2,619,832명이다. 튀르키예 관광 수도다. 타우루스 산맥

에 둘러싸인 아나톨리아의 남서쪽 해안에 위치하고 있다.[25] 그림 4.15

출처: 위키피디아

그림 4.15 튀르키예 안탈리아(앗달리아) 항구

BC 133년 아탈루스 2세의 조카인 아탈루스 3세가 죽자 자신의 왕국을 로마에 물려주었다. 안탈리아는 로마 속주 팜필리아 세쿤다의 일부가 됐다. 1세기 바울과 바나바는 피시디아를 지나 팜필리아에 이르렀다. 페르가에서 말씀을 전한 후 안탈리아로 내려가 복음을 전도했다. 그후 이 지역에 기독교가 본격적으로 퍼져 주교구가 들어섰다. 안탈리아는 팜필리아의 페르가, 피시디아 안티오크와 함께 번영했다. 1207년 셀주크 제국과 1391년 오스만 제국의 지배를 받았다. 안탈리아는 1차 세계대전 이후 이탈리아에 점령당했으나 튀르키예가 탈환했다. 안탈리아는 튀르키예 주요 항구로 성장했다.

바울의 1차 선교 여행은 안디옥 교회에 보고하면서 끝났다.

25 https://en.wikipedia.org/wiki/Antalya

제 5 장 2차 선교 여행 2nd Missionary Journey

바울과 바나바는 디도와 함께 예루살렘 공의회에 참석했다. 율법과 할례가 논의됐다. 바울과 바나바는 이방인 선교를 하기로 했다. 바울은 실라와 함께 2차 선교 여행(49-52)을 떠났다. 바울은 루스드라에서 디모데를 만났다. 바울은 소아시아에 복음을 전파하려 했으나 성령께서 막았다. 마게도냐로 들어가 복음을 전하도록 명했다. 바울의 마게도냐 행(行)은 복음의 전도 방향이 정해지는 분수령이 됐다. 복음이 서양에서 먼저 전도되고, 나중에 동양에서 전파되는 결과를 낳은 것이다(행 16:6-10). 바울은 마게도냐, 아가야 등 서양에서 말씀을 전했다. 바울은 가이샤라, 예루살렘을 거쳐 안디옥으로 돌아왔다. 2차 선교 여행이 끝났다.

2차 선교 여행의 주요 도시와 경로는 다음과 같다.그림 5.1

예루살렘 공의회 – 수리아 안디옥 – 길리기아 다소 – 갈라디아 더베 이고니온 루스드라 – 비시디아 안디옥 – 브루기아 – 무시아, 비두니아 – 아시아 드로아 – **사모드라게** – 마게도냐 **네압볼리 빌립보 암비볼리**(Amphipolis) **아볼로니아**(Apollonia) **데살로니가 베뢰아**(Beroea) – 아가야 **아덴 아레오바고 고린도 겐그레아** – 아시아 에베소 – 시리아 가이사랴 예루살렘 안디옥

여기에서는 예루살렘 공의회, 사모드라게(Samotrace), 네압볼리(Neapoli), 빌립보(Philippi), 암비볼리, 아볼로니아, 데살로니가(Thessalonika), 베뢰아, 아덴, 아레오바고, 고린도, 겐그레아 등에 대해서 고찰하기로 한다.

출처: 사도행전 위키피디아 오티즈 권용우

그림 5.1 바울의 2차 선교 여행

1 예루살렘 공의회(Council of Jerusalem)

2바울 및 바나바와 그들 사이에 적지 아니한 다툼과 변론이 일어난지라 형
제들이 이 문제에 대하여 바울과 바나바와 및 그 중의 몇 사람을 **예루살렘**에
있는 사도와 장로들에게 보내기로 작정하니라 4**예루살렘**에 이르러 교회와
사도와 장로들에게 영접을 받고 하나님이 자기들과 함께 계셔 행하신 모든
일을 말하매 7많은 변론이 있은 후에 베드로가 일어나 말하되 형제들아 너
희도 알거니와 하나님이 이방인들로 내 입에서 복음의 말씀을 들어 믿게 하
시려고 오래 전부터 너희 가운데서 나를 택하시고 12온 무리가 가만히 있어
바나바와 바울이 하나님께서 자기들로 말미암아 이방인 중에서 행하신 표적
과 기사에 관하여 말하는 것을 듣더니 13말을 마치매 야고보가 대답하여 이
르되 형제들아 내 말을 들으라 19그러므로 내 의견에는 이방인 중에서 하나
님께로 돌아오는 자들을 괴롭게 하지 말고 22이에 사도와 장로와 온 교회가

그 중에서 사람들을 택하여 바울과 바나바와 함께 안디옥으로 보내기를 결
정하니 곧 형제 중에 인도자인 바사바라 하는 유다와 실라더라 [30]그들이 작
별하고 안디옥에 내려가 무리를 모은 후에 편지를 전하니 [35]바울과 바나바
는 안디옥에서 유하며 수다한 다른 사람들과 함께 주의 말씀을 가르치며 전
파하니라(행 15:2,4,7,12-13,19,22,30,35)

예루살렘은 기독교회의 첫 번째 중심지였고, 최초의 기독교 교회가 있던 곳이었다. 사도들은 오순절 이후 얼마 동안 예루살렘에서 살면서 가르쳤다. 베드로, 야고보, 요한은 '교회의 기둥들'이었다. 베드로(**Peter the Apostle, 64-68 순교**)는 예수의 12 사도 가운데 한 명이었다. 안티오크와 로마의 첫 번째 주교로 활동했다. 예수의 형제인 의로운 야고보(**James the Just, 62/69 순교**)는 예루살렘 초기 기독교 공동체의 지도자였다.[1] **그림 5.2**

초기 기독교 사회에서 율법과 할례 문제로 논쟁이 붙었다. 안디옥 교회는 바울과 바나바를 예루살렘의 사도와 장로들에게 보냈다. 디도(**Titus**)가 동행했다. 바울과 바나바는 가는 도중 베니게(**Phenicia**)와 사마리아로 다니며 전도했다. 예루살렘에 이르렀다.

예루살렘 공의회(**Council of Jerusalem**)가 열렸다. 바울과 바나바는 예루살렘 공의회에 참석했다. 예루살렘 공의회는 사도 공의회(**Apostolic Council**)라고도 한다. 사도행전 15장에 기술되어 있다. 49년경 개최됐다. 바리새파 유대인 일부가 이방인에게도 할례를 시행하고 모세의 율법을 지키도록 해야 한다고 주장했다(**행 15:1-5**). 베드로는 하나님이 이방인에게도 복음의 말씀을 믿게 하시려 했다고 말했다(**행 15:6-11, 갈 2:1**). 예수의 형제 야고보는 베드로의 이방인 선교에 대한 말에 동의했다(**행 15:12-21**). 바울과 바나바는 예수께서 자기들에게 보이신 이방인 선교에 관한 표적과 기사에

1 https://en.wikipedia.org/wiki/Council_of_Jerusalem
https://en.wikipedia.org/wiki/Saint_Peter/James,_brother_of_Jesus

출처: 위키피디아

그림 5.2 사도 베드로와 예수의 형제 야고보

대해 말했다. 회의 결과 그리스도교로 개종한 이방인들은 모세 율법에 의해 유대인들에게 규정된 대부분의 규칙을 지킬 의무가 없다고 결정했다. 나아가 유대인의 식사법, 남자 할례에 관한 규칙, 기타 특정 의식도 지켜야 할 의무가 없다고 했다. 그러나 피를 먹는 것, 피가 들어 있는 고기를 먹는 것, 목 졸려 죽은 동물의 고기를 먹는 것, 음행과 우상 숭배를 금지하는 규정은 유지했다. 공의회의 결정을 사도령(Apostolic Decree)이라고도 한다.[2]

예루살렘 공의회에서 결정한 중요 내용은 이방인 선교 문제였다. 비유대인을 이방인으로 일컬었다. 베드로·야고보 등 예루살렘 교회는 유대인을, 바울·바나바 등은 이방인을 선교하기로 했다. 예루살렘 교회는 이방인 선교를 위해 유다와 실라를 안디옥으로 파송했다(행 15:22-29). 바울과 바나바는 예루살렘에서 안디옥으로 돌아와 복음을 가르치고 전파했다.

---

2 https://www.journals.uchicago.edu/doi/pdf/10.1086/474657
https://www.ajwrb.org/bible/acts-15-and-the-apostolic-decree

2 사모드라게(Samotrace 사모트라케)

> [11]우리가 드로아에서 배로 떠나 **사모드라게**로 직행하여 이튿날 네압볼리로 가고(행 16:11)

바울과 실라는 비두니아, 본도, 아시아에서의 전도를 접고 드로아를 거쳐 마게도냐에 가기로 했다. 바울은 배를 타고 드로아에서 사모드라게로 이동했다. 바울은 하룻밤을 보낸 다음날 마게도냐의 네압볼리로 갔다. 바울이 도착한 팔리아폴리 항구에 초기 기독교 교회가 세워졌다.

성경의 사모드라게는 사모트라케(Samothrace)를 말한다. 에게해 북부에 있는 그리스 섬이다. 섬의 길이는 17km다. 2021년 기준으로 178.0㎢ 면적에 2,596명이 거주한다.

사모트라케는 페르시아, 로마 제국, 비잔틴 제국, 오스만 제국의 관리 아래 있다가 1913년 이후 그리스 땅이 됐다. 오늘날 사모트라케의 산업은 어업과 관광이다. 화강암과 현무암으로 이루어진 험준한 섬이다. 1863년 『사모트라케의 날개 달린 승리의 여신상』 제물 기념물이 발굴됐다. BC 190년에 만들어진 헬레니즘 시대의 그리스 걸작 조각이다. 머리와 팔이 없고 바닥이 배의 활 모양인 여신 니케(승리)를 나타내는 조각상이다. 1884년부터 파리 루브르 박물관의 메인 계단 꼭대기에 전시되어 있다.[3] 그림 5.3

---

3 https://en.wikipedia.org/wikii/Samothrace/Winged_Victory_of_Samothrace
https://www.visitgreece.gr/inspirations/the-route-that-apostle-paul-followed-in-greece/

출처: 위키피디아

그림 5.3 그리스 사모트라케 섬과 『사모트라케의 날개 달린 승리의 여신상』

3 네압볼리(Neapoli 네아폴리)

> 11우리가 드로아에서 배로 떠나 사모드라게로 직행하여 이튿날 **네압볼리**로 가고(행 16:11)

바울, 실라, 디모데, 누가 등 선교팀이 유럽 땅 마게도냐에 첫 발을 내디딘 곳이 네압볼리다. 바울은 비아 에그나티아를 따라 네압볼리에서 12km 떨어진 빌립보로 갔다. 바울은 3차 선교 여행에서 다시 한번 네압볼리에 들렀다.

성경의 네압볼리는 네아폴리(**Neapoli**)를 말한다. 그리스 테살로니키 교외지역이다. 테살로니키 도심의 북서쪽에 위치해 있다. 2011년 지방 정부 개혁 이후 네아폴리-스키에스 지방 자치단체의 일부가 됐다. 2021년 기준으로 1,168㎢ 면적에 25,822명이 산다. 테살로니키 북동쪽 성 바울 지구에 성 바울교회가 세워져 있다. 1905년 교회의 초석이 놓였고 1928년 건설됐다.[4] 그림 5.4, 5.5

4 https://en.wikipedia.org/wiki/Neapoli,_Thessaloniki

출처: https://images.app.goo.gl/mSHSTuh5VsWyNZdH8, 권용우

그림 5.4 바울이 다닌 마게도냐의 도시들

4 빌립보(Philippi 필리피)

> 12거기서 **빌립보**에 이르니 이는 마게도냐 지방의 첫 성이요 또 로마의 식
> 민지라 이 성에서 수일을 유하다가 39와서 권하여 데리고 나가 그 성(빌립보)
> 에서 떠나기를 청하니(행 16:12,39)

바울은 마게도냐의 빌립보에 다달았다. 첫 번째 유럽 방문이었다. 강가에서 두아디라 시에서 자색 옷감 장사를 하며 하나님을 섬기는 루디아를 만났다. 예수가 루디아의 마음을 열었다. 루디아는 바울의 말을 따랐다. 루디아와 루

https://stpaul-culturalroute.eu/journeys/second-mission-greece.html
https://www.visitgreece.gr/inspirations/the-route-that-apostle-paul-followed-in-greece/
https://www.visitkavala.gr/en/sightseeing/ieros-kathedrikos-naos-apostolou-paulou/
https://meandertravel.com/biblical_asia_minor/biblical_asia_minor.php?details=neapolis&m=5&md=sc5

출처: 위키피디아

그림 5.5 그리스 테살로니키 교외 네아폴리 세인트 폴 교회

디아 집 사람 모두는 세례를 받았다. 루디아는 바울 일행이 자기 집에 머물러 달라고 청했다. 바울은 그곳에서 유숙했다. 바울은 예수의 권능으로 귀신 들린 여종에게서 귀신을 쫓아냈다. 여종을 이용해 돈벌이 하던 여종의 주인들이 바울과 실라를 전통 풍속을 어지럽힌다는 명분으로 고발했다. 바울과 실라는 옷이 벗긴채 매맞고 투옥됐다. 한밤중에 바울과 실라가 기도하고 하나님을 찬송했다. 갑자기 큰 지진이 났다. 옥터가 움직이고 문이 다 열렸다. 묶여 있던 모든 사람이 다 풀렸다. 간수가 놀라 죄수들이 도망한 줄 생각하고 칼을 빼어 자결하려 했다. 바울이 강력하게 만류했다. 간수가 무서워 벌벌 떨었다. 간수는 바울과 실라 앞에 엎드려 구원해 달라고 간청했다. 바울은 예수를 믿으면 구원을 받을 것이라고 말했다. 간수는 집으로 갔다. 간수와 온 가족이 세례를 받은 후 하나님을 믿고 기뻐했다. 바울이 관리들에게 로마 사람인 우리를 죄도 정하지 아니하고 공중 앞에서 때리고 옥에 가두었다가 내보

출처: 위키피디아 권용우

그림 5.6 **그리스 필리피 유적지와 바울의 감옥**

내고자 하느냐고 야단쳤다. 바울이 로마 사람이라는 말을 듣고 관리들이 두려워 빌립보에서 떠나기를 청했다. 바울과 실라는 옥에서 나와 루디아의 집에 갔다. 바울은 형제들을 만나 위로하고 빌립보를 떠났다(**행 16:12-40**).

성경의 빌립보는 필리피(**Philippi**)를 말한다. 타소스 섬의 북서쪽에 있는 그리스 도시였다. BC 360/359년 타시아스 식민지 개척자들이 건설했다. 건설했을 때 이름은 크레니데스(**Krēnĩdes**)라 했다. '분수'라는 뜻이다. BC 356년 마케도니아의 필리포스 2세가 이 도시를 정복하고 이름을 필리피로 바꾸었다. 로마 제국과 비잔틴 제국의 관리 아래 있었다. 오스만 제국의 정복 이후 14세기에 버려졌다. 현재의 필리포이 마을은 고대 도시 유적지 근처에 위치하고 있다. 그리스 카발라의 동마케도니아와 트라키아 지역의 일부다. 뛰어난 로마 건축, 로마를 반영한 도시 배치, 초기 기독교에서의 중요성 때문에 2016년에 유네스코 세계문화유산으로 등재됐다.[5]

---

5 https://en.wikipedia.org/wiki/Philippi/Kavala/Eastern_Macedonia_and_Thrace
https://commons.wikimedia.org/wiki/File:The_octagonal_Basilica,_Philippi_(7272817614).jpg
https://www.hmdb.org/m.asp?m=84804

빌립보 유적지에 대한 발굴은 1856년, 1861년, 1914년, 1920-1937년까지 진행됐다. 이 기간 동안 그리스 극장, 포럼, 바실리카 A와 B, 목욕탕, 성벽이 발굴됐다. 1958-1978년까지에는 주교 구역, 팔각형 바실리카, 대규모 개인 주택, 박물관 근처의 새 바실리카, 도시 동쪽의 묘지에 있는 두 개의 다른 건물이 발굴됐다. 필리피 도시 중심부는 폐허로 남아 있다. 전경에는 포럼이, 배경에는 시장과 바실리카가 위치해 있다. 바울과 실라가 곤욕을 치루었던 바울의 감옥 유적지가 남아 있다.**그림 5.4, 5.6**

필리피에 팔각형 바실리카가 있었다. 313-343년에 건립됐다. 팔각형 바실리카에는 성 바울의 이름이 적힌 바닥 모자이크가 있다. 바시리카의 필리피 주교 포르피리오스(Porphyrios) 창립 비문에는 새, 나무, 기하학적 모티프의 상징적 장면이 장식되어 있다. 바실리카의 외부는 정사각형으로 내부는 모서리 조개로 팔각형을 이룬 옥타곤 형태로 조성됐다. 바닥에는 내장된 신트로논과 제단 테이블이 놓여 있다. 팔각형 스타일로 바트 위에 세운 내부 기둥은 갤러리와 돔을 지탱했다.**그림 5.4, 5.7**

출처: 위키피디아

그림 5.7 그리스 필리피 팔각형 바실리카와 바울 이름이 적힌 바닥 모자이크

5 암비볼리(Amphipolis 암피폴리스)

[1]그들이 **암비볼리**와 아볼로니아로 다녀가 데살로니가에 이르니 거기 유대인의 회당이 있는지라(행 17:1)

바울은 암비볼리를 거쳐 데살로니가로 갔다.

성경의 암비볼리는 암피폴리스(**Amphipolis**)를 말한다. 그리스 북부의 세레스 지방에 있는 현대 암피폴리 시의 이름을 따서 명명됐다. 암피폴리스는 고대 아테네 식민지였다. BC 422년 이곳에서 스파르타와 아테네 사이에 전투가 벌어졌다. BC 335년 알렉산더 대왕이 암피폴리스에서 아시아 원정을 준비했다. 그 이후 암피폴리스는 마케도니아와 로마 제국이 관리했다. 6세기 후반 슬라브 족의 침략으로 도시가 쇠퇴하다가 8세기에 버려졌다. BC 4세기에 만들어진 암피폴리스의 사자(**Lion of Amphipolis**) 무덤 조각품이 남아 있다. 1960년대에 발굴됐다. 알렉산더 대왕의 휘하 장군인 미틸레네의 라오메돈을 기리기 위해 세워졌다고 한다.[6] **그림 5.4, 5.8**

6 아볼로니아(Apollonia 아폴로니아)

[1]그들이 암비볼리와 **아볼로니아**로 다녀가 데살로니가에 이르니 거기 유대인의 회당이 있는지라(행 17:1)

바울은 암비볼리와 아볼로니아를 거쳐 데살로니가로 갔다.

성경의 아볼로니아는 아폴로니아(**Apollonia**)를 말한다. 그리스 테살로

6 https://en.wikipedia.org/wiki/Amphipolis/Lion_of_Amphipolis

출처: 위키피디아

그림 5.8 그리스 암피폴리스의 사자와 아폴로니아 미그도니아

니키에 속한 지방 자치 단체였다. 2011년 지방 정부 개혁 이후 지방 자치 단체 볼비(Volvi)의 6개 지자체 가운데 하나로 바뀌었다. 바울은 비아 에그나티아를 따라 테살로니키에서 암피폴리스로 가는 길목에 위치한 아폴로니아 미그도니아(Mygdonia) 마을을 지나갔다. 아폴로니아에는 2021년 기준으로 168㎢ 면적에 3,217명이 거주한다.[7] 그림 5.4, 5.8

7 데살로니가(Thessaloniki 테살로니키, Thessalonica 테살로니카)

[1]그들이 암비볼리와 아볼로니아로 다녀가 **데살로니가**에 이르니 거기 유대인의(행 17:1)

7 https://en.wikipedia.org/wiki/Apollonia,_Thessaloniki/Volvi_(municipality)
https://en.wikipedia.org/wiki/Apollonia_(Mygdonia)

바울은 안식일에 데살로니가의 유대인 회당에 들어가 예수가 죽은 자 가운데서 다시 살아나신 그리스도라 강론했다. 다수의 경건한 헬라인들과 귀부인들이 바울과 실라의 말씀에 따랐다. 그러나 유대인들은 시기하여 불량한 사람들을 데리고 떼를 지어 소동을 일으켰다. 야손과 형제들을 집에서 끌어내어 읍장들 앞에 데리고 갔다. 소동을 일으킨 무리들은 야손 등이 가이사의 명을 거역하여 예수라 하는 새로운 임금이 있다 했노라고 소리 질렀다. 한바탕의 소동이 일어난 후 야손 등은 보석금을 내고 석방됐다(행 17:1-9).

성경의 데살로니가는 테살로니키(Thessaloniki)를 말한다. 테살로니카라고도 한다. 테살로니키는 그리스 제2의 도시다. 2021년 기준으로 111.703㎢ 면적에 802,572명이 거주한다. 테살로니키 대도시 지역 인구는 1,006,112명이다.[8]

테살로니키는 BC 315년 마케도니아의 카산드로스(Kassandros)가 건설했다. 그의 아내 테살로니키(Thessalonike) 왕비의 이름을 따서 시(市)의 이름을 정했다. 알렉산더와 카산드로스는 마케도니아 리케이온에서 아리스토텔레스에게 배웠다. 테살로니키는 알렉산더 대왕의 이복 여동생이자 필리포스 2세의 딸이었다.

테살로니키는 알바니아 두러스에서 터키 이스탄불에 이르는 1,120km의 에그나티아 가도(街道, Via Egnatia) 중간에 있다. 아드리아해, 에게해, 흑해를 잇는 육로(陸路) 에그나티아 가도는 BC 2세기 로마가 건설했다. 바울은 2차 선교 여행에서 필리피에서 테살로니키로 육로로 여행할 때 에그나티아 가도를 통해 이동했다. 그리고 테살로니키에서 소동이 일어난 후 바울과 실라는 그리스도인들의 도움을 받아 야밤에 테살로니키를 떠나 베뢰아(Berea)로 갔다. 그들은 에그나티아 도로를 따라 걸었고 펠라(Pella) 근처에서 길을 바꾸었다. 에그나티아 가도는 비잔티움에서 두러스까지 연결됐다. 테살로니키는 주요 경유지다. 오늘날 테살로니키-카발라 국도가 놓여 있다.[9] **그림 5.9**

8 https://en.wikipedia.org/wiki/Thessaloniki/Cassander/Thessalonike_of_Macedon

9 https://en.wikipedia.org/wiki/Via_Egnatia/Kavala/File:Via_Egnatia.PNG

출처: 위키피디아 권용우

그림 5.9 비아 에그나티아와 테살로니키-카발라의 고대 비아 에그나티아

테살로니키의 높은 지역에 구도심 아노 폴리(Ano Poli)가 있다. 바울은 테살로니키 블라타돈 수도원(Vlatadon Monastery)에서 설교한 것으로 알려졌다. 블라타돈 수도원은 테살로니키의 아노 폴리 북쪽에 위치해 있다. 성벽과 가깝고 팔레올로고스 탑 바로 맞은편에 있다. 블라타돈 수도원에는 바울이 테살로니키에서 설교할 때 서 있었다고 알려진 성 바울의 돌(St Paul's stone)이 있다.[10] 그림 5.10

8 베뢰아(Beroea 베로이아)

[10]밤에 형제들이 곧 바울과 실라를 **베뢰아**로 보내니 그들이 이르러 유대인의 회당에 들어가니라 [11]**베뢰아**에 있는 사람들은 데살로니가에 있는 사람들보다 더 너그러워서 간절한 마음으로 말씀을 받고 이것이 그러한가 하여 날

https://stpaul-culturalroute.eu/journeys/second-mission-greece.html
https://www.visitgreece.gr/inspirations/the-route-that-apostle-paul-followed-in-greece/

10 https://en.wikipedia.org/wiki/Upper_Town_(Thessaloniki)/Vlatades_Monastery
https://stpaul-culturalroute.eu/travelling/greece/thessaloniki.html

출처: 위키피디아 stpaul-culturalroute.eu

그림 5.10 바울의 테살로니키 설교와 블라타돈 수도원의「성 바울의 돌」

마다 성경을 상고하므로 [13]데살로니가에 있는 유대인들은 바울이 하나님의
말씀을 **베뢰아**에서도 전하는 줄을 알고 거기도 가서 무리를 움직여 소동하
게 하거늘(행 17:10-11,13) [4]아시아까지 함께 가는 자는 **베뢰아** 사람 부로의
아들 소바더와 데살로니가 사람 아리스다고와 세군도와 더베 사람 가이오와
및 디모데와 아시아 사람 두기고와 드로비모라(행 20:4)

바울과 실라는 예수 제자들의 도움으로 데살로니가를 빠져 나와 뵈뢰아로 떠났다. 그들은 에그나티아 길을 거쳐 뵈뢰아로 들어 갔다. 베뢰아는 번화했고 유대인 회당이 있었다. 바울과 실라는 회당을 방문했다. 뵈뢰아의 유대인들은 데살로니가 유대인들보다 바울의 복음에 큰 관심을 보였다. 베뢰아의 상류 계층의 사람들, 히브리인들과 개종자들, 적지 않은 여성들이 말씀을 들었다. 한편 바울의 뵈뢰아 활동 소식이 데살로니가에 알려졌다. 데살로니가의 바울 반대파는 사람들을 베뢰아로 보내 소란을 일으켰다. 예수의 제자들

은 바울을 베뢰아에서 바닷가로 가게 한 후 아덴으로 피신시켰다. 디모데와 실라는 베뢰아에 남았다. 실라와 디모데는 베뢰아에서 부로의 아들 소바더(Sopater)를 알게되어 함께 지냈다. 실라와 디모데는 베뢰아에 머물다가 나중에 고린도에서 바울과 합류했다(행 18:5). 소바더는 바울이 나중에 드로아로 갈 때 바울 일행에 동참했다(행 20:4).

성경의 뵈뢰아는 베로이아(Beroea)를 말한다. 베로이아는 테살로니키에서 서쪽으로 80km 떨어져 있다. 펠라에서는 남쪽으로 50km 떨어져 있다. 베로이아는 헬레니즘 시대와 로마 제국의 고대 도시였다. 오늘날 북마케도니아, 북부 그리스의 베로이아로 알려진 작은 도시다. 1세기에 테살로니키와 베로이아를 연결하는 두 개의 주요 도로가 있었다. 그 중 하나는 고대 도시 펠라 근처를 지나갔다. 바울이 베로이아를 방문했을 때 그 길을 이용했다고 알려졌다. 베로이아 도시 안에는 유대인 거주지가 있었다. 테살로니키를 떠난 바울과 실라는 베로이아의 유대인과 그리스인 공동체에 복음을 전파했다. 사도행전의 저자 누가에 따르면 베로이아 사람들은 관대하고 공정한 마음을 가지고, 바울과 실라가 진리를 가르치는지 알아보기 위해 성경을 상고하려 했다고 했다. 바울이 베로이아에서 설교한 것을 기려 성 바울 연단(St. Paul's Tribune, 'Bema') 이 조성되어 있다.[11] 그림 5.11

---

11 https://en.wikipedia.org/wiki/Beroea/Sopater/Acts_17
http://wikimapia.org/1780175/St-Paul-s-Tribune-Bema
https://commons.wikimedia.org/wiki/File:Beroia_St_Paul%27s_Altar.jpg
https://www.thebiblejourney.org/biblejourney1/10-pauls-journey-to-phrygia-macedonia/paul-in-berea/

출처: 위키피디아

그림 5.11 그리스 베로이아의 성 바울 연단

9 아덴(Athens 아테네)과 아레오바고(Areobago 아레오파고스)

16바울이 **아덴**에서 그들을 기다리다가 그 성에 우상이 가득한 것을 보
고 마음에 격분하여 19그를 붙들어 **아레오바고**로 가며 말하기를 네가 말하
는 이 새로운 가르침이 무엇인지 우리가 알 수 있겠느냐 22바울이 **아레오바
고** 가운데 서서 말하되 아덴 사람들아 너희를 보니 범사에 종교심이 많도다
34몇 사람이 그를 가까이하여 믿으니 그 중에는 **아레오바고** 관리 디오누시오
와 다마리라 하는 여자와 또 다른 사람들도 있었더라(행 17:16,19,22,34)

바울은 데살로니가와 베뢰아에서의 갈등을 피해 배를 타고 보다 안전한 아덴로 옮겨왔다. 바울은 실라와 디모데가 마게도냐에서 오기를 기다리는 동안 도시를 둘러보았다. 바울은 아덴이 우상으로 가득 찬 것을 보고 심히 괴로워했다. 바울은 타오르는 성령의 열정으로 유대인, 경건한 사람, 아고라의 사람들을 만나 예수 죽음과 부활을 설파했다. 바울의 새로운 설교는 일부 쾌락주의((Epicureanism), 스토아주의(Stoicism), 철학적 성향의 그리스인들에게 혼란과 경이로움을 던졌다. 바울은 아테네에 있는 동안 설교 때문에 쫓겨난 적이 없다. 그들은 바울을 아테네의 고등법원인 아레오바고로 함께 가서 보다 상세히 말씀을 설명하게 했다. 설교 후 많은 사람들이 바울을 추종했다. 여기에는 다마리라 하는 여성과 아레오바고의 일원인 디오누시오가 포함됐다.

성경의 아덴은 아테네(Athens)를, 아레오바고는 아레오파고스(Areopagos)를 말한다, 아테네는 그리스 수도로 최대 도시다. 2021년 기준으로 412㎢ 면적에 3,059,764명이 거주한다. 지중해성 기후를 바탕으로 BC 1556년에 아테네 왕국을 건설했다. 아테네는 아테네 왕국(BC 1556-BC 1068) 아테네 도시 국가(BC 1068-BC 322) 헬레닉 리그(BC 338-322), 마케도니아 왕국(BC 322-148), 로마 공화국(BC 146-27), 로마 제국(27-395), 동로마 제국(395-1205), 아테네 공국(1205-1458), 오스만 제국(1458-1822, 1826-1832), 그리스(1822-현재)로 이어지는 오랜 역사의 중심지 역할을 해왔다.[12]

BC 449년에 끝난 그리스-페르시아 전쟁 승리는 그리스인의 정신세계를 긍정적으로 변혁시켰다. 아테네는 페르시아 전쟁 승리의 중심이었다. 인간의 이성을 바탕으로 한 인간 중심의 문화를 추구했다. 정신과 육체의 조화를 표현한 예술을 창조했다. 소포클레스·에우리피데스의 문학, 헤로도투스·투기

---

12 https://en.wikipedia.org/wiki/Athens/Areopagus_sermon/Parthenon
https://en.wikipedia.org/wiki/Epicureanism/Stoicism/Socrates/Greco-Persian_Wars
https://www.visitgreece.gr/inspirations/the-route-that-apostle-paul-followed-in-greece/
권용우, 2021, 세계도시 바로 알기, 3권 남부유럽, 그리스, 박영사, 136-155.

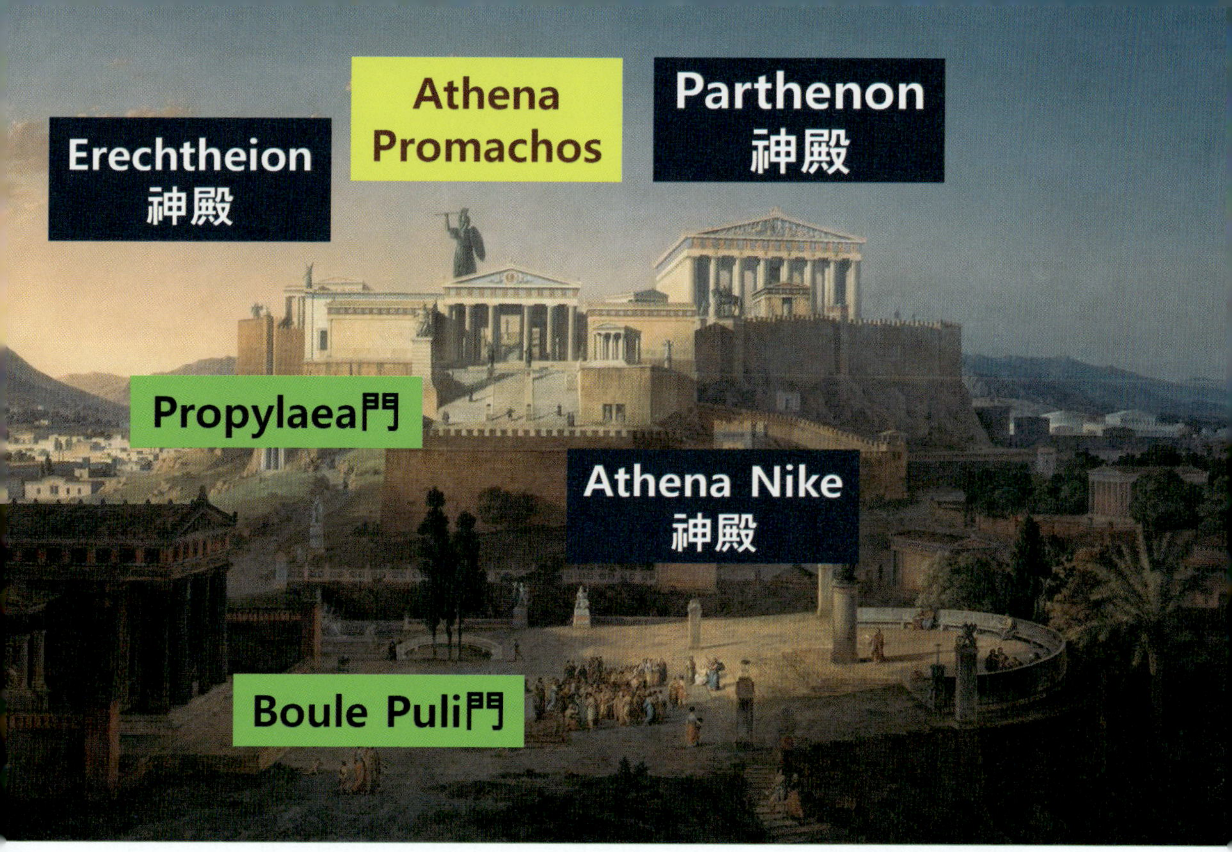

출처: 위키피디아 권용우

그림 5.12 그리스 아테네 아크로폴리스의 여러 신전과 문

디테스의 역사, 아리스토파네스의 희곡, 페이디아스·폴리크리투스의 조각과 미술 등에 이르기까지 고대 그리스 문화는 여러 학문적 토양을 구축했다.

그리스에서는 민주 정치를 위해선 궤변보다 대화와 철학이 중요하다는 논리가 있었다. 소크라테스(BC 470-BC 399)를 위시해 소크라테스의 제자인 플라톤(BC 428-BC 347)과 플라톤의 제자이며 알렉산더 대왕을 가르친 아리스토텔레스(BC 384-BC 322) 등이 지혜를 사랑하는 철학을 체계화했다. 아테네에는 아크로폴리스의 파르테논 신전(BC 447-BC 432 건설)을 위시하여 수많은 건물, 신전, 조각품 등이 들어차 있다. 인간과 신 중심의 사상에 기반한 구조물들이다. 그리스도 중심의 신앙을 가진 바울에게 아테네의 도시 구조물은 우상(Idols)의 집합체로 보였다고 한다.그림 5.12

출처: 위키피디아 권용우

그림 5.13 그리스 아테네 아레오파고스 언덕과 바울의 설교가 적힌 청동 조각판

아레오파고스는 아테네 아크로폴리스 서쪽에 있는 바위 언덕 이름이다. '아레스 신의 바위'라는 뜻이다. 파르테논 신전으로 가는 길목에 있다. 아테네의 사원, 문화 시설, 고등법원이 몰려 있는 도시의 중심지였다. 바울의 아레오파고스 설교는 ① 이교 예배의 무지에 대한 논의(행 17:23-24) ② 창조주 하나님이 경배의 대상(행 17:25-26) ③ 하나님과 인간의 관계(행 17:26-27) ④ 금, 은, 돌로 만든 우상은 거짓 숭배의 대상(행 17:28-29) ⑤ 이제는 무지를 끝낼 때(행 17:30-31) 등의 내용으로 정리된다. 바울의 아레오파고스 설교는 그리스도의 본성과 그리스도론으로 나아가는 초기 단계였다고 한다. 1515년 라파엘이 바울의 아레오 바고 설교를 그림으로 남겼다(행 14:15-17, 17:16-34).그림 5.13, 5.14

1887년 아테네 중심부에서 매우 가까운 곳에 사도 바울의 교회(Apostle Paul's church)가 세워졌다. 2년 후 새롭고 더 큰 교회를 짓기 위한 기초를 마련했다. 1923년 사도 바울의 축하를 위한 저녁기도가 아레오파고스에서 거행되어야 한다고 규정했다.

출처: 위키피디아

그림 5.14 바울의 아테네 아레오파고스 설교, 라파엘(1515)

10 고린도(Corinth 고린도, Corinthos 코린토스)

1그 후에 바울이 아덴을 떠나 **고린도**에 이르러 8또 회당장 그리스보 집안
과 더불어 주를 믿으며 수많은 **고린도** 사람도 듣고 믿어 세례를 받더라 9밤
에 주께서 환상 가운데 바울에게 말씀하시되 두려워하지 말며 침묵하지 말
고 말하라(행 18:1,8,9)

바울은 아덴을 떠나 고린도에 왔다. 본도 태생 유대인 아굴라와 로마 귀족 출신 브리스길라를 만났다. 그들은 이달리야 글라우디오가 내린 유대인 추방령에 의해 고린도로 온 것이다. 그들의 생업은 천막 제작업이었다. 바울, 아굴라, 브리스길라 세 사람은 생업이 같아 함께 살며 일했다. 실라와 디모데가 마게도냐로부터 내려와 바울과 합류했다.

바울은 안식일마다 회당에 들어가 강론하며 권면했다. 강론의 대상은 유대인과 헬라인이었다. 바울의 강론을 듣고 회당장 그라스보 집안과 수많은 고린도 사람들이 주를 믿었다. 그들은 세례를 받았다. 그러나 상당수 고린도 사람들은 바울을 비방하고 대적했다. 바울은 낙담했다. 예수가 환상으로 바울에게 나타나셨다. 예수는 바울을 보호할 터이니 두려워 말고 말씀을 전하라고 하셨다. 예수는 고린도에 예수 제자가 많다고 하셨다. 바울은 1년 6개월을 머물며 하나님의 말씀을 전파했다.

갈리오가 아카이아 총독이 됐다. 유대인들은 갈리오에게 바울을 고발했다. 바울이 유대인의 율법을 어기고 선동한다고 했다. 갈리오는 유대인에 관한 것은 유대인들 끼리 알아서 하라며 법정에서 쫓아냈다. 유대인들은 회당장 소스데네를 잡아 법정에서 때렸다. 갈리오는 상관하지 않았다(**행 18:1-17**). 몇 주 후 바울은 고린도에서 떠났다. 실라·디모데와 아길라·브리스길라 부부도 함께 떠났다.

성경의 고린도는 코린토스(**Corinthos**)를 말한다. 항구도시다. 고린도(**Corinth**)라고도 불린다. '뿔'이란 뜻이다. 고린도는 그리스어로 코린토스(**Κόρινθος**), 로마자로 코린토스(**Kórinthos**), 영어로 코린트(**Corinth**)라 표기한다. 기독교에서는 코린트를 고린도(**개역한글성서/대한성서공회**), 고린토(**공동번역성서/대한성서공회**), 코린토(**천주교 성경/한국 천주교 주교회의**) 등으로 음역하고 있다.

고린도는 고대 그리스의 도시 국가였고, 오늘날까지 이어지는 그리스의 현대 도시다. 그리스 중남부 펠로폰네소스 반도에 있다. 사로니코스만과 코린토스만을 가르는 코린토스 지협에 있다. 고대에는 선박들이 코린토스 지협 해안을 따라 험준한 암초를 피해 돌아갔다. 그러나 고린도 운하를 건설해 이러한 위험이 극복되었다. 521년 지진과 1858년 큰 지진으로 고대 도시 고린도와 주변 지역의 정착지가 파괴됐다. 지진 이후 고대 고린도에서 5km 떨어진 고린도 만 북동쪽에 신(新) 코린토스가 지어졌다. 1923년의 지진과 1933년의 대화재로 피해를 입었으나 재건됐다. 코린토스에는 2021년 기준으로 102.19㎢ 면적에 38,485명이 산다. 코린토스는 아테네로부터 남서쪽으로 78km 떨어져 있다.[13]

오늘날 코린토스에는 그리스의 주요 산업 허브 기능이 이뤄지고 있다. 코린토스 정유 시설은 유럽에서 가장 큰 정유 산업 단지 중 하나다. 세라믹 타일, 구리 케이블, 검, 석고, 가죽, 대리석, 육류 제품, 의료 장비, 미네랄 워터, 음료, 석유 제품, 소금 등이 코린토스와 주변 지역에서 생산된다.

고린도는 역사적으로 세 개의 항구가 있는 전략적 위치로 인해 무역과 상업의 중심지로 번성했다. 古代 고린도(Ancient Corinth)는 상업무역 도시로 번성하여 「헬라스의 별」이라고 했다. 도시가 번성했을 때 20,000명을 수용하는 야외극장과 아폴로 신전 등이 있었다. 고린도식(式) 도기를 특화 생산했다. 부(富)가 쌓이고 지역적 영향력이 커지면서 고린도로 다양한 배경과 문화를 지닌 사람들이 모여 들었다. 경제적인 풍요로움은 도덕적 타락으로 이어졌다. 고대 고린도에서 3.5km 떨어진 남쪽 해발 575m 높이의 도시 끝자락

---

13 https://en.wikipedia.org/wiki/Corinth/Acrocorinth/Ancient_Corinth/Bema
https://commons.wikimedia.org/wiki/File:Ancient_Corinth_-_Lechaion_Road_3.jpg
https://commons.wikimedia.org/wiki/Category:Bema_(Ancient_Corinth)
https://topostext.org/place/379229XLeR
https://global.oup.com/us/companion.websites/0195161238/studentresources/chapter14/
https://www.britannica.com/place/Corinth-Greece
https://www.athenstourgreece.com/the-importance-of-corinth-in-the-bible/
권용우, 2021, 세계도시 바로 알기, 3권 남부유럽, 그리스, 박영사, 160-165.

출처: 위키피디아

그림 5.15 그리스의 아크로코린트 고대 성곽 아프로디테 신전(神殿)

바위산에 아크로고린트(**Acrocorinth**)를 세웠다. 아크로토린트의 제일 높은 곳에 사원을 만들어 여신 아프로디테를 내세우며 매춘을 했다. 그러나 시간이 흐르면서 사원은 교회로 개조되었고, 교회는 다시 모스크로 바뀌었다. 아크로코린트에는 물이 안정적으로 공급되어 19세기까지 군사 요새 기능을 수행했다.**그림 5.15** BC 146년 로마는 고대 고린도를 멸망시켰다.

고린도에는 45년 로마 제국 클라우디우스 황제의 반유대주의 정책에 따라 이주한 유대인들이 다수 거주하고 있었다. 바울은 이러한 다양한 상황이 펼쳐지고 있는 고린도를 주요 선교 활동 무대로 삼았다.

바울은 2차 선교 여행길에 고린도에서 1년 6개월을 보냈다. 로마에서 이주한 유대인과 헬라 문화에 젖은 이방인에게 예수의 복음을 설파했다. 바울의 메시지를 믿는 새로운 신자들이 「고린도 교회」를 세웠다. 바울은 고린도에서 천막 장인 브리스길라와 아굴라를 만났다. 브리스길라는 로마 귀족 출신의 부인이었다. 남편 아굴라는 아나톨리아 본도(**Pontus, 폰투스**) 태생의 장인이었다. 이 두 사람은 바울의 동역자가 됐다.[14]

14 https://en.wikipedia.org/wiki/Priscilla_and_Aquila/Pontus_(region)
http://www.qteen.co.kr/ArticleView.asp?AID=6784

출처: 위키피디아

그림 5.16 고대 고린도의 레카이온 로드, 베마, 바울이 설교했다는 베마 석판

유대인과 이방인으로 구성된 고린도 교회는 갈등과 혼란이 적지 않았다. 바울은 고린도에서 체류했던 기간은 물론이고, 고린도 전서와 고린도 후서의 서신을 통해 고린도 신자들에게 온갖 정성을 다했다. 바울은 고린도에서 주님으로부터 환상을 받았다고 했다. 바울은 고린도에서 분열, 부도덕, 영적 은사, 부활, 공동 식사 남용, 성적 부정 행위 등 다양한 문제에 대해 설교했다. 바울은 사랑, 자기 희생, 연합의 중요성을 강조했다. 고린도 신자들에게 그리스도의 모범을 따르라고 역설했다. 바울은 더 높은 윤리적, 도덕적 기준을 요구하기 위해 편지를 썼다. 바울은 고린도에서 힘들고 고통스러운 많은 날들을 감내해야 했다. 다행히 적지 않은 신자들이 그리스도를 믿는 믿음을 통해 삶이 변화되었다. 그들의 변화된 삶은 도덕적으로 타락한 고린도 환경 속에서, 복음의 능력으로 어려움을 이겨 내는 한 줄기 빛이 되었다.

고대 고린도에는 사도 바울이 다니던 레카이온 도로(**Lechaion road**) 유적이 남아 있다. 레카이온 도로는 고린도 아고라와 북쪽으로 3km 떨어진 고린도 만에 있는 레카이온 항구를 연결했다. 이 도로는 기원후 10세기부터 중요성을 잃기 시작했다. 1858년 지진 이후에 버려졌다. 고린도에는 길에서 연설할 수 있는 연단 베마(**Bema**)가 있다. 1세기에 바울이 설교했다는 베마 석판이 있다.**그림 5.16**

11 겐그레아(Kenkrea, 케크리에스 Kechries, 켄크레아이 Kenchreai)

> [18]바울은 더 여러 날 머물다가 형제들과 작별하고 배 타고 수리아로 떠나 갈새 브리스길라와 아굴라도 함께 하더라 바울이 일찍이 서원이 있었으므로 **겐그레아**에서 머리를 깎았더라(행 18:18) [1]내가 **겐그레아** 교회의 일꾼으로 있는 우리 자매 뵈뵈를 너희에게 추천하노니 [2]너희는 주 안에서 성도들의 합당한 예절로 그를 영접하고 무엇이든지 그에게 소용되는 바를 도와 줄지니 이는 그가 여러 사람과 나의 보호자가 되었음이라(롬 16:1-2)

바울은 고린도에서 예수를 믿는 형제들과 작별했다. 동역자 브리스길라, 아굴라와 함께 배를 타고 수리아 에베소로 떠났다. 떠나기 전에 고린도 인근에 있는 겐그레아에 가서 머리를 깎았다. 바울은 겐그레아 교회의 일꾼인 뵈뵈를 로마의 그리스도들에게 추천했다.

성경의 겐그레아(Kenkrea, Kenkhrea)는 케크리에스(Kechries)를 말한다. 옛날에는 켄그레아이(Kenkhreai)라고도 했다. 그리스 코린토스 시와 펠로폰네소스 지역의 일부인 그리스의 작은 마을이다. 2011년 기준으로 238명이 산다. 케크리에스는 365년과 375년에 지진으로 큰 피해를 입었다. 이로 인해 고대부터 해안선이 침하되었다. 케크리에스에는 해변과 500m 길이의 만이 있다. 항구가 위치한 곳도 있다. 북동쪽에 남향 방파제가, 남서쪽에 동방 방파제가 있었다.

1세기 초에 겐그레아에는 초기 그리스도인 회중이 있었다. 겐그레아 성전 부지에 초기 기독교 교회가 세워졌다. 이 교회는 6세기까지 번성했다. 바울은 서원하였기 때문에 겐그레아에 가서 머리를 깎았다. 이스라엘의 나실인들(Nazirite)은 자발적으로 포도 관련 제품, 머리카락 깍기, 시체나 무덤

출처: 위키피디아

그림 5.17 겐그레아이의 초기 기독교 교회 유적과 이시스 신전 유적

접촉 등을 삼가겠다는 서원을 했다. 초기 유대인 그리스도인들도 가끔 일시적인 나실인 서원을 했다고 한다(행 21:23-24). 바울의 서원도 비슷한 성격일 가능성이 있다고 설명한다. 다만 팔레스타인이 아닌 겐그레아에서 머리를 깎은 것은 민수기 6장에 규정된 규칙에 어긋나는 것이었다고 해석한다. 그리고 겐그레아에는 이시스에게 바쳐진 사원 유적이 있다. 모자이크 바닥, 분수 등이 있는 사원은 해변 바로 위에 위치해 있었다. 이 지역의 일부 유적은 현재 바다로 덮여 있다.[15] 그림 5.17

바울의 2차 선교 여행은 고린도를 떠나 에베소, 가이사랴, 예루살렘을 거쳐 안디옥에 귀환하면서 끝났다.

15 https://en.wikipedia.org/wiki/Kechries/Nazirite/Isis
https://fi.wikipedia.org/wiki/Kechri%C3%A9s

제 6 장 3차 선교 여행
3rd Missionary Journey

바울은 갈라디아와 브루기아를 다닌 후 3차 선교 여행 길(52-57)에 올랐다. 바울은 에베소에서 3년간 사역하면서 아데미 신상을 혁파했다. 이 일로 바울은 위험에 처하게 됐다. 바울은 안전을 위해 2차 선교 여행길을 돌아 안디옥으로 귀환하기로 했다. 돌아오는 길에 드로아에서 혼절한 유두고를 깨어나게 했다. 바울은 그리스 동쪽 바다에 있는 여러 섬을 거쳐 밀레도에 이르렀다. 바울은 밀레도에 온 에베소 장로들을 만나 고별 설교를 했다. 바울은 시리아 지중해 연안의 여러 섬을 들러 가이사랴에 도착했다. 3차 선교 여행이 종료됐다.

3차 선교 여행의 주요 도시와 경로는 다음과 같다.**그림 6.1, 6.2**

> 수리아 안디옥 - 길리기아 다소 - 갈라디아 더베 이고니온 루스드라 - 비시디아 안디옥 - 아시아 **에베소** 드로아 - 마게도냐 네압볼리 빌립보 암비볼리 아볼로니아 데살로니가 베뢰아 - 아가야 고린도 - **(되돌아감)** - 고린도 - 베뢰아 - 데살로니가 - 아볼로니아 - 암비볼리 - 빌립보 - 네압볼리 - 아시아 드로아 - **앗소** - **미둘레네** - **기오** - **사모** - **밀레도** - **고스** - **로도** - 리시아 **바다라** - 수리아 **두로 돌레마이** - **가이샤라** - **예루살렘** - **안디바드리**

여기에서는 에베소, 앗소, 미둘레네, 기오, 사모, 밀레도, 고스, 로도, 바다라, 두로, 돌레마이, 가이샤라, 예루살렘, 안디바드리 등에 대해 중점적으로 고찰하기로 한다. 그리고 에베소를 떠나 2차 선교 여행 길을 다시 한번 갔다 오는 과정 가운데 마게도냐, 아가야, 아시아에서의 3차 선교 활동에 대해 살펴보기로 한다.

출처: 사도행전, 오티즈, 권용우

그림 6.1 바울의 3차 선교 여행

1 에베소(Ephesus)

1아볼로가 고린도에 있을 때에 바울이 윗지방으로 다녀 **에베소**에 와서 어
떤 제자들을 만나 10두 해 동안 이같이 하니 **아시아**에 사는 자는 유대인이나
헬라인이나 다 주의 말씀을 듣더라 26이 바울이 **에베소**뿐 아니라 거의 전 아
시아를 통하여 수많은 사람을 권유하여 말하되 사람의 손으로 만든 것들은
신이 아니라 하니 이는 그대들도 보고 들은 것이라 28그들이 이 말을 듣고
분노가 가득하여 외쳐 이르되 크다 **에베소** 사람의 아데미여 하니 34그들은
그가 유대인인 줄 알고 다 한 소리로 외쳐 이르되 크다 **에베소** 사람의 아데
미여 하기를 두 시간이나 하더니 35서기장이 무리를 진정시키고 이르되 **에
베소** 사람들아 **에베소** 시가 큰 아데미와 제우스에게서 내려온 우상의 신전
지기가 된 줄을 누가 알지 못하겠느냐(행 19:1,10,26,28,34-35)

출처: my-favourite-planet.de romanports.org 권용우

그림 6.2 튀르키예 서부 해안

바울는 갈라디아와 프리기아 교회를 차례로 다니며 모든 제자를 굳건하게 했다(**행 18:23**). 바울의 3차 선교 여행이 시작됐다. 바울은 안디옥을 떠나 다소와 윗지방을 순회한 후 에베소에 갔다(**행 19:1**). 바울은 3년간 에베소에서 설교했다(**행 20:31**). 에베소에서 바울의 시간은 힘들었다. 그는 많은 고난을 겪었다. 이 계절에 살아남을 자신이 없다고 말했다(**고후 1:6-10**). 그러나 바울은 에베소에서 많은 일을 행했다. 하나님이 바울을 통해 역사하셨기 때문이다.**그림 6.1. 6.2**

에베소에서 사역을 시작한 바울은 처음 몇 달 동안 회당에서 설교했다. 그러나 많은 유대인들이 불신에 차서 바울과 복음 메시지에 대해 악한 말을 했다. 바울은 회당 대신 두란노 서원에서 강론했다. 에베소에서의 마지막 2년 반의 기간에 매일 두란노 서원에서 설교했다. 아침과 저녁 시간은 직업인으

로 일을 해서 재원을 확보했다. 아시아(Asia)의 모든 사람들이 바울이 선포하는 주의 말씀을 들었다(행 19:10).

하나님께서 바울의 손으로 놀라운 기적들을 행하게 하셨다. 바울의 피부에 닿았던 손수건이나 앞치마를 병든 사람들에게 가져다 대면, 그들의 질병이 떠나고 악령들이 그들에게서 나갔다(행 19:11-12). 많은 사람들이 예수를 믿게 됐다.

바울은 에베소에서 요한의 세례를 알지만 예수에 대해 모르는 제자들과 서신을 주고 받았다(행 19:1-3). 이들은 아볼로에게 설교를 들었다. 알렉산드리아 출신 유대인 아볼로는 예수를 모른 채 요한의 세례를 중심으로 설교했다. 브리스길라와 아굴라는 아볼로에게 하나님의 도를 정확하게 풀어 일러주었다. 아볼로는 아가야로 건너가 예수가 그리스도라고 증언했다(행 18:24-28). 바울은 이 특정한 제자들에게 예수에 관해 가르쳤다. 그들은 예수를 믿고 성령을 받았다(행 19:4-7).

> 1내가 다시는 너희에게 **근심** 중에 나아가지 아니하기로 스스로 결심하였노니
> 2내가 너희를 **근심**하게 한다면 내가 근심하게 한 자밖에 나를 기쁘게 할 자가
> 누구냐 3내가 이같이 쓴 것은 내가 갈 때에 마땅히 나를 기쁘게 할 자로부터 도
> 리어 **근심**을 얻을까 염려함이요 또 너희 모두에 대한 나의 기쁨이 너희 모두의
> 기쁨인 줄 확신함이로라 4내가 마음에 큰 **눌림**과 **걱정**이 있어 많은 **눈물**로 너
> 희에게 썼노니 이는 너희로 **근심**하게 하려 한 것이 아니요 오직 내가 너희를 향
> 하여 넘치는 **사랑**이 있음을 너희로 알게 하려 함이라 5**근심**하게 한 자가 있었
> 을지라도 나를 **근심**하게 한 것이 아니요 어느 정도 너희 모두를 **근심**하게 한 것
> 이니 어느 정도라 함은 내가 너무 지나치게 말하지 아니하려 함이라(고후 2:1-5)

에베소에 있는 바울은 어느 시점에 고린도 교회에 큰 문제가 있다는 서신을 받았다. 바울은 이 소식을 듣고 반응했다. 바울은 고린도에 가면 갈등을 해

결할 수 있을 것이라고 생각했다. 그러나 정반대의 일이 일어난 것 같다. 바울은 이 방문을 「고통스러운」 방문이라고 묘사했다(**고후 2:1**). 이 고통스러운 방문 중에 바울은 교회의 누군가에게 깊은 상처를 받았다(**고후 2:5**). 바울의 고린도 방문 여부에 관해 두가지 견해가 있다. 하나는 바울이 ① 2차 선교 여행 중 18개월의 고린도 체류 ② 에베소에서의 고통스러운 방문 ③ 3차 선교 여행의 마지막에 행한 방문 등 바울이 고린도를 3번 방문했다는 견해다. 다른 하나는 바울이 ① 2차 선교 여행 중 18개월의 고린도 체류 ② 3차 선교 여행의 마지막에 행한 방문 등 바울이 고린도를 2번 방문했다는 견해다.

> 13이에 돌아다니며 마술하는 어떤 유대인들이 시험삼아 악귀 들린 자들에게 주 예수의 이름을 불러 말하되 내가 **바울**이 전파하는 **예수**를 의지하여 너희에게 명하노라 하더라 14유대의 한 제사장 스게와의 일곱 아들도 이 일을 행하더니 15악귀가 대답하여 이르되 내가 **예수**도 알고 **바울**도 알거니와 너희는 누구냐 하며 16악귀 들린 사람이 그들에게 뛰어올라 눌러 이기니 그들이 상하여 벗은 몸으로 그 집에서 도망하는지라 17**에베소**에 사는 유대인과 헬라인들이 다 이 일을 알고 두려워하며 주 **예수**의 이름을 높이고 18믿은 사람들이 많이 와서 자복하여 행한 일을 알리며(행 19:13-18)

에베소에는 일곱 명의 유대인 악령 퇴치사 스게와 아들들이 활동했다. 이 악령 퇴치사들은 귀신 들린 사람을 만났다. 그들은 귀신을 쫓아내려고 시도했다. 그러나 귀신 중 하나가 그들에게 예수를 내가 알고 바울도 내가 알지만 너희는 누구냐고 물었다. 악령의 지배를 받는 귀신 들린 사람이 일곱 사람을 공격해 심하게 때렸다. 이로 인해 에베소의 많은 사람들이 바울과 그의 사역이 진정한 예수의 사역이라고 믿었다. 이런 연유로 에베소의 많은 마술사들이 회개하고 그들의 마술 책을 불태웠다. 마술에 대처하는 바울의 사역으로 주님의 말씀이 에베소에 널리 퍼졌다(**행 19:13-20**).

[21]이 일이 있은 후에 **바울**이 마게도냐와 아가야를 거쳐 예루살렘에 가기로
작정하여 이르되 내가 거기 갔다가 후에 로마도 보아야 하리라 하고 [23]그 때
쯤 되어 이 도로 말미암아 적지 않은 소동이 있었으니 [24]즉 데메드리오라 하
는 어떤 은장색이 은으로 아데미의 신상 모형을 만들어 직공들에게 적지 않은
벌이를 하게 하더니 [25]그가 그 직공들과 그러한 영업하는 자들을 모아 이르
되 여러분도 알거니와 우리의 풍족한 생활이 이 생업에 있는데 [27]우리의 이
영업이 천하여질 위험이 있을 뿐 아니라 큰 여신 아데미의 신전도 무시 당하
게 되고 온 아시아와 천하가 위하는 그의 위엄도 떨어질까 하노라 하더라 [29]
온 **시내**가 요란하여 **바울**과 같이 다니는 마게도냐 사람 가이오와 아리스다
고를 붙들어 일제히 연극장으로 달려 들어가는지라 [30]**바울**이 백성 가운데로
들어가고자 하나 제자들이 말리고 [31]또 아시아 관리 중에 **바울**의 친구된 어
떤 이들이 그에게 통지하여 연극장에 들어가지 말라 권하더라(행 19:21,23-25,
27,29-31)

바울은 에베소의 아데미 신상 혁파로 곤욕을 치루었다. 데메드리오라는 은세공업자가 우상을 만들어 팔아 돈을 벌었다. 바울은 우상을 숭배하지 말아야 한다고 설교했다. 바울의 설교를 들은 사람들이 우상을 사지 않았다. 우상 장사를 하지 못하게 된 상인들은 대규모 폭동을 일으켰다. 바울과 같이 다니는 가이오와 아리스다고가 연극장으로 붙잡혀 갔다. 바울은 군중 속으로 들어가 그들을 구하고자 했다. 제자들이 말렸다. 바울이 죽을 수도 있었기 때문이다. 그리스도인들이 군중 속으로 들어가 폭동을 진정시켰다.

마게도냐

[1]소요가 그치매 바울은 제자들을 불러 권한 후에 작별하고 떠나 **마게도냐**
로 가니라 [2]그 지방으로 다녀가며 여러 말로 제자들에게 권하고 헬라에 이

르러(행 20:1-2) [12]내가 그리스도의 복음을 위하여 드로아에 이르매 주 안에
서 문이 내게 열렸으되 [13]내가 내 형제 디도를 만나지 못하므로 내 심령이
편하지 못하여 그들을 작별하고 **마게도냐**로 갔노라(고후 2:12-13) [5]우리가 **마
게도냐**에 이르렀을 때에도 우리 육체가 편하지 못하였고 사방으로 환난을
당하여 밖으로는 다툼이요 안으로는 두려움이었노라 [6]그러나 낙심한 자들
을 위로하시는 하나님이 디도가 옴으로 우리를 위로하셨으니 [7]그가 온 것뿐
아니요 오직 그가 너희에게서 받은 그 위로로 위로하고 너희의 사모함과 애
통함과 나를 위하여 열심 있는 것을 우리에게 보고함으로 나를 더욱 기쁘게
하였느니라(고후 7:5-7)

바울은 소요가 진정되면서 에베소를 떠나 마게도냐로 향했다(**행 20:1**). 이 여행 중 어느 시점에 바울은 디도를 통해 고린도로 편지를 보냈던 것 같다. 이것은 때때로 「슬픈 편지」로 불린다. 바울은 '심한 괴로움과 많은 눈물로 이 편지를 썼다.'고 했다(**고후 2:4**).

바울은 마게도냐로 가는 길에 드로아에 머물렀다. 바울은 디도가 고린도에서 돌아오기를 기다렸다. 기다리는 동안 바울은 드로아에서 큰 사역의 기회를 얻었다. 바울은 그것을 「열린 문」이라고 했다(**고후 2:12**). 그러나 디도가 드로아에 오지 않았다. 바울은 드로아를 떠나 마게도냐로 갔다(**고후 2:13**). 바울은 마게도냐 교회와 친구들을 방문하고 그 교회에 있는 신자들을 격려했다(**행 20:2**).

바울은 마게도냐에서 디도와 재회했다. 디도는 고린도 교회의 많은 사람들이 바울의 편지를 듣고 회개했다고 보고했다(**고후 7:5-16**). 바울은 기쁨으로 가득 찼다. 그리고 디도는 여전히 바울의 권위와 신뢰성에 의문을 제기하는 사람들이 있다고 보고했다. 이에 대해 바울은 또 다른 서신으로 대응했다.

아가야

> 2그 지방으로 다녀가며 여러 말로 제자들에게 권하고 **헬라**에 이르러 3**거**
> **기** 석 달 동안 있다가 배 타고 수리아로 가고자 할 그 때에 유대인들이 자기
> 를 해하려고 공모하므로 마게도냐를 거쳐 돌아가기로 작정하니(행 20:2-3)
> 1내가 겐그레아 교회의 일꾼으로 있는 우리 자매 뵈뵈를 너희에게 추천하노
> 니 2너희는 주 안에서 성도들의 합당한 예절로 그를 영접하고 무엇이든지
> 그에게 소용되는 바를 도와 줄지니 이는 그가 여러 사람과 나의 보호자가 되
> 었음이라(롬 16:1-2)

바울은 마게도냐에서 아가야로 가서 3개월 동안 머물렀다(**행 20:2-3**), 바울은 아가야 고린도에 머무는 동안 16장으로 구성된 로마서를 썼다. 로마서는 13개의 바울서신 중 가장 긴 책이다. 바울이 예수 그리스도의 복음을 통해 구원이 제공된다는 것을 설명하기 위해 썼다. 바울이 고린도에 있는 가이오의 집에 머물고 있을 때 쓰여졌을 가능성이 크다. 아마도 바울의 비서인 테르티우스가 필사한 것으로 추정된다.

아가야에서 보낸 기간 동안 인근 도시인 겐그레아에 갔을 가능성이 있다. 로마서에서 바울은 겐그레아 교회 집사인 뵈뵈(**Phoebe**)를 언급했다(**롬 16:1**). 뵈뵈는 바울의 로마서를 로마에 전달해 준 사람이었다. 바울은 로마서에서 뵈뵈를 환영해 달라고 부탁했다. 그녀가 「많은 사람의 후원자」라고 칭찬했다(**롬 16:2**). 로마서에서의 뵈뵈의 언급은 로마서를 쓰기 전에 바울이 겐그레아에서 시간을 보냈을 가능성을 시사한다. 1164년 바울이 뵈뵈에게 로마서를 맡기는 모습이 삽화로 그려졌다.[1] **그림 6.3**

---

1 https://en.wikipedia.org/wiki/Epistle_to_the_Romans/Tertius_of_Iconium
https://en.wikipedia.org/wiki/Phoebe_(biblical_figure)
https://fr.wikipedia.org/wiki/Ph%C5%93b%C3%A9_de_Cenchr%C3%A9e

출처: 위키미디아

그림 6.3 바울의 『로마서』 알렉산드리아 사본과 뵈뵈에게 『로마서』를 맡기는 바울

아시아

4**아시아**까지 함께 가는 자는 베뢰아 사람 부로의 아들 소바더와 데살로니가
사람 아리스다고와 세군도와 더베 사람 가이오와 및 디모데와 아시아 사람 두
기고와 드로비모라 5그들은 먼저 가서 **드로아**에서 우리를 기다리더라 6우리
는 무교절 후에 빌립보에서 배로 떠나 닷새 만에 **드로아**에 있는 그들에게 가
서 이레를 머무니라 7그 주간의 첫날에 우리가 떡을 떼려 하여 모였더니 바울
이 이튿날 떠나고자 하여 그들에게 강론할새 말을 밤중까지 계속하매 8우리
가 모인 윗다락에 등불을 많이 켰는데 9유두고라 하는 청년이 창에 걸터 앉
아 있다가 깊이 졸더니 바울이 강론하기를 더 오래 하매 졸음을 이기지 못하
여 삼 층에서 떨어지거늘 일으켜보니 죽었는지라 10바울이 내려가서 그 위에
엎드려 그 몸을 안고 말하되 떠들지 말라 생명이 그에게 있다 하고 11올라가
떡을 떼어 먹고 오랫동안 곧 날이 새기까지 이야기하고 떠나니라 12사람들이
살아난 청년을 데리고 가서 적지 않게 위로를 받았더라(행 20:4-12)

바울은 아가야에서 예루살렘으로 바로 항해할 계획이었다. 그러나 유대인이 배에 숨어 들어 바울을 해치려 한다는 사실이 알려지자 그 계획은 변경됐다. 바울은 마게도냐를 한 바퀴 더 돌아 가기로 결정했다(행 20:3). 바울은 여러 교회에서 온 많은 동행자를 데리고 다녔다. 이들은 그가 마게도냐를 다니는 동안 보호를 받을 수 있게 해주었다(행 20:4-5).

바울은 아가야를 떠나 마게도냐의 여러 곳을 거쳐 빌립보에 도착했다. 바울과 함께 다니던 동료들은 먼저 아시아 드로아로 가서 기다렸다. 바울은 무교절 후에 빌립보에서 배로 떠나 5일 만에 드로아에서 그들을 만났다(행 20:1-6).

바울은 일주일 동안 다시 드로아에서 사역했다. 청년 유두고가 바울의 설교를 듣다가 3층 높이에서 창밖으로 떨어졌다. 바울은 초자연적인 힘으로 혼절한 유두고의 생명을 회복시켰다(행 20:7-12).

성경의 에베소(Ephesus)는 튀르키예에 있는 고대 그리스 도시다. 에베소는 그리스어로 에페소스, 라틴어로 에페수스, 터키어로 에페스라 한다. 튀르키예 이즈미르 주의 셀주크(Selçuk)에서 남서쪽으로 3km 떨어진 이오니아 해안에 위치한다. 셀주크에는 2018년 기준으로 317㎢ 면적에 36,360명이 산다. 12세기에 셀주크 튀르크가 이 지역에 들어온 것을 근거로 셀주크라는 지명을 얻었다. 에베소는 오늘날의 셀주크에 해당한다고 설명한다.

BC 10세기에 아티카와 이오니아 그리스 식민지 개척자들이 건설했다. 아르자완 수도였던 아파샤 자리에 세웠다. 에베소는 BC 129년 로마 공화국이 에베소를 지배했다. 263년 고트족이 에베소를 파괴했다. 에베소는 항구를 통한 상업으로 부를 축적했다. 그러나 퀴취크멘데레스 강으로 흘러온 퇴적물이 쌓이면서 에베소는 항구와 상업 중심지로서의 기능이 쇠퇴했다. 614년 지진으로 에베소 일부가 파괴됐다. 에베소는 항구 기능을 상실하면서 15세기에 몰락했다. 1863-1869년 기간과 1895년에 에베소 유적지가 발굴됐다. 에베소 유적지는 2015년 유네스코 세계문화유산으로 등재됐다.[2]

---

2 https://en.wikipedia.org/wiki/Ephesus/Selçuk/Eustache_Le_Sueur/Library_of_Celsus

출처: 위키미디아

그림 6.4『바울의 에베소 설교』, 쉬외르(1649)와 셀수스 도서관

BC 550년경 에베소에 아르테미스 신전을 건조했다. 에베소 사람들은 아르테미스를 풍요와 생명의 여신으로 숭배했다. 에베소 중심지에 다산을 상징하는 여신상이 있다. 로마 제국 시대에 도미티아누스 신전, 셀수스 도서관, 24,000명을 수용하는 야외극장이 세워졌다. 셀수스(Celsus) 도서관은 117-135년 기간에 완공됐다. 로마 집정관인 셀수스를 위해 그의 아들 아킬라가 건조한 2층짜리 도서관이다. 12,000권의 두루마리가 보관되었다 한다. 내부는 180㎡로 측정되었다. 높이가 17m다. 262년 지진으로 인한 화재로 도서관 내부가 소실되었다. 10-11세기의 지진으로 외관도 소실됐다. 1903-1904년 사이에 발굴됐다. 1970-1978년 기간에 파사드가 복원됐다.

에베소는 50년대부터 초기 기독교 중심지였다. 사도 바울은 52-54년 동안 에베소에 살면서 선교 활동을 펼쳤다. 선교 활동 장소가 두란노 서원이라고 해설한다. 두란노 서원이 셀수스 도서관 어딘가에 해당된다는 설명이 있다. 로마 감옥에 있는 동안 바울은 에베소인들에게 편지를 썼다. 1649년 프랑스 화가 외스타슈 르 쉬외르(Eustache Le Sueur, 1617-1655)는 에베소에서 설교하는 바울의 설교 모습을 그림으로 남겼다.**그림 6.4**

권용우, 2022, 세계도시 바로 알기, 5권 중동, 튀르키예, 박영사, 211-214.

출처: 위키피디아 권용우

그림 6.5 튀르키예 코레소스산 성모 마라아의 집과 밧모섬

성모 마리아의 집(House of the Virgin Mary)은 에베소 인근의 코레소스 산에 있다. 코레소스산은 셀주크에서 남쪽으로 7km 떨어져 있다. 코레소스 산에는 성모 마리아의 집 석조 건물이 있다. 로마 가톨릭 수녀 앤 캐서린 에머리히가 환상에서 보고 책을 썼다. 그녀는 1774-1824년 기간에 활동했다. 1881년 프랑스 신부가 책을 토대로 현지 답사를 통해 확인했다. 성모 마리아의 집에서 사도 요한이 머물렀던 밧모섬이 잘 보인다. 사도 요한은 밧모섬에서 요한계시록을 집필했다. 예수는 사도 요한에게 어머니 마리아를 보살펴 달라고 말씀한 바 있다. 성모 마리아가 밧모섬을 보며 마지막을 보냈다고 한다. 성모 마리아가 살던 석조 건물은 복원되어 예배당으로 사용된다. 요한 바오로 2세가 이곳을 방문했다. 터키 한인회는 이곳에 「성모 마리아의 집」이란 현판을 헌정했다.**그림 6.5, 6.6**

2 앗소(Assos 아소스)

13우리는 앞서 배를 타고 **앗소**에서 바울을 태우려고 그리로 가니 이는 바울이 걸어서 가고자 하여 그렇게 정하여 준 것이라
14바울이 **앗소**에서 우리를 만나니 우리가 배에 태우고 미둘레네로 가서(행 20:13-14)

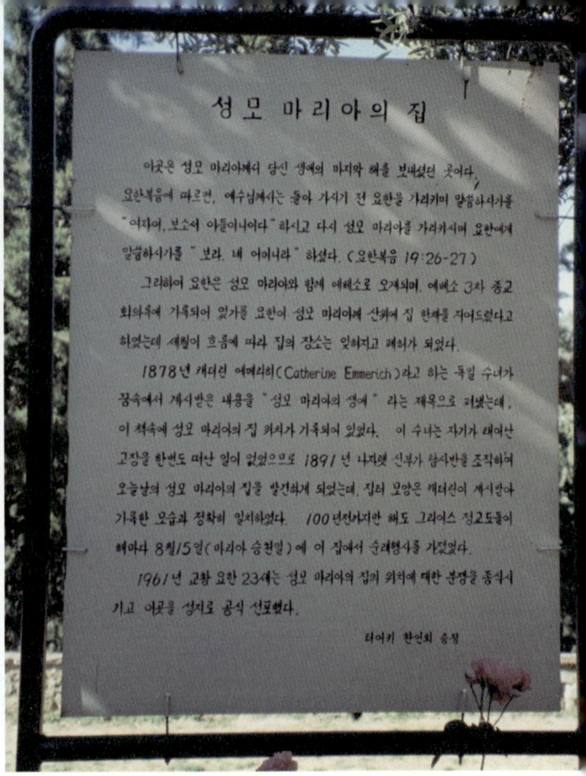

출처: 위키피디아 권용우

그림 6.6 튀르키예 코레소스산 성모 마라아의 집의 성모 동상과 현판

누가와 그의 동료들은 드로아에서 배를 타고 앞서 앗소로 항해하여 거기서 바울을 태우려고 했다. 그러나 바울은 배를 이용해 앗소에 가지 않고 안전을 위해 걸어서 앗소에 갔다. 앗소에서 바울을 기다리던 일행은 걸어서 온 바울을 배에 태워 레스보스 섬의 미둘레네로 이동했다.**그림 6.1, 6.2**

성경의 앗소는 아소스(Assos)를 말한다. 아소스는 베흐람(Behram) 근처에 있는 고대 그리스 도시였다. 튀르키예 차나칼레 아이바직의 에게해 아드라미트만 연안에 위치해 있다. 아소스의 북쪽에 트로아스가, 남쪽에 레스보스 섬이 있다. 레스보스 섬에는 바울이 들렀던 미둘레네가 있다. 해안의 길이가 80km다. 아소스는 페르시아, 마케도니아, 로마 제국이 지배했다. 1세기 이후 작은 마을로 축소됐다. BC 348년 아리스토텔레스(BC 384-BC 322)가 아소스에서 파티아와 결혼한 후 아소스 아카데미를 설립해 동물학과 생물학을 연구했다. 아소스에는 아크로폴리스, 신전, 성벽, 탑, 체육관, 아고라

출처: 위키미디아 구글 권용우

그림 6.7 튀르키예 고대 아소스 극장, 에게해의 레스보스 섬, 아소스, 미틸리니

등의 유적이 있다. BC 3세기에 지은 원형 극장이 있다. 이 극장은 5,000명의 관객을 수용할 수 있다.그림 6.2, 6.7 아소스는 2017년 튀르키예의 유네스코 세계문화유산 잠정목록에 등재됐다.[3]

3 미둘레네(Mytilene 미틸레네)

> 14바울이 앗소에서 우리를 만나니 우리가 배에 태우고 **미둘레네**로 가서(행 20:14)

바울은 앗소에서 기다리던 동료들과 합류했다. 바울은 누가 및 동료들과 배를 타고 에게해 레스보스 섬의 미둘레네로 떠났다. 미둘레네는 앗소에서 50km 떨어져 있다.그림 6.2

성경의 미둘레네는 미틸레네(**Mytilene**)를 말한다. 미틸리니라고도 한다. 그리스 에게해에 있는 레스보스 섬에 있다. 그리스 레스보스 현과 북에게 주

3 https://en.wikipedia.org/wiki/Assos/Aristotle
http://www.my-favourite-planet.de/english/middle-east/turkey/turkey-02.html

출처: 위키미디어

그림 6.8 그리스 레스보스 섬 미틸레네와 『자유의 여신상』

의 중심 도시다. 2021년 기준으로 107.46㎢ 면적에 41,379명이 거주한다. 레스보스 섬 반대편에 있는 스칼라 에레수와 그리스 67번 국도로 연결되어 있다. 도시 주변에는 농경지가 둘러싸고 있다. 서쪽과 북쪽에는 산이 있다. 작은 국도를 따라 남쪽으로 수 킬로미터 떨어진 지점에 미틸리니 국제공항이 있다. 미틸레네 항구에 『자유의 여신상』이 세워져 있다. 청동상이다. 그리스 화가의 디자인과 조각으로 제작됐다. 1922년 독일에서 주조되어 1930년 미틸레네에 헌정됐다. 조각상과 대리석 받침대의 높이는 15m다.[4] **그림 6.2, 6.8**

미틸레네는 헬레니즘, 로마, 비잔틴, 오스만의 지배를 받았다. 1912년 그리스 왕국이 오스만을 물리치고 그리스 관리 체계에 편입시켰다. 고대 시인 사포와 아리스토텔레스(BC 337-BC 335 기간)가 미틸레네에서 활동했다. 레스보스와 미틸레네에는 고대부터 유대인이 정착해 살았다. 1170년 레스보스 섬에서 10개의 소규모 유대인 커뮤니티를 발견했다.

4 https://en.wikipedia.org/wiki/Mytilene/Statue_of_Liberty_(Mytilene)

4 기오(Chios 키오스)

[15]거기서 떠나 이튿날 **기오** 앞에 오고 그 이튿날 사모에 들르고 또 그 다음 날 밀레도에 이르니라(행 20:15)

바울, 누가, 동료들은 레스보스 섬의 미둘레네를 떠나 기오 섬을 들렀다. 사모를 거쳐 밀레도에 이르렀다.

성경의 기오는 키오스(Chios)를 말한다. 키오스는 그리스 북에게해에 있는 키오스 섬의 주요 도시다. 지방 자치체의 소재지다. 2021년 기준으로 842.3㎢ 면적에 50,361명이 거주한다. 키오스에서는 마스틱, 올리브, 무화과, 와인, 만다린, 체리 등의 농산물 생산이 활성화되어 있다. 키오스는 페르시아, 헬레니즘, 로마, 비잔틴, 제노바, 오스만의 통치를 받았다. 1912년 그리스가 오스만을 물리치고 그리스 영토에 포함시켰다.

출처: 위키미디아

그림 6.9 그리스 키오스 피르기 그림 마을과 『키오스 대학살』 들라크루와(1824)

키오스에는 '그림 마을'로 알려진 피르기(Pyrgi) 마을이 있다. 이 마을은 대부분 다양한 모양의 흑백 장식 모티브로 집들을 꾸며 놓았다. 섬의 중심지에서 남쪽으로 25km 떨어진 곳에 있다. 피르기 마을 주민은 키오스 전통 농산물인 마스틱 생산에 종사한다. 피르기 마을은 유네스코 인류 무형문화유산 대표 목록에 추가됐다. 2021년 기준으로 1,063명이 거주한다.그림 6.9

1822년 그리스 독립 전쟁 당시 오스만 군대가 키오스 섬에 있던 그리스인을죽이는 키오스 학살(Massacre at Chios)이 일어났다. 20,000명의 시민이 사망했다. 살아남은 70,000명의 주민은 대부분이 강제로 노예로 끌려갔다. 키오스 학살 장면은 프랑스 예술가 외젠 들라크루아가 유화로 남겼다. 작품의 높이가 4m가 넘는다. 황폐해진 장면 앞에 고통받는 인물, 군사력, 다양한 의상, 공포, 질병, 죽음이 프리즈 형태로 그려져 있다. 1824년 완성됐다. 현재 파리 루브르 박물관에 전시되어 있다.[5] 그림 6.2, 6.9

5 사모(Samos 사모스)

> [15]거기서 떠나 이튿날 기오 앞에 오고 그 이튿날 **사모**에 들르고 또 그 다음 날 밀레도에 이르니라(행 20:15)

바울 일행은 기오 섬을 떠나 사모를 거쳐 밀레도로 갔다.

성경의 사모는 사모스(Samos) 섬을 말한다. 사모스 섬은 에게해 동부, 파트모스섬의 북부, 소아시아 연안에 있는 그리스 섬이다. 튀르키예 서남쪽의 육지로부터 1.6km 떨어져 있다. 2021년 기준으로 477.4㎢ 면적에 32,642명이 거주한다. 섬의 중심부에는 높이 1,433-1,450m의 사화산 케르키스산이 솟아 있다. 포도원이 많고 와인 생산이 활발하다. 섬의 중심 도시이자 사모스현의 현도

5 https://en.wikipedia.org/wiki/Chios/Pyrgi,_Greece/The_Massacre_at_Chios

출처: 위키미디아

그림 6.10 그리스 사모스 섬의 사모스와 피타고레이온

는 항구 도시인 사모스다. 사모스의 옛 명칭은 바시다. 사모스섬의 항구 도시인 피타고레이온은 피타고라스의 이름을 따서 명명됐다. 사모스 섬은 오스만 제국 치하의 반자치 사모스 공국이었다. 1913년 그리스에 합병됐다.[6] 그림 6.2, 6.10

사모스 섬은 그리스 신화의 주신 제우스의 아내 헤라 여신이 태어난 섬이다. 그리스 수학자 피타고라스(BC 570-BC 495)가 사모스 섬의 피타고레이온에서 태어났다. 1992년 사모스섬의 헤라 여신을 모신 헤라이온과 사모스 고고학 유적지 피타고레이온은 유네스코 세계유산에 등재됐다.

6 밀레도(Miletus 밀레투스)

15 거기서 떠나 이튿날 기오 앞에 오고 그 이튿날 사모에 들르고 또 그 다음
날 밀레도에 이르니라 16 바울이 아시아에서 지체하지 않기 위하여 에베소를
지나 배 타고 가기로 작정하였으니 이는 될 수 있는 대로 오순절 안에 예루
살렘에 이르려고 급히 감이러라 17 바울이 **밀레도**에서 사람을 에베소로 보내
어 교회 장로들을 청하니 18 오매 그들에게 말하되 아시아에 들어온 첫날부

6 https://en.wikipedia.org/wiki/Samos/Pythagoreion/Pythagoras
https://en.wikipedia.org/wiki/Heraion_of_Samos/Hera

터 지금까지 내가 항상 여러분 가운데서 어떻게 행하였는지를 여러분도 아는 바니(행 20:15-18) [20]에라스도는 고린도에 머물러 있고 드로비모는 병들어서 **밀레도**에 두었노니(딤후 4:20) [29]이는 그들이 전에 에베소 사람 드로비모가 바울과 함께 시내에 있음을 보고 바울이 그를 성전에 데리고 들어간 줄로 생각함이러라(행 21:29)

바울은 3차 선교 여행에서 예루살렘으로 가기 전에 에베소에 들르고자 했다. 소중한 친구들을 만나고 싶어했다. 그러나 바울은 오순절까지 예루살렘에 도착하기를 원했다. 이런 연유로 에베소를 그냥 지나갔다. 에베소를 다시 방문하면 소동이 일어날 수 있다는 것을 알고 있었다(**행 20:13-16**).

상황이 이러함에도 불구하고 바울은 에베소의 친구들과 사역 파트너들을 만나야겠다는 일념에 가득 찼다. 바울은 에베소의 장로들을 밀레도로 불러 만났다. 바울은 그간 행한 전도의 말씀을 했다. 바울은 그레이트 하버 기념비에 들러 계단에 앉았을 것으로 추정됐다. 바울은 성령의 명에 따라 예루살렘으로 가야한다고 했다. 하나님 은혜의 복음을 증언하는 일을 마치려 함에는 생명조차 귀한 것으로 여기지 않는다는 고별 설교를 했다. 바울은 자기 손으로 본인과 동료들이 쓰는 재원을 충당했다고 밝혔다. 주님이 주는 것이 받는 것보다 복이 있다고 하신 말씀을 강조했다(**행 20:35**). 말씀을 마친 후 무릎을 꿇고 모든 사람들과 기도했다. 다시는 바울의 얼굴을 보지 못하리라는 말로 더욱 근심하고 배까지 전송했다(**행 20:36-38**). 그리고 바울은 여행 동료 중 한 명인 드로비모를 병에서 회복하기 위해 밀레도에 남겨두었다(**딤후 4:20**). 드로비모는 바울과 함께 예루살렘에 갔다(**행 21:29**)

성경의 밀레도는 밀레투스(**Miletus**)를 말한다. 밀레투스는 고대 이오니아의 뷔위크 멘데레스 강 하구 근처, 아나톨리아 서부 해안에 위치한 고대 그리스 도시였다. 오늘날 튀르키예 아이딘 발라트 마을 근처에 유적지로 남아 있다. 밀레투스에서 탈레스, 아낙시만드로스, 아낙시메네스 등의 철학자가 배출

출처: 위키미디어

그림 6.11 튀르키예 밀레투스의 뷔위크 멘데레스 강과 밀레투스 극장 유적지

됐다. BC 6세기 이오니아 인들이 도시를 세웠다. 밀레투스는 페르시아, 헬레니즘, 이집트, 로마, 비잔틴, 셀주크, 오스만 시대를 거쳤다. BC 133년 로마 아시아 속주의 일부가 됐다. 유적으로 남아 있는 기념물의 대부분은 이 시기에 건설됐다. 그러나 뷔위크 멘데레스 강에 퇴적물이 쌓여 항구 기능을 상실하면서 경제는 쇠퇴했다. 538년 유스티니아누스 이후 작은 마을로 변했다. 15세기 오스만 제국은 아나톨리아의 항구로 활용했으나 퇴적물로 막히면서 도시는 버려졌다. 토양 침식과 지반 저하가 일어나 나무가 없는 평야와 맨 언덕 능선만 남았다. 1873년 이후 밀레투스 유적 발굴이 진행됐다. 밀레투스 극장, 이오니아식 스토아, 아폴로 동상, 성곽, 주화, 꽃병 등이 발굴됐다.[7] 그림 6.2, 6.11

7 고스(Kos 코스)

[1]우리가 그들을 작별하고 배를 타고 바로 **고스**로 가서 이튿날 로도에 이르러 거기서부터 바다라로 가서(행 21:1)

바울은 밀레도에서 고별 설교를 마치고 고스 섬으로 가서 하루를 묵었다. 이튿날 로도로 떠났다.

---

7 https://en.wikipedia.org/wiki/Miletus/B%C3%BCy%C3%BCk_Menderes_River
https://en.wikipedia.org/wiki/File:Vue_sur_la_plaine_alluviale_du_M%C3%A9andre.JPG

성경의 고스는 코스(Kos)를 말한다. 에게해 남동부 도데카니사 제도에 속하는 그리스의 섬이다. 2021년 기준으로 67.2㎢ 면적에 21,430명이 거주한다. 섬의 주요 도시이자 지자체의 소재지는 코스다. 그리스 본토보다 튀르키예에 가깝다. 비옥한 평야, 긴 모래 사장, 한적한 마을이 공존하는 관광지다. 중심 도시 코스에는 호텔, 레스토랑, 나이트 클럽 등의 흰 건물이 늘어서 있다. 섬 주민의 대부분은 농업에 종사한다. 밀, 옥수수, 포도, 아몬드, 무화과, 올리브, 토마토, 상추 등이 재배된다. 코스 섬은 도리아인, 로마, 튀르키예, 독일, 영국 등이 다스렸다. 1947년 코스 섬은 그리스에 양도됐다.

BC 460년 의학의 아버지 히포크라테스(BC 460-BC 370)가 코스 섬에서 태어났다. 히포크라테스를 기념해 코스에 국제 히포크라테스 재단과 히포크라테스 박물관이 있다. 코스에 히포크라테스의 나무가 있다. 히포크라테스가 이 나무 아래에서 제자들에게 의술을 가르쳤다고 한다. 코스의 플라타너스는 동양 플라타너스 나무로, 지름이 약 12m다. 히포크라테스 나무는 코스 타운 중심부 플라타네 광장에 있다. 현재의 나무는 수령 500년이다. 2400년 전 히포크라테스 시대에 그 자리에 있었다고 알려진 원래 나무의 후손일 가능성이 있다.[8] 그림 6.2, 6.12

출처: 위키미디아

그림 6.12 그리스 코스와 코스의 히포크라테스 나무

8 https://en.wikipedia.org/wiki/Kos/Hippocrates/Tree_of_Hippocrates

8 로도(Rhodes 로도스)

> [1]우리가 그들을 작별하고 배를 타고 바로 고스로 가서 이튿날 **로도**에 이르러 거기서부터 바다라로 가서(행 21:1)

바울은 고스에서 하루 밤을 잔 후 이튿날 로도로 떠났다.

성경의 로도는 로도스(**Rhodes**)를 말한다. 영어로 로즈라 표기한다. 그리스의 로도스 섬은 그리스 본토와 키프로스섬의 중간 지점에 위치한다. 2025년 기준으로 1,400.68㎢ 면적에 127,613명이 거주한다. 섬의 상업 중심지는 로도스다. 로도스의 중세 도시 유적은 유네스코 세계문화유산으로 등재됐다. 로도스 섬은 BC 226년, 155년, 1304년, 1856년에 지진이 일어나 큰 피해를 입었다. 주민들은 그리스 정교회를 믿는다. 로도스는 미노스, 미케네, 그리스, 페르시아, 그리스, 헬레니즘, 로마, 비잔틴, 십자군, 오스만 시대를 겪었다.

BC 280년에 『로도스의 거상(**Colossus of Rhodes**)』이 세워졌다. 그리스 태양신 헬리오스 동상이다. 마케도니아 군대와 해군으로 1년간 포위 공격을 가했을 때 로도스 시를 성공적으로 방어한 것을 기념하기 위해 건설됐다. 거상의 높이는 33m다. BC 226년 지진으로 무너졌다. 1886년 독일 화가 페르디난드 크나브(**1837-1902**)가 그림으로 남겼다.[9] **그림 6.2, 6.13**

---

9 https://en.wikipedia.org/wiki/Rhodes/Knights_Hospitaller
https://de.wikipedia.org/wiki/Ferdinand_Knab/Colossus_of_Rhodes

출처: 위키미디아

그림 6.13 그리스 로도스 항과 『로도스의 거상』 페르디난트 크나브(1886)

9 바다라(Patara 파타라)

> [1]우리가 그들을 작별하고 배를 타고 바로 고스로 가서 이튿날 로도에 이르러 거기서부터 **바다라**로 가서(행 21:1)

바울은 배로 고스, 로도를 거쳐 바다라로 가서 베니게로 건너가는 배를 갈아타고 수리아로 떠났다.

성경의 바다라는 파타라(Patara)를 말한다. 파타라는 리키아에서 번영했던 해양 상업 도시였다. 한동안 리키아의 수도였다. 파타라 유적지는 튀르키예 안탈리아의 겔레미스 마을 근처 튀르키예 해안에 있다. BC 333년 알렉산더는 리키아와 함께 파타라를 정복했다. 43년 파타라는 로마 제국에 합병되어 팜필리아에 편입됐다. 1세기 바울과 누가 등이 파타라에서 배를 갈아탔다. 이를 계기로 파타라는 일찍 기독교화 되었다. 270년 성 니콜라스(270-343)가 파타라에서 태어났다. 그는 일생의 대부분을 인근 마을인 미라에서 보냈다. 성 니콜라스는 유럽의 다양한 도시와 국가의 선원, 상인, 궁수, 회

출처: 위키미디아

그림 6.14 튀르키예 파타라의 복원된 메인 스트리트와 성 니콜라스

개한 도둑, 어린이, 양조업자, 전당업자, 장난감 제작자, 미혼자 및 학생들의 수호성인이다. 파타라는 비잔틴 시대 무역과 순례자들의 중간 기착지였다. 1211년 룸의 셀주크 술탄국이 파타라를 인수한 후 쇠퇴하다가 1340년에 버려졌다. 1988년 이후 파타라 유적지의 일부가 발굴 복원됐다.[10] **그림 6.2, 6.14**

10 두로(Tyre 티레)

3구브로를 바라보고 이를 왼편에 두고 수리아로 항해하여 **두로**에서 상륙하
니 거기서 배의 짐을 풀려 함이러라 4제자들을 찾아 거기서 이레를 머물더니
그 제자들이 성령의 감동으로 바울더러 예루살렘에 들어가지 말라 하더라 5이
여러 날을 지낸 후 우리가 떠나갈새 그들이 다 그 처자와 함께 성문 밖까지 전
송하거늘 우리가 바닷가에서 무릎을 꿇어 기도하고 6서로 작별한 후 우리는

10 https://en.wikipedia.org/wiki/Patara_(Lycia)/Saint_Nicholas
https://www.romanports.org/en/articles/ports-in-focus/829-patara-the-craddle-of-civilsation.html

출처: www.worldhistory.org 구글 권용우

그림 6.15 레반트 지중해 연안의 여러 도시

> 배에 오르고 그들은 집으로 돌아가니라 7**두로**를 떠나 항해를 다 마치고 돌레
> 마이에 이르러 형제들에게 안부를 묻고 그들과 함께 하루를 있다가(행 21:3-7)

바울은 배를 탄 채 구브로를 왼편에서 바라보고 수리아로 항해하여 두로에 상륙했다. 제자들과 7일을 보냈다. 제자와 가족들이 예루살렘 행을 만류했다. 그러나 바울의 예루살렘으로 가겠다는 의지는 확고했다. 두로의 처자들은 성문 밖까지 전송했다. 나머지 동료들은 바닷가까지 따라와 무릎을 꿇어 기도하고 서로 작별했다. 바울 일행은 배를 타고 두로를 떠나 돌레마이로 향했다.

성경의 두로는 티레(Tyre)를 말한다. 레바논의 해안 도시다. 2016년 기준으로 티레 대도시권 인구는 200,000명이다. 티레는 '바위'를 뜻한다. 티레의 북쪽 항구는 페니키아 도시인 시돈을 향해 열려 있어 '시돈 항구'라고 불

출처: 위키미디아

그림 6.16 레바논 티레의 남쪽 이집트 항구와 티레 히포드롬

렸다. 남쪽 항구는 이집트를 향해 열려 있어 '이집트 항구'라고 불렀다. 이집트 항구에는 물에 잠긴 고대 기둥이 있다. 티레는 BC 9세기-BC 6세기 사이에 페니키아의 주요 도시 국가가 됐다. BC 572년 페르시아에, BC 332년 알렉산더 대왕에게 정복당했다. 티레는 헬레니즘, 로마, 비잔틴, 중세 시대를 거쳤다. 로마 시대에 지어진 티레 히포드롬(**Tyre Hippodrome**)은 전차 경주에 사용된 스포츠 경기장이다. 티레는 1984년 유네스코 세계문화유산에 등재됐다.**그림 6.1, 6.15, 6.16**

티레는『구약 성서』에 등장한다. 요새 성읍 티레(**수 19**), 티레의 히람 1세(**삼하, 왕상, 대상**), 요새의 파괴(**사**), 티레의 형벌(**욜**), 티레의 멸망(**겔, 암, 시, 슥**) 등이 기록됐다.『신약 성서』에서도 나온다. ① 예수께서는 티레와 시돈지역 또는 해안을 방문하셨고 이 지역에서 많은 사람이 그의 설교를 듣기 위해 나왔다(**마 15:21, 막 7:24, 3:8, 눅 6:17**). ② 헤롯은 티레와 시돈 사람들에게 화가 나서 하나님께 영광을 돌리지 아니하고 거만하게 찬양을 받다가 하나님께 죽임을 당했다(**행 12:19-24**). ③ 바울은 티레로 가서 일곱 날을 지냈다(**행 21:1-7**). ④ 요한 계시록 18장에서는 에스겔 26-28장에 나오는 티레의 상업적 묘사를 광범위하게 언급하고 있다. 티레에는「기독교 거리」가 있다.[11]

11 https://en.wikipedia.org/wiki/Tyre,_Lebanon/Tyre_Hippodrome
https://en.wikipedia.org/wiki/Herodotus/Histories_(Herodotus)

11 돌레마이(Ptolemais 프톨레마이스, Acre 아크레)

> [7]두로를 떠나 항해를 다 마치고 **돌레마이**에 이르러 형제들에게 안부를 묻고 그들과 함께 하루를 있다가(행 21:7)

바울은 두로를 떠나 배를 타고 돌레마이에 도착했다. 바울은 믿음의 형제들에게 안부를 묻고 그들과 함께 하루를 지냈다.

성경의 돌레마이는 프톨레마이스(Ptolemais)를 말한다. 가나안어로 아크레(Acre)라 불렸다. 고대 페니키아 가나안 해안에 있는 고대 항구 도시다. 오늘날은 이스라엘의 아크레 도시에 위치해 있다.

그리스 역사가들은 프톨레마이스를 '치료'를 뜻하는 「아케」라고 했다. 그리스 신화에서 헤라클레스가 이곳에서 상처를 치료하는 치유 약초를 발견했다고 한다. 요세푸스는 이곳을 「아크레」라고 불렀다. 알렉산더 대왕의 정복 직후 이곳은 「안티오키아 프톨레마이스」로 바뀌었다. 셀레우코스 제국에 편입된 후 프톨레마이오스 1세 소테르에 의해 이곳이 간단히 「프톨레마이스」로 바뀌었을 것이라고 설명한다. 로마 시대에는 군단 참전 용사들을 위해 레반트에 프톨레마이스, 베리투스, 아엘리아 카피톨리나, 카이사레아 마리티마 등 4개의 정착지를 세웠다. 프톨레마이스에서는 로마화가 진행됐다. 그러나 대부분의 인구는 현지 페니키아인과 유대인이었다. 시간이 지나면서 점차 라틴어를 사용하지 않게 되었다. 130년 프톨레마이스 항구는 바르-코크바 반란을 진압하기 위해 나선 로마 군단 기지로 활용됐다. 예루살렘이 파괴된 후 많은 유대인들이 프톨레마이스로 이주해 왔다. 프톨레마이스는 초기 기독교 시대의 도시로 발전했다. 이곳은 십자군 전쟁 당시 레반트에 남아 있던 그리스도교의 마지막 근거지였다. 당시 이곳은 공식적으로 아크레라 했다. 아크레의 수호성인은 세례자 요한이었다. 아크레 지명을 바탕으로 세례자 요한의

출처: 위키미디아

그림 6.17 이스라엘 아크레(돌레마이)

이름은 아크레의 성 요한(**영어**), 산 후안 데 아크레(**스페인어**), 산 조안 다크레(**카탈루냐어**), 산 조반니 다크리(**이탈리아어**) 등으로 표기됐다.

오늘날의 아크레는 이스라엘의 도시다. 아크레는 이스라엘 지중해 레반트해 연안의 하이파만 끝자락에 있는 자연 항구에 위치해 있다. 전략적으로 주요한 기지였다. 무역로서의 기능도 뛰어났다. 아크레는 청동기 시대 이후로 가장 오래 지속적으로 사람이 살았던 정착지 중 하나다. 그러나 아크레는 여러 차례 정복과 파괴의 시련을 경험했다. 아크레는 페르시아, 그리스, 로마, 비잔틴, 이슬람, 십자군, 맘루크, 오스만, 이스라엘 시대를 겪었다. 1948년 아랍-이스라엘 전쟁 이후 유대인 이민자들이 몰려 들어 정착했다. 아크레는 2022년 기준으로 13.533㎢ 면적에 51,420명이 거주한다. 주민은 유대인, 무슬림, 기독교도, 드루즈족, 바하이교도 등으로 구성되어 있다. 아크레는 바하이교의 성지다. 도시 인구의 32%가 아랍인이다. 경제는 도자기, 금속, 교역 산업 등이 활성화됐다. 아크레 구시가지는 2001년 유네스코 세계문화유산으로 등재됐다. 구시가지 면적은 63.3ha다.[12] 그림 6.15, 6.17

12 가이사랴(Caesarea 카이사레아)

> [8]이튿날 떠나 **가이사랴**에 이르러 일곱 집사 중 하나인 전도자 빌립의 집에
> 들어가서 머무르니라 [11]우리에게 와서 바울의 띠를 가져다가 자기 수족을
> 잡아매고 말하기를 성령이 말씀하시되 예루살렘에서 유대인들이 이같이 이
> 띠 임자를 결박하여 이방인의 손에 넘겨 주리라 하거늘 [12]우리가 그 말을 듣
> 고 그 곳 사람들과 더불어 바울에게 예루살렘으로 올라가지 말라 권하니 [13]
> 바울이 대답하되 여러분이 어찌하여 울어 내 마음을 상하게 하느냐 나는 주
> 예수의 이름을 위하여 결박 당할 뿐 아니라 예루살렘에서 죽을 것도 각오하
> 였노라 하니 [15]이 여러 날 후에 여장을 꾸려 예루살렘으로 올라갈새 [16]**가이
> 사랴**의 몇 제자가 함께 가며 한 오랜 제자 구브로 사람 나손을 데리고 가니
> 이는 우리가 그의 집에 머물려 함이라(행 21:8,11-13,15-16)

바울은 가이사랴에 도착해 전도자 빌립의 집에서 머물렀다. 유대 선지자 아가보는 바울이 결박 당해 이방인의 손에 넘겨질 것이라 예언했다. 여러 사람이 바울의 예루살렘 행을 만류했다. 그러나 바울은 주 예수의 이름을 위하여 결박당할 뿐만 아니라 예루살렘에서 죽을 것을 각오했다고 선포했다(행 21:7-14). 바울은 가이사랴의 제자들과 구브로 출신 나손과 함께 예루살렘으로 떠났다(행 21:15,16).

---

12 https://en.wikipedia.org/wiki/Ptolemais_in_Phoenicia/Acre,_Israel
https://www.worldhistory.org/image/9101/crusader-states-1200-ce/

출처: 위키미디아

그림 6.18 카이사레아 마리티마 유적, 리조트 타운 카이사리아, 암페시아 원형 극장

바울은 다양한 사유로 가이사랴에서 여러 차례 지냈다. 새로 회심한 바울이 예루살렘에서 위험에 처했을 때, 예루살렘의 기독교인들은 바울을 가이사랴까지 동행하여 고향인 다소(**타르수스**)로 보냈다(**행 9:30**). 바울은 2차와 3차 선교 여행길에 가이사랴를 방문했다(**행 18:22, 21:8**). 바울은 3차 선교여행길을 마치고 예루살렘으로 가는 도중에 가이사랴의 전도자 빌립의 집에서 유숙했다(**행 21:8**). 바울은 여러 날 동안 가이사랴에 머물며 동료 제자들과 어울렸다(**행 21:9-16**). 바울은 로마로 보내지기 전까지 2년 동안 가이사랴에서 포로로 지냈다(**행 23:33-26:32**).

성경의 가이사랴는 카이사레아(**Caesarea**)를 말한다. 카이사레아는 동부 지중해 연안의 고대와 중세 시대 항구 도시였다. 오늘날 이스라엘 카이사레아 마리티마 유적(**Caesarea Maritima**)으로 남아 있다. 카이사레아 유적은 카이사레아 국립공원의 일부다. 이스라엘의 샤론 평원에 위치해 있다. 2000년 이래로 카이사레아 유적은 유네스코의 「세계문화유산 잠정목록」에 등재됐다[13]. **그림 6.18**

13 https://en.wikipedia.org/wiki/Caesarea_Maritima

이 유적은 BC 4세기에 페니키아인의 식민지이자 무역 마을로 처음 정착됐다. 시돈의 통치자의 이름을 따서 「스트라톤 타워(Straton's Tower)」로 명명됐다. BC 1세기에 하스모네안 왕조 때 유대인 마을이 조성됐다. BC 63년 로마 제국이 이 지역을 합병했다. 자치 도시로 선언됐다.

BC 30년 로마는 카이사레아를 포함한 유대 전체를 유대인 속국 왕 헤롯 1세에게 하사했다. 헤롯은 BC 22-10/9년 기간에 카이사레아를 크게 바꾸었다. BC 22년 헤롯은 세바스토스(Sebastos)라는 이름의 심해 항구 건설을 착수했다. BC 1세기 완공되었을 당시 세바스토스 항구는 공해에 건설된 인공 항구 중 가장 큰 규모였다. 면적이 100,000㎡에 달했다. 헤롯은 항구를 아우구스투스 황제에게 헌정하면서 「세바스토스」라 명명했다. 세바스토스는 '존경받는 자, 아우구스투스'란 뜻이다. 고대 로마 제국의 황제 칭호인 아우구스투스를 표현하는 데 사용한 존칭이다. 고대에는 알렉산드리아에 있는 클레오파트라의 항구와 경쟁할 만큼 중요한 상업 항구 역할을 했다.

헤롯은 이어서 로마식의 극장, 수로, 열주, 모자이크 헤로디우스 경마장, 창고, 시장, 넓은 도로, 목욕탕, 여신 로마와 황제 아우구스투스를 위한 사원, 공공 건물을 건설했다. 헤롯은 바다로 튀어나온 곶에 궁전을 지었다. 5년마다 지중해를 바라보는 암페시아 원형 극장에서 주요 스포츠 경기, 검투사 경기, 연극 공연을 개최했다. 헤롯은 로마 황제 카이사르 아우구스투스를 기리기 위해 이곳 전체의 이름을 「카이사레아」로 명명했다.

카이사레아는 이때부터 유대 속주의 행정, 경제, 문화의 수도가 됐다. 기원후 6년에 유대가 로마의 속주가 되자 카이사레아는 예루살렘을 대신하여 시민과 군사의 수도가 되었다. 무역을 중시하는 상업 중심지로 발전했다. 초

---

https://www.britannica.com/place/Caesarea
https://www.quora.com/What-happened-while-Peter-was-preaching-at-Cornelius-house-according-to-the-Bible-in-Acts-10
https://en.wikipedia.org/?redirect=no&title=Straton%27s_Tower
https://private-tours-in-israel.com/stratons-tower-caesarea-maritima/
https://en.wikipedia.org/wiki/Herod_the_Great/Sebastos

출처: 위키미디어

그림 6.19 이스라엘 카이사레아 마리티마 유적에서 발굴된 빌라도의 돌

기 로마 시대에 카이사레아는 이 지역 로마 총독의 소재지가 되었다. 이곳에 로마의 총독 안토니우스 펠릭스와 태수 본디오 빌라도(**필라투스**) 등의 공식 거주지가 있었다. 본디오 빌라도는 이곳을 주(**主**) 기지로 사용했을 가능성이 높다. 처리해야 할 일이 있을 때 예루살렘에 갔을 것으로 추정한다.

1961년 카이사레아 마리티마 유적에서 「빌라도의 돌(**Pilate stone**)」이 발굴됐다. 예수를 십자가에 못 박은 로마 태수 본디오 빌라도(**Pontius Pilate 라틴어 Pontius Pilatus 필라투스**)의 유일한 고고학적 유물이다. 빌라도의 돌은 부분적으로 온전한 비문이 새겨진 석회암의 손상된 블록(**82cm x 65cm**)이다. 기원후 26년에서 36년까지 유대 지방의 태수였던 본디오 빌라도의 이름이 라틴어로 언급되어 있다. 빌라도의 돌은 이스라엘 박물관에 소장되어 있다.[14] **그림 6.19**

카이사레아는 로마 유대, 시리아 팔레스티나, 팔레스티나 프리마의 수도였다. 650년 동안 지중해의 주요 지역 중심지였다. 이곳은 헤롯 1세 시대부터 레반트의 무슬림 정복까지 존속했다. 3세기에 이르러 가이사랴 주민 대부분이 비유대인으로 바뀌었다. 640년 무슬림이 정복한 후 지방 수도의 지

14 https://en.wikipedia.org/wiki/Pontius_Pilate/Pilate_stone

위를 상실했다. 11세기 무슬림의 관리를 거쳐 1265년 맘루크 시대 카이사레아는 폐허로 버려졌다. 고대 도시 카이사레아의 폐허는 1950년대와 1960년대에 고고학적 목적으로 발굴됐다. 오늘날 현대식 리조트 타운인 카이사리아(Keisarya)가 보이는 곳에 암페시아 원형극장을 포함한 카이사레아 마리티마 유적지가 있다.

13 예루살렘(Jerusalem)

> [15]이 여러 날 후에 여장을 꾸려 **예루살렘**으로 올라갈새 [16]가이사랴의 몇 제자가 함께 가며 한 오랜 제자 구브로 사람 나손을 데리고 가니 이는 우리가 그의 집에 머물려 함이라 [17]**예루살렘**에 이르니 형제들이 우리를 기꺼이 영접하거늘(행 21:15-17)

> [17]후에 내가 **예루살렘**으로 돌아와서 성전에서 기도할 때에 황홀한 중에 [18]보매 주께서 내게 말씀하시되 속히 **예루살렘**에서 나가라 그들은 네가 내게 대하여 증언하는 말을 듣지 아니하리라 하시거늘 [21]나더러 또 이르시되 떠나가라 내가 너를 멀리 이방인에게로 보내리라 하셨느니라(행 22:17-18,21)

> [23]백부장 둘을 불러 이르되 밤 제 삼 시에 **가이사랴**까지 갈 보병 이백 명과 기병 칠십 명과 창병 이백 명을 준비하라 하고(행 23:23)

바울의 예루살렘에서의 선교 활동은 바울의 생명을 담보한 눈부신 간증이었다. 바울의 초기 선교 활동과 1·2·3차 선교 여행의 모든 결정체를 유감없이 쏟아내었다. 유대인, 비유대인, 지도자 계층 등 상대가 누구이든지 간에 예수가 그리스도라는 말씀을 확신에 차서 간증했다. 성령께서 바울을 통해 펼쳐시는 살아있는 장면들이었다.

바울은 가이사랴의 몇 명의 제자들과 구브로 사람 나손을 데리고 예루살렘으로 왔다. 바울은 예루살렘에서 야고보와 장로들을 만났다. 이들은 바울이 이방에 있는 유대인에게 할례를 행하지 말고 관습을 지키지 말라고 한 말을 들었기에 바울을 해할 것이라고 염려했다. 바울은 이들의 요구대로 유대인을 데리고 결례를 행했다. 성전에 들어가서 각 사람을 위하여 제사 드릴 때까지의 결례 기간이 만기된 것을 신고했다(**행 21:17-26**).

7일이 거의 지나갔다. 예루살렘에 있는 동안 바울은 성전에 가서 예배하고 기도했다. 그가 예루살렘에 있는 동안 아시아에서 온 유대인들이 바울에게 문제를 일으켰다. 그들은 그가 이스라엘의 유일신을 버리고, 모세의 율법을 모독하며, 사람들이 유대인의 율법을 따르지 않도록 격려한다고 비난했다.

아시아로부터 온 유대인이 성전에 있는 바울을 봤다. 바울이 유대인의 율법을 비방했다고 충동했다. 헬라인을 데리고 성전에 들어가 더렵혔다고 외쳤다. 전에 에베소 사람 드로비모가 바울과 함께 시내에 있음을 보고 바울이 그를 성전에 데려간 줄로 생각했다. 온 예루살렘이 소동해 바울을 잡아 성전 밖으로 끌고 가 죽이려 했다. 천부장이 군인과 백부장을 거느리고 달려갔다. 군중들이 바울에게 폭행하는 것을 그쳤다. 천부장이 바울을 붙잡아 쇠사슬로 결박했다. 천부장이 무리에게 원인을 물었다. 주변이 소란해 진상을 알 수 없어 병영내로 데려갔다. 바울이 층대에 이를 때 무리들이 폭행하며 바울을 없애겠다고 나서자 군인들이 데려갔다(**행 21:27-36**).

바울이 병영 내로 들어가려 할 때 천부장에게 헬라 말을 아느냐고 물었다. 그리고 바울 자신은 길리기아 다소의 시민이니 백성에게 말할 수 있게 해 달라고 했다. 천부장이 허락했다. 바울이 층대 위에 서서 백성에게 조용하라고 손짓한 후 히브리 말로 말했다(**행 21:37-40**).

바울이 히브리 말로 변론했다. 나는 길리기아 다소에서 났고 자랐다. 가말리엘 문하에서 유대인의 율법과 엄한 교육을 받았다. 너희들처럼 하나님께 열심히 있는 사람이다. 내가 예수 믿는 사람을 박해하여 사람들을 죽이기까지 하고 남녀를 결박해 옥에 넘겼다. 대제사장들과 장로들이 증인이다. 공문을 가지고 다메섹 형제들을 결박해 예루살렘으로 끌어다가 형벌을 받게 하려 다메섹으로 갔다. 가는 중 다메섹으로 가까이 갔을 때 오정쯤 되어 홀연히 하늘로부터 큰 빛이 나를 둘러 비쳤다. 내가 땅에 엎드려져 소리를 들었다. **사울아 사울아 네가 왜 나를 박해하는냐**하셨다. 나는 누구시냐고 여쭈었다. **나는 네가 박해하는 나사렛 예수라**하셨다. 나는 주님께 무엇을 하리이까라고 여쭈었다. 주께서 **일어나 다메섹으로 들어가라 네가 해야 할 모든 것을 거기서 누가 이르리라**고 하셨다. 나는 빛으로 볼 수 없게 됐다. 사람들이 나를 다메섹으로 데리고 들어갔다. 유대인 아나니아의 말을 따라 보게 됐다. 그는 하나님이 너를 택해 네가 보고 들은 것을 증언하라 하셨다고 했다. 주의 이름으로 세례를 받고 죄를 씻으라 했다. 후에 내기 예루살렘으로 돌아와 성전에서 기도할 때 황홀한 중에 주께서 말씀하셨다. **속히 예루살렘에서 나가라. 그들은 네가 내게 대하여 증언하는 말을 듣지 아니하리라**하셨다. 나는 주님께 주를 믿는 사람을 가두고 회당에서 때렸습니다. 스데반이 죽을 때 찬성하고 그를 죽이는 사람들의 옷을 지켰습니다고 말씀드렸다. 주가 나더러 말씀하셨다. **떠나가라. 내가 너를 멀리 이방인에게 보내리라**하셨다.**(행 22:1-21)**.

이 말까지 듣다가 무리들이 이러한 자는 세상에서 없애 버리자 살려 둘 자가 아니라고 소리 지르고 옷을 벗어 던지며 소란을 피웠다. 천부장이 바울을 병영 내로 데려가 연고를 알기 위해 채찍질하며 신문하라 명했다. 바울이 가죽 줄로 매였다. 바울이 곁에 있는 백부장에게 너희가 로마 시민된 자를 죄도 정하지 않고 채찍질할 수 있느냐고 항의했다. 천부장이 바울에게 나는 돈을 많이 들여 시민권을 얻었는데 너는 어떠냐고 물었다. 바울은 나면서부터 로마 시민이라 대답했다. 심문하려던 사람들이 물러갔다. 천부장도 바울

이 로마 시민인 줄 알고 결박한 것을 두려워했다(행 22:22-29).[15]

이튿날 천부장은 바울의 결박을 풀었다. 유대인들의 고발 진상을 알고자 바울을 제사장들과 공회로 데리고 갔다(행 22:30).

바울이 공회에서 오늘까지 범사에 양심을 따라 하나님을 섬겼다고 선포했다. 대제사장 아나니아가 바울의 입을 치라고 명했다. 바울은 회칠한 담이여 하나님이 너를 치실 것이다. 네가 율법을 어기고 나를 치라 하느냐고 말했다. 곁에 있는 사람들이 대제사장을 욕하느냐고 하자 나는 그가 대제사장인 줄 알지 못했다고 했다(행 23:1-5).

바울이 나는 바리새인이고 바리새인의 아들이다. 죽은 자의 소망 곧 부활로 말미암아 내가 심문을 받는다고 말했다. 공회의 사두개인과 바리새인 사이에 다툼이 생겨 무리가 나누어졌다. 사두개인은 부활도 없고 천사도 없고 영도 없다 하나, 바리새인은 다 있다고 믿기 때문이다. 바리새인 편에 있는 서기관이 바울은 악한 것이 없다, 영이나 천사가 그에게 말했으면 어찌하겠느냐고 했다. 큰 분쟁이 생기자 천부장이 바울이 그들에게 찢겨질까 하여 바울을 무리 가운데 빼앗아 영내로 들어가도록 했다. 그날 밤에 주께서 바울 곁에 서서 **담대하라. 네가 예루살렘에서 나의 일을 증언한 것같이 로마에서도 증언하여야 하리라**고 말씀하셨다(행 23:6-11).

날이 샌 후 유대인들이 당을 지어 식음을 전폐하더라도 바울을 죽이겠다고 맹세했다. 동맹한 자가 사십 명이었다. 이들이 대제사장들과 장로들에게 바울에게 더 자세히 물어보려는 척하면서 공회와 천부장에게 청하면 공회로 오는 길에 죽이겠다고 했다. 바울의 생질이 이들의 간계를 알고 바울과 백부장과 천부장에게 알렸다. 천부장이 백부장 둘을 불러, 밤 제 삼시에 가이사랴까지 갈 보병 이백 명과 기병 칠십 명과 창병 이백 명을 준비하라고

---

15 https://en.wikipedia.org/wiki/Paul_the_Apostle
https://picryl.com/media/saint-paul-devant-le-sanhedrin-a73e37
https://christianpublishinghouse.co/2023/11/20/did-the-apostle-pauls-declaration-as-a-pharisee-reflect-a-compromise-of-his-christian-faith/

명했다. 바울을 태워 총독 팰릭스에게 무사히 보내기 위해 짐승을 준비하라고 명했다. 천부장 글라우디오 루시아는 총독 팰릭스에게 편지를 썼다. 「바울이 유대인에게 잡혀 죽게 되었는데 그가 로마 사람인 줄 알고 군대를 거느리고 구원했다. 바울이 고발된 내용은 율법 문제이고 죽이거나 결박할 사유가 없음을 발견했다. 그러나 바울을 해하려는 간계가 있다 하여 고발한 사람과 함께 보낸다」는 내용이었다(행 23:12-30).

바울은 보병의 호위를 받으며 안디바드라에 갔다. 이튿날 기병이 호송해 가이사랴에 갔다. 바울은 총독 팰릭스 앞에 섰다. 총독은 편지를 읽고 바울에게 물어 길리기아 사람인 줄 알았다. 바울이 헤롯 궁에 머물게 했다(행 23:31-35).

5일 후에 대제사장 아나니아, 장로들, 변호사 더둘로와 함께 총독에게 바울을 고발했다. 더둘로는 총독에게 바울이 전염병 같은 자로 유대인을 소요하게 하며 나사렛 이단의 우두머리로 성전을 더럽히어 고발했다고 말했다(행 24:1-9).

바울은 총독에게 변론했다. 예루살렘에 올라간 지 12일밖에 안 되었다. 그사이 성전에서 누구와 변론하지 않았고 회당이나 시중에서 무리를 소동하게 하지 않았다. 그들이 고발하는 내용에 내세울 것이 없다. 나는 그들이 이단이라고 하는 예수의 도에 따라 조상의 하나님을 섬기고 율법과 선지자들의 기록된 글을 믿는다. 그들이 기다리는 소망을 나도 가졌는데 의인과 악인의 부활이 있으리라는 소망이다. 내 민족을 구제할 것과 재물을 가지고 와서 결례를 행했다. 모임도 없고 소동도 없이 성전에 있는 것을 그들이 보았다. 그러나 아시아로부터 온 어떤 유대인들이 나를 반대할 사건이 있으면 당신에게 고발했을 것이다. 그렇지 않으면 이 사람들이 내가 공회 앞에 섰을 때 무슨 옳지 않은 것을 보았는가를 말해야 할 것이다. 나는 죽은 자의 부활에 대해 말한 것을 심문받는 것이다고 변론했다. 총독 팰릭스는 예수의 도에 관해 더 자세히 아는 고로 천부장 루시오가 오거든 처결하라고 심문을 연기

했다. 백부장에게 바울을 지키되 자유를 주고 그의 친구들이 그를 돌보아 주는 것을 금하지 말라 명했다(행 24:10-23).

유대인들이 베스도가 예루살렘으로 재판하려 갈 때 바울을 예루살렘으로 옮기기를 청했다. 매복했다가 바울을 죽이려는 음모였다. 그러나 베스도는 가아사랴에서 재판했다(행 25:1-5). 베스도가 8-10일이 지난 후 가이사랴에서 재판을 진행했다. 유대인은 바울을 고발했으나 유력한 증거를 대지 못했다. 바울은 자기가 유대인의 율법이나 성전이나 가이사에게 죄를 범하지 않았다고 변론했다. 베스도가 유대인의 마음을 얻으려고 바울에게 예루살렘에 가서 나에게 심문 받겠냐고 물었다. 바울은 가아사에게 상소하겠다고 했다. 베스도는 배석자들과 상의해 가아사에게 보내기로 했다(행 25:6-12).

수일 후 헤롯 아그립바 2세와 버니게가 베스도에게 문안하러 가아사랴에 왔다. 베스도는 바울에 대해 말했다. 바울의 혐의는 악행의 혐의는 없고 자기들의 종교와 예수의 부활에 대한 내용이라고 설명했다. 바울은 황제의 판결을 받도록 원해서 가이사랴에 있도록 했다고 했다. 베스도는 그에게 바울의 사건을 들어달라고 부탁했다(행 25:13-22). 이튿날 아그립바와 버니게가 바울을 접견했다. 베스도가 그 사이 경위를 설명했다. 죄목도 밝히지 않고 죄수를 보내는 것이 무리라고 했다(행 25:23-27).

아그립바가 바울에게 말하도록 했다. 바울은 변론했다. 당신은 유대인의 풍속과 문제를 안다. 나의 젊을 때 예루살렘 생활은 유대인이 다 안다. 나는 바리새파다. 유대인의 소원을 바라는데 이 점에 대해 고소당했다. 하나님은 죽은 사람을 살리신다. 나는 나사렛 예수에 대적하는 일을 많이 했다. 성도를 옥에 가두고 죽일 때 찬성표를 던졌다. 회당에서 형벌을 가해 강제로 모독하는 말을 하게 했다. 이국성에까지 가서 박해했다. 바울은 다메섹 가는 길에 예수의 말씀을 들었다. 예수는 **나는 네가 박해하는 예수다. 일어나 너의 발로 서라. 내가 네게 나타난 것은 곧 내가 나를 본 일과 장차 내가 네게 나타날 일에 너로 종과 증인을 삼으려 함이니, 이스라엘과 이방인들에게서 내가 너를**

구원하여 그들에게 보내어, 그 눈을 뜨게 하여 어둠에서 빛으로, 사탄의 권세에서 하나님께로 돌아오게 하고 죄 사함과 나를 믿어 거룩하게 된 무리 가운데서 기업을 얻게 하리라 하셨다. 하늘에서 보이신 것을 거스리지 않으려 함이다. 나는 다메섹과 예루살렘에 있는 유대 온 땅과 이방인에게까지 회개하고 하나님께 돌아와서 회개에 합당한 일을 하라고 전했다. 유대인이 성전에서 나를 잡아 죽이고자 하였으나 하나님의 도우심으로 오늘 증언하는 것은 그리스도가 죽으실 것과 죽은 자 가운데서 먼저 다시 살아나사 이스라엘과 이방인에게 빛을 전하실 것이라는 말씀이다(행 26:1-23).

베스도는 바울에게 미쳤다고 하면서 네 많은 학문이 너를 미치게 한다고 소리쳤다. 바울은 내가 미친 것이 아니라 참되고 온전한 말을 한 것이라고 답했다. 아그립바 왕에게 선지자의 말씀을 믿는 줄 알 것이라고 전도했다. 아그립바는 바울이 자기에게 전도하느냐고 말했다. 바울은 자신을 변호하라는 부름을 받았다고 했다. 바울은 복음에 대해 변호했다. 심지어 아그리파에게 예수를 믿으라고 전도하기까지 했다. 아그리파는 대답했다. 이렇게 짧은 시간에 나를 설득하여 그리스도인이 되게 할 수 있다고 생각하느냐고 말했다. 바울은 모든 사람이 믿기를 바란다고 말했다(행 26:24-29).

왕과 총독과 버니게와 앉은 사람들이 다 일어나서 논의했다. 이 사람은 사형이나 결박을 당할 만한 행위가 없다고 했다. 아그립바는 베스도에게 이 사람이 만일 가이사에게 상소하지 아니하였더라면 석방될 뻔했다고 했다(행 26:30-32).

바울은 다섯 차례에 걸쳐 예루살렘을 방문했다.

26사울이 **예루살렘**에 가서 제자들을 사귀고자 하나 다 두려워하여 그의 제
자 됨을 믿지 아니하니 27바나바가 데리고 사도들에게 가서 그가 길에서 어
떻게 주를 본 것과 주께서 그에게 말씀하신 일과 **다메섹**에서 그가 어떻게 예
수의 이름으로 담대히 말하던 것을 말하니라 28사울이 제자들과 함께 있어

예루살렘에 출입하며 [29]또 주 예수의 이름으로 담대히 말하고 헬라파 유대
인들과 함께 말하며 변론하니 그 사람들이 죽이려고 힘쓰거늘(행 9:26-29)

1차 방문은 회심한 이후의 방문이다. 바울은 다메섹에서 회심한 후 바나바와 함께 예루살렘에 갔다. 예수의 제자들은 바울의 회심을 의심하면서 사귀기를 두려워했다. 바나바는 사도들에게 바울의 다메섹 회심을 말했다. 바울은 예수의 제자들과 함께 예루살렘을 출입하며 헬라파 유대인들에게 예수를 변론했다. 그러나 그들은 바울을 죽이려 했다.

[27]그 때에 선지자들이 **예루살렘**에서 **안디옥**에 이르니 [28]그 중에 아가보라
하는 한 사람이 일어나 성령으로 말하되 천하에 큰 흉년이 들리라 하더니 글
라우디오 때에 그렇게 되니라 [29]제자들이 각각 그 힘대로 **유대**에 사는 형제
들에게 부조를 보내기로 작정하고 [30]이를 실행하여 바나바와 사울의 손으로
장로들에게 보내니라(행 11:27-30)

2차 방문은 흉년 부조금을 전달하기 위함이었다. 선지자 아가보가 로마 제국 글라루디오 때 천하에 큰 흉년이 들 것이라고 말했다. 바울은 바나바와 함께 예수의 제자들에게 부조금을 거두어 유대 예루살렘 장로들에게 전달했다.

[2]바울 및 바나바와 그들 사이에 적지 아니한 다툼과 변론이 일어난지라 형
제들이 이 문제에 대하여 바울과 바나바와 및 그 중의 몇 사람을 **예루살렘**에
있는 사도와 장로들에게 보내기로 작정하니라 [3]그들이 교회의 전송을 받고
베니게와 **사마리아**로 다니며 이방인들이 주께 돌아온 일을 말하여 형제들을
다 크게 기쁘게 하더라 [4]**예루살렘**에 이르러 교회와 사도와 장로들에게 영접
을 받고 하나님이 자기들과 함께 계셔 행하신 모든 일을 말하매(행 15:2-4)

3차 방문은 예루살렘 공의회 참석 방문이다. 율법과 할례 등의 문제로 예루살렘 공의회가 열렸다. 바울, 바나바, 몇 명이 예루살렘 공의회에 참석하기 위해 안디옥을 떠났다. 베니게, 사마리아 등지에 말씀을 전했다. 예루살렘에 이르러 교회, 사도, 장로들의 영접을 받았다. 하나님이 자기들과 함께 계서 행하신 모든 일을 말했다. 예루살렘 공의회에서 바울은 이방인 선교의 사명을 확실히 했다.

> 21작별하여 이르되 만일 하나님의 뜻이면 너희에게 돌아오리라 하고 배를 타고 **에베소**를 떠나 22**가이사랴**에 상륙하여 올라가 교회의 안부를 물은 후에 안디옥으로 내려가서(행 18:21-22)

4차 방문은 2차 선교 여행에서 돌아오는 길의 방문이다. 바울은 2차 선교 여행에서 에베소를 떠나 수리아의 가이사랴에 도착했다. 예루살렘을 거쳐 안디옥으로 귀환했다.

> 30온 성이 소동하여 백성이 달려와 모여 바울을 잡아 **성전** 밖으로 끌고 나가니 문들이 곧 닫히더라 31그들이 그를 죽이려 할 때에 온 **예루살렘**이 요란하다는 소문이 군대의 천부장에게 들리매 32그가 급히 군인들과 백부장들을 거느리고 달려 내려가니 그들이 천부장과 군인들을 보고 바울 치기를 그치는지라 33이에 천부장이 가까이 가서 바울을 잡아 두 쇠사슬로 결박하라 명하고 그가 누구이며 그가 무슨 일을 하였느냐 물으니 34무리 가운데서 어떤 이는 이런 말로, 어떤 이는 저런 말로 소리 치거늘 천부장이 소동으로 말미암아 진상을 알 수 없어 그를 **영내**로 데려가라 명하니라(행 21:30-34)

5차 방문은 3차 선교 여행에서 돌아오는 길의 방문이다. 바울은 3차 선교 여행에서 두로, 돌레마이, 가이사랴를 거쳐 예루살렘에 도착했다. 바울은 예루

출처: picryl.com 위키피디아

그림 6.20 바울의 산헤드린 변론과 바울의 체포

살렘에서 예수가 그리스도라는 말씀을 힘차게 선포했다. 유대인 군중과 유대인 산헤드린(**Sanhedrin**)에서 선언했다. 산헤드린은 고대 이스라엘에서 지방과 중앙 차원에서 장로로 구성된 입법과 사법 기관이었다. 23명의 판사로 구성된 소산헤드린은 각 도시에서 재판소로 임명됐다. 70명의 판사로 구성된 대산헤드린은 하나였다. 소법원에서 판결한 사건에 대한 항소를 처리하는 최고 법원이었다. 특정한 지정 없이 쓰이는 산헤드린은 대산헤드린을 의미한다. 대산헤드린은 나시(**Nasi**)가 주재했다.

유대인들이 바울을 잡아 성진 밖으로 끌고 나가 바울을 죽이려 했다. 로마 군대 천부장이 백부장과 군인들을 함께 가서 바울을 군중 속에서 구출했다. 그런 연후에 바울을 쇠사슬로 결박한 채 체포해 영내로 데려갔다. 바울이 왜 유대인에게 고통을 당했는지를 알아 보기 위함이었다. 바울이 군중과 산헤드린 앞에서의 변론 장면은 17세기에 네덜란드에서 판화로 제작했다. 그리고 바울의 체포에 대해서는 1900년대 초 성경 삽화로 그렸다.[16] **그림 6.20**

---

16 https://en.wikipedia.org/wiki/Paul_the_Apostle/Sanhedrin
https://picryl.com/media/saint-paul-devant-le-sanhedrin-a73e37

14 안디바드리(Antipatris 안티파트리스)

[31]보병이 명을 받은 대로 밤에 바울을 데리고 **안디바드리**에 이르러 [32]이튿
날 기병으로 바울을 호송하게 하고 영내로 돌아가니라 [33]그들이 가이사랴에
들어가서 편지를 총독에게 드리고 바울을 그 앞에 세우니 [34]총독이 읽고 바
울더러 어느 영지 사람이냐 물어 길리기아 사람인 줄 알고 [35]이르되 너를 고
발하는 사람들이 오거든 네 말을 들으리라 하고 헤롯 궁에 그를 지키라 명하
니라(행 23:31-35)

바울은 예루살렘에서 체포되어 밤에 안디바드리로 호송됐다. 이튿날 안디바드리에서 가이사랴로 옮겨져 총독 벨릭스 앞에서 재판을 받았다. 바울은 헤롯 궁에 연금됐다.

성경의 안디바드리는 안티파트리스(Antipatris)를 말한다. BC 1세기에 헤롯이 건설한 도시다. 도시 이름은 그의 아버지 안티파테르(Antipater)에서 따왔다. 구석기때부터 로마시대 말까지 안티파트리스에 사람들이 살았다. 안티파트리스는 이스라엘 카이사레아 마리티마에서 예루살렘까지 이어지는 로마 도로에 위치해 있다. 오늘날 이스라엘 중부 국립공원 텔 아펙(Tel Afek) 자리다. 텔 아펙은 이스라엘 키리야트 비아릭 동쪽, 에인 아펙 자연보호구역의 해안 내륙에 위치한 고고학 유적지다. 안티파트리스는 363년 지진으로 심하게 파괴됐다.[17] **그림 6.15, 6.21**

바울이 예루살렘에서 체포됐다. 바울이 안티파트리스를 거쳐 카이사레아 병영에 연금되면서 바울의 3차 선교 여행은 끝났다.

17 https://en.wikipedia.org/wiki/Antipatris/Antipater/Lod/Tel_Afek
https://en.wikipedia.org/wiki/File:Ein-Afek-dam001.jpg/Yarkon_River
https://en.wikipedia.org/wiki/File:Israel_outline_center_ta.png
https://en.wikipedia.org/wiki/Petah_Tikva/Kafr_Qasimi/Rosh_HaAyin

출처: 위키피디아 mapbox 권용우

그림 6.21 이스라엘 안티파트리스 유적과 텔 아펙 위치

제 7 장 로마 선교 여행 Journey to Rome

59년 바울은 호송선을 타고 로마로 출발했다. 연금되어 있던 카이사레아를 떠났다. 지중해를 가로 질러 가면서 지중해의 여러 섬을 들렀다. 이탈리아에 상륙했다. 로마로 가는 길은 육로를 이용했다. 로마에 있는 예수 추종자들이 멀리까지 나와 환영해 주었다. 바울은 로마의 빌린 집에서 복음을 전파했다. 로마의 연금에서 풀려 났다. 바울은 타오르는 믿음으로 추가 선교 활동을 펼쳤다. 60년대 중반 두 번째로 투옥됐다. 바울은 로마에서 순교했다.

로마 선교 여행의 경유지와 도시는 다음과 같다.**그림 7.1**

수리아 가이사랴 – **시돈** – 구브로 해안 – 길리기아와 밤빌리아 해안 – 루기아 **무라** – 카리아 **니도** – 그레데 **살모네** 앞–**라세아 옆 미항**–**뵈닉스** 거론 – 그레데 해변 – 유리굴로 광풍 – 가우다 섬 아래 – 아드리아 바다 – 멜리데 – 시실리 **수라구사** – 이달리야 **레기온**(Rhegion) – **보디올** – **압비오**(Appius) **광장** – **트레이스 타베르네** – **아피아** (Appia) **가도** – **로마**

여기에서는 시돈, 무라, 니도, 살모네, 라세아, 미항, 뵈닉스, 수라구사, 레기온(**Rhegion**), 보디올, 압비오(**Appius**) 광장, 트레이스 타베르네, 아피아(**Appia**) 가도, 로마에 대해서 고찰하기로 한다.

출처: 사도행전, 오티즈, 권용우

그림 7.1 바울의 로마 선교 여행

1 시돈(Sidon 시돈, Saida 사이다)

> [3]이튿날 **시돈**에 대니 율리오가 바울을 친절히 대하여 친구들에게 가서 대접 받기를 허락하더니(행 27:3)

바울 일행은 배를 타고 로마에 가기로 했다. 아구스도대의 백부장 율리오가 바울과 다른 죄수 몇 사람을 호송했다. 마게도냐 데살로니가 사람 아리스다고도 함께 탔다. 이튿날 시돈에 도착했다. 율리오는 바울에게 호의를 베풀었다. 바울이 친구들에게 가서 대접받는 것을 허락했다(행 27:1-3).

성경의 시돈은 시돈(Sidon) 또는 사이다(Saida)를 말한다. 시돈은 '어업, 어장'이란 뜻이다. 오늘날에도 시돈의 어업은 여전히 활발하다. 레바논 남부지중해 연안에 위치한 도시다. 시돈에는 7.82㎢ 면적에 80,000명이 산다. 시돈 대도시지역 인구는 266,000명이다. 티레에서 북쪽으로 40km, 베이루

트에서 남쪽으로 45km 떨어져 있다.[1]

시돈에서는 BC 3000년부터 정착이 시작됐다. 시돈은 구약 시대부터 성경에 기록이 나온다. 시돈은 아시리아, 바빌로니아,이집트, 페르시아, 그리스, 로마, 아랍, 몽골, 오스만 투르크 등이 통치했다. 오늘날에 이르러 시돈은 레바논 내전 때 이스라엘 군의 공격에 노출되어 폐허가 되다시피 했다. 그러나 내전 종결 후 급속히 부흥했다. 베이루트, 트리폴리와 함께 시돈 국제경기장에서 2000년 AFC 아시안컵을 개최했다.

시돈 구시가지 내부에는 바울과 베드로가 마지막으로 만났던 장소를 기리는 신사(Shrine)가 있다. 바울은 회심한 후 3년 뒤에 예루살렘에서 베드로를 만났다. 58년에 베드로를 다시 만났다. 8세기에 바울과 베드로가 58년에 만났다고 믿어지는 자리에 그리스 정교회 성 니콜라스 대성당이 지어졌다. 1819년에 그리스 정교회 내부의 분열로 인해 교회가 두 개로 나뉘어졌다.[2] 그림 7.1, 7.2

출처: 위키피디아

그림 7.2 시돈의 바다 성, 베드로와 바울의 만남을 기념하는 신사 표지판

1 https://en.wikipedia.org/wiki/Sidon/History_of_Sidon
https://biblearchaeology.org/research/divided-kingdom/4180-the-biblical-cities-of-tyre-and-sidon

2 https://www.archnet.org/sites/20044

『신약 성서』에서 시돈은 여러 차례 언급되어 있다. ① 예수가 시돈과 티레를 방문해 시로페니키아 여인의 딸을 고쳤다(막 7:24-31). 티레와 시돈의 많은 사람이 예수의 설교를 듣기 위해 나왔다(막 3:8, 눅 6:17). 예수가 티레에서 돌아와 시돈을 거쳐 데카폴리스에 있는 갈릴리 바다로 갔다(막 7:31). ② 바울은 카이사레아를 떠나 시돈에 배를 정박시키고 로마로 향했다(행 27:3, 4). ③ 엘리야는 시돈에 머물며 기적을 행했다(눅 4:26).

2 무라(Myra 미라)

[5]길리기아와 밤빌리아 바다를 건너 루기아의 **무라** 시에 이르러(행 27:5)

바울은 시돈을 떠나 맞바람을 피해 구브로 해안을 의지하면서 항해했다. 길리기아와 밤빌리아 바다를 건너 루기아의 무라에 이르렀다. 무라에서 백부장 율리오가 이달리야로 가는 알렉산드리아 배를 만나 바울 일행을 승선하게 했다. 이 배는 이달리야로 가는 알렉산드리아의 곡물선이다. 로마 클라우디우스(41-54) 시대에 알렉산드리아에서 곡물을 실어오는 함대는 이달리야 식량 문제의 관건이었다(행 27:4-6).

성경의 무라는 미라(Myra)를 말한다. 미라는 리키아의 도시였다. 미라는 알라카다그, 마시키토스 산맥, 에게해 사이의 비옥한 충적 평야에 있는 미로스 강 연안에 건설됐다. BC 3세기 헬라화됐다. 325년 리키아가 밤빌리아에서 분리된 로마 속주가 되면서 미라가 수도 지위를 얻었다. 셀주크, 오스만 제국의 통치를 거쳤다. 오늘날 튀르키예 안탈리아 지방의 데므레(Demre) 마을로 바뀌었다. 데므레에는 2022년 기준으로 329㎢ 면적에 27,691명이 거주한다. 데므레 지명은 데므레 강의 이름을 따서 명명됐다. 데므레에는 1920년까지 상당한 규모의 그리스인 기독교 공동체가 살았다. 1923년 이들

출처: 위키피디아 권용우

그림 7.3 튀르키예의 미라와 성 니콜라스 교회

은 그리스와 터키 간의 인구 교환으로 그리스로 이주했다.[3]

데므레는 성 니콜라스(270-343)가 일생의 대부분을 지낸 곳이다. 성 니콜라스는 죽은 후 바위를 깎아 만든 게밀러 섬(Gemiler)의 교회에 묻혔다고 한다. 650년 아랍 함대의 위협을 받아 게밀러 섬은 버려졌다. 성 니콜라스의 유물은 동쪽으로 40km 떨어진 미라로 옮겨졌다. 4세기 미라의 기독교 주교인 성 니콜라스의 매장지 위에 성 니콜라스 교회가 세워졌다. 동로마 바실리카 교회로 존속했다. 현재는 박물관으로 사용되고 있다. 바실리카 교회는 유네스코 세계문화유산 잠정 목록에 올라 있다.**그림 7.1, 7.3**

3 니도(Knidos 크니도스)

> [7]배가 더디 가 여러 날 만에 간신히 **니도** 맞은편에 이르러 풍세가 더 허락하지 아니하므로 살모네 앞을 지나 그레데 해안을 바람막이로 항해하여(행 27:7)

3 https://en.wikipedia.org/wiki/Myra/Demre/Saint_Nicholas
https://en.wikipedia.org/wiki/Gemiler_Island/St._Nicholas_Church,_Demre

바울이 탄 배는 여러 날 동안 천천히 항해했다. 큰 어려움 끝에 마침내 니도 앞 바다에 이르렀다.

성경의 니도는 크니도스(Knidos)를 말한다. 고대 카리아에 있던 그리스 도시였다. 오늘날 튀르키예 남서부 무글라 다차 반도에 위치했었다. 크니도스는 그리스, 로마, 비잔틴 시대를 거쳤다. 1857-1858년 기간에 크니도스에서 아프로디테 신전, 아고라, 극장, 오데움, 디오니소스 신전, 뮤즈 신전, 사자상, 해시계, 동전 등의 유적과 유물이 발굴됐다. 2022년 썰물 때 유적지 근처에서 크니도스 항구였을 것으로 추정되는 고대 항구의 폐허가 드러났다. 크니도스 다차에는 아프로디테 여신상을 보관한 아프로디테 에우플로이아 사원이 있었다.[4] 그림 7.4

출처: 위키피디아

그림 7.4 튀르키예의 니도(크니도스) 항구와 아프로디테 신전의 바닥

4 https://en.wikipedia.org/wiki/Knidos/Muğla_Province/Datça
https://en.wikipedia.org/wiki/Aphrodite_of_Knidos/Temple_of_Aphrodite,_Knidos
https://www.bereaninsights.org/bible-gem-1868-did-they-land-at-cnidus-or-not-acts-277/

출처: bibleatlas.org 권용우

그림 7.5 그리스 크레타 섬의 여러 도시들

4 살모네 곶(Cape of Salmone, 시데로스 곶 Cape of Sideros)

> [7]배가 더디 가 여러 날 만에 간신히 니도 맞은편에 이르러 풍세가 더 허락하지 아니하므로 **살모네** 앞을 지나 그레데 해안을 바람막이로 항해하여(행 27:7)

바울 일행은 니도 앞 바다의 바람이 불리하게 불어 더 이상 나아가지 못했다. 그레데 섬을 바람막이로 삼아 살모네 앞을 항해해 진로를 바꾸었다.

성경의 살모네 곶(Cape of Salmone)는 오늘날 시데로스 곶(Cape of Sideros)을 말한다. 옛날에는 살모네, 오늘날에는 시데로스라 부른다. 섬의 돌출한 지점이기에 곶(Cape)이라 칭한다. 케이프 시데로스는 그리스 크레타 섬의 동쪽 끝에 있는 곶이다. 크레타 섬의 끝자락에 위치하고 있어 전략적 해상 교차로 역할을 했다. 헬레닉 아크 안쪽을 따라 크레타 해를 지나는 교통은 에게해로 들어오거나 나가는 교통로와 교차한다. 케이프 시데로스는 이러한 교차 기능을 관찰하고 접근하기 좋은 곳이다. 시데로스 해안은 암초와 얕은 곳이 많아 선박에 위험하다. 이에 1880년 당시 크레타를 관리하던 오스만 제국이 케이프 시데로스에 높이 15m의 등대를 세웠다. 건설은 프랑스에서 담당했다. 1941-1948년 독일 점령 하에 잠시 방치되었으나 그 이후 정상적으로 운영됐다. 케이프 시데로스 등대는 10초마다 한 번씩 흰색 빛을 깜빡인다.[5] 그림 7.5, 7.6

로마 제국의 크레타 속주에는 케이프 살모네(**케이프 시데로스**), 라새아(**라사이아**), 미항(**美港, 페어 헤븐즈, 칼로이 리메네스**), 뵈닉스(**피닉스**) 등의 도시가 있었다.

출처: 위키피디아

그림 7.6 그리스 케이프 살모네(시데로스) 해변과 시데로스 등대

5 미항(美港, 페어 헤이븐스 Fair Havens, 칼로이 리메네스 Kaloi Limenes)

> [8]간신히 그 연안을 지나 **미항**이라는 곳에 이르니 라새아 시에서 가깝더라
> (행 27:8)

바울은 로마로 이송 중에 간신히 그레데 연안을 지나 미항(美港)에 도착했다. 미항은 라새아 시에서 가까운 곳이었다.

5 https://en.wikipedia.org/wiki/Cape_Sideros/Crete_and_Cyrenaica
https://en.m.wikipedia.org/wiki/File:Cape_Spear_Lighthouse_National_Historic_Site.jpg

성경의 미항(美港)은 칼로이 리메네스(Kaloi Limenes)를 말한다. 영어로는 페어 헤이븐스(Fair Havens)로 표기한다. 페어 헤이븐스는 그리스 크레타 섬 최남단에 있는 자연항구다. 크레타 섬의 중심도시 헤라클리온에서 남서쪽으로 70km 떨어져 있다. 2021년 기준으로 17명이 거주한다. 페어 헤이븐스는 동쪽과 남서쪽으로 이어지는 휘어진 해안선에 의해 형성되어 있다. 항구는 북서풍으로부터는 배를 보호했다. 그러나 모든 방향으로부터 불어 오는 바람 특히 바다로부터 불어 오는 바람에 배가 노출됐다. 페어 헤이븐스가 겨울에 적합하지 않다는 사실은 1853년 확인됐다. 탐험가 캡틴 탭스프랫은 동쪽과 남동쪽에서 불어오는 겨울 바람이 항구로 곧바로 불어오는 것을 관찰했다.

오늘날 페어 헤이븐스는 지중해 남부 선박의 주요 벙커링(Bunkering) 장소다. 선박에 사용할 연료를 공급하는 것을 벙커링이라 한다. 페어 헤븐즈의 입구에 있는 작은 섬 아기오스 파블로스(세인트 폴)에 석유 저장 터미널 시설이 있다. 연료유와 가솔유가 들어 있는 4개의 해안 저장 탱크가 있다.[6] **그림 7.1, 7.5, 7.7**

6 라새아(Lasaia 라사이아)

> 8간신히 그 연안을 지나 미항이라는 곳에 이르니 **라새아** 시에서 가깝더라
> (행 27:8)

---

6 https://en.wikipedia.org/wiki/Kaloi_Limenes/Heraklion/Bunkering
https://commons.wikimedia.org/wiki/File:Kaloi_Limenes_beach_-_Crete,_Greece_-_panoramio.jpg
https://www.bibleplaces.com/wp-content/uploads/2021/01/Fair-Havens-and-coast-of-Lasea-from-northwest-tb04120443

바울이 도착한 미항 가까운 곳에 라새아 시가 있었다. 바울의 배가 미항에 오랫동안 머물렀다면, 필요한 물품은 라사이아에서 구매했을 것으로 추정된다. 미항은 도로 접근성이 좋지 않아, 선장이 미항에서 겨울 나기를 꺼려했을 것이라고 설명한다.

성경의 라새아는 라사이아(Lasaia)를 말한다. 고대 크레타 섬의 남쪽 해안에 있던 도시다. 라사이아는 미항에서 동쪽으로 2.4km 떨어져 있다. 크레타 섬의 중심지 헤라클리온에서 남서쪽으로 70km 지점에 있다. 라사이아 고대 도시는 가파른 절벽으로 해안과 분리된 능선에 지어졌다. 창고, 교회, 주택, 사원, 수로가 있는 저수조 등의 구조물이 있었다.

트라포스(Tráfos) 섬은 크레타 남쪽 해안, 피가이다키아의 크리소스토모스 마을 근처에 위치해 있다. 라사이아와 바다를 사이에 두고 놓여 있는 무인도다. 섬의 면적은 0.015㎢다. 트라포스 섬과 크레타 본섬 사이에 방파제 유적이 있다. 라사이아는 잘 갖춰진 항구와 크레타 남부 해안에 위치한 지리적 위치로 크레타, 에게해 섬, 지중해 지역 간의 무역과 소통을 할 수 있는 해양 중심지가 됐다. 1856년 유적지가 조사됐다.[7] 그림 7.5, 7.7

출처: 위키미디아

그림 7.7 그리스 크레타 섬 미항(페어 헤이븐스)과 라사이아-트라포스 방파제 유적

7 https://en.wikipedia.org/wiki/Lasaea/Tráfos
https://fi.wikipedia.org/wiki/Lasaia#/media/Tiedosto:Trafos_13.jpg
https://www.geotour.gr/listing/lasaia-an-ancient-cretan-town-and-port/
https://commons.wikimedia.org/wiki/Category:Archaeological_site_of_Lasaia#/media/File:Trafos_04.jpg

7 뵈닉스(Phoenix 피닉스) 유라굴로(Euroclydon 유로클리돈)

[12]그 항구가 겨울을 지내기에 불편하므로 거기서 떠나 아무쪼록 **뵈닉스**에
가서 겨울을 지내자 하는 자가 더 많으니 **뵈닉스**는 그레데 항구라 한쪽은 서
남을, 한쪽은 서북을 향하였더라 [13]남풍이 순하게 불매 그들이 뜻을 이룬 줄
알고 닻을 감아 **그레데 해변**을 끼고 항해하더니 [14]얼마 안 되어 섬 가운데로
부터 **유라굴로**라는 광풍이 크게 일어나니 [15]배가 밀려 바람을 맞추어 갈 수
없어 가는 대로 두고 쫓겨가다가 [24]바울아 두려워하지 말라 네가 가이사 앞
에 서야 하겠고 또 하나님께서 너와 함께 항해하는 자를 다 네게 주셨다 하
였으니 [26]그런즉 우리가 반드시 한 섬에 걸리리라 하더라 [37]배에 있는 우리
의 수는 전부 이백칠십육 명이더라 [1]우리가 구조된 후에 안즉 그 섬은 멜리
데라 하더라(행 27:12-15,24,26,37, 행 28:1)

로마로 가는 곡물 수송선을 타고 가던 사람들이 겨울 나기가 힘든 미항보다 뵈닉스에 가서 지내자는 자가 더 많았다. 뵈닉스는 그레데 항구였다. 닻을 감아 그레데 해변을 끼고 항해할 때 유라굴로라는 광풍이 크게 일었다. 가우다라는 작은 섬 아래로 지나 간신히 거루를 잡아 끌어 올리고 줄을 가지고 선체를 둘러 감고 스르디스에 걸릴까 두려워 연장을 내렸다. 이튿날 사공들이 짐을 바다에 풀어 버렸다. 사흘째 되는 날 배의 기구를 버렸다. 여러 날 동안 해도 별도 보이지 않았다. 게다가 여전히 큰 풍랑이 일어나 구원될 것이라는 희망이 없어졌다. 여러 사람이 오래 먹지 못했다. 바울은 내 말을 듣고 그레데를 떠나지 아니하면 좋을 뻔했다고 했다. 바울은 아무도 생명에는 손상이 없을 것이라고 안심시켰다. 어제 밤에 하나님의 사자가 내 곁에 서서 말했다. 네가 가이사 앞에 서야 하겠고 또 하나님께서 너와 함께 항해하는 자를 다 내게 주셨다고 했다(**행 27:1-26**).

14일째 되는 날 밤에 아드리아 바다에서 이리 저리 쫓겨가다가 자정쯤

되어 어느 육지에 가까이 갔다. 사공들이 물을 재어 열다섯 길이 되는 것을 확인했다. 닻을 내리고 날이 새기를 기다렸다. 사공들이 도망하려고 거룻배를 바다에 내렸다. 백부장과 군인들이 거룻배의 줄을 끊어 사공들이 도망하지 못하게 했다. 바울이 14일간 먹지 못한 사람들에게 하나님께 축사하고 떡을 먹였다. 배의 승선자 수는 276명이었다. 배부르게 먹고 밀 곡물을 바다에 버렸다. 날이 샜다. 두 물이 합쳐진 곳에서 배가 파선됐다. 군인들이 죄수가 도망치는 것을 막으려고 죄수들을 죽이려 했다. 백부장이 바울을 구하기 위해 죄수들을 해치지 못하도록 했다. 헤엄칠 줄 아는 사람은 물에 뛰어내려 육지로 나가게 했다. 남은 사람은 널조각 혹은 배 물건을 의지하여 나가게 해 전원이 상륙하며 구조되었다(행 27:27-44). 바울 일행이 구조된 섬은 멜리데(Malta)였다.(행 28:1)

성경의 뵈닉스는 피닉스(Phoenix) 또는 포이닉스(Phoinix)의 두 가지로 설명한다. 두 도시 모두 고대 크레타 섬의 남쪽 해안에 위치해 있었다. 사도행전의 저자 누가는 뵈닉스가 겨울을 보내기에 좋은 항구라고 언급했다. 그러나 유라굴로 폭풍으로 배가 그곳에 도착하지 못했다.

하나는 피닉스라는 설명이다. 피닉스는 오늘날 로우트로(Loutro)와 동일하다. 로우트로는 크레타 섬 남쪽 해안에 있는 스파키아 지방자치단체에 속하는 지역이다. 로우트로는 헬레니즘과 로마 시대에 중요한 항구였다. 혹독한 날씨에도 자연적으로 보호받을 수 있어 스파키아의 겨울 항구가 됐다. 오늘날 로우트로 서쪽 만에 있는 작은 마을 이름이 피닉스다. 로우트로에는 56명이 거주한다. 로우트로의 경제 기반은 관광과 어업이다.

다른 하나는 포이니카스(Foinikas)라는 설명이다. 지리학자 스트라보의 지적에 근거하는 해설이다. 포이니카스는 크레타섬 레팀노 지방의 이전 자치구였다. 2011년 지방 정부 개혁 이후 자치구인 아기오스 바실레이오스 자치구의 일부로 편입됐다. 2021년 기준으로 자치구에는 138.335㎢ 면적에 3,089명이 거주한다. 자치구의 행정 중심지는 셀리아다. 자치구에는 고대

출처: 위키미디아

그림 7.8 그리스 크레타섬 뵈닉스(로우트로와 포이니카스)

도시 피닉스의 유적이 포함되어 있다.[8] **그림 7.5, 7.8**

성경의 유라굴로는 유로클리돈(**Euroclydon, 라틴어 Euroaquilo**)을 말한다. 유로클리돈은 지중해에서 가을과 겨울에 부는 사이클론성 폭풍우다. 오늘날 그레갈레(**Gregale**) 또는 레반트(**Levant**) 해풍에 해당한다. 그레갈레 해풍은 북동풍 저기압으로 몰타 남쪽을 통과하면서 섬과 바다에 강력하게 영향을 미친다. 레반트 해풍은 프랑스 남부에서 부는 동풍으로 강하게 불 때 지중해에 커다란 폭풍우를 일으킨다. 바울이 만난 유로클리돈은 그레갈레 광풍을 언급한 것이라고 해석한다.

오늘날 아드리아해는 이탈리아 반도와 발칸 반도를 나누는 수역이다. 초기 그리스 문헌에서는 아드리아해의 범위를 아드리아해와 이오니아해의 경계인 베니스만 인접 지역으로부터 펠로폰네소스 반도 남단, 시칠리아 동부 해안,크레타 서부 해안까지를 포함해 설명했다.[9] **그림 7.9**

---

8 https://en.wikipedia.org/wiki/Phoenix_(Crete)/Chania/Sfakia
https://en.wikipedia.org/wiki/Loutro,_Chania/Anopolis
https://www.kayak.co.uk/Loutro.305215.guide
https://en.wikipedia.org/wiki/Foinikas,_Crete
https://commons.wikimedia.org/wiki/File:Finikas_%28Foinikas%29,_Syros,_Greece_13.jpg

9 https://en.wikipedia.org/wiki/Adriatic_Sea/Euroclydon/Gregale/Levant_(wind)
https://www.bible.com/bible/compare/ACT.27.14-19
https://images.app.goo.gl/caMDSAyFLuZz1GAm9

출처: 위키피디아 https://images.app.goo.gl/caMDSAyFLuZz1GAm9 권용우

그림 7.9 바울 시대의 지중해(아드리아해)와 유라굴라(유로클리돈) 광풍

8 가우다(Cauda, 가브도스 Gavdos)

> [16]**가우다**라는 작은 섬 아래로 지나 간신히 거루를 잡아(행 27:16)

성경의 가우다 섬은 가브도스(Gavdos) 섬을 말한다. 가브도스는 그리스의 최남단 섬이다. 크레타섬 남쪽 지중해에 위치하고 있다. 행정적으로는 크레타의 하니아 지역 단위에 속한다. 주변 섬들과 공동체를 형성하고 있다. 이

전에는 셀리노 지방의 일부였다. 2021년 기준으로 32.4㎢ 면적에 142명이 거주한다. 가브도스는 농업과 관광이 활성화됐다. 가장 큰 인공 항구는 카라베(Karave)에 있다. 외부에서 이 섬에 접근하려면 카라베 항구를 통해 들어와야 한다. 가브도스 섬 남동쪽 모서리에 트리피티(Trypiti) 바위 반도가 있다. 1990년대에 이 섬에 온 러시아인 그룹이 만든 대형 의자 조각품이 트리피티 위에 세워져 있다.[10] **그림 7.9, 7.10**

출처: 위키미디아

그림 7.10 그리스 크레타 가우다(가브도스) 섬 트리피티의 대형 의자 조각상

9 수라구사(Siracusa 시라쿠사, 시라큐스 Syracuse)

[11]석 달 후에 우리가 그 섬에서 겨울을 난 알렉산드리아 배를 타고 떠나니 그 배의 머리 장식은 디오스구로라 [12]**수라구사**에 대고 사흘을 있다가 [13]거기서 둘러가서 레기온에 이르러 하루를 지낸 후 남풍이 일어나므로 이튿날 보디올에 이르러(행 28:11-13)

10 https://en.wikipedia.org/wiki/Gavdos
https://www.feelgreece.com/en/tripiti-gavdos

바울은 멜리데섬에서 겨울 3개월을 지낸 후 알렉산드리아 배를 타고 섬을 떠났다. 배의 머리 장식은 디오스구로였다. 바울은 시실리 수라구사에서 3일을 지냈다. 수라구사를 떠나 이달리야 레기온으로 이르렀다.

성경의 수라구사는 시칠리아(Sicily) 섬의 시라쿠사(Siracusa)를 말한다. 영어로 시라큐스(Syracuse)라 표기한다. 시칠리아는 BC 241년부터 로마 제국의 속주가 됐다. 476년 서로마 제국이 붕괴되면서 동로마 제국의 지배를 받아 9세기까지 속주가 이어졌다. 시칠리아 섬은 로마의 주요 곡물 공급원이었다. 시칠리아에는 동쪽의 시라쿠사, 카타니아, 메시나, 서쪽의 릴리바에움과 파노르무스 등의 여러 도시가 발달했다. 시칠리아 섬에서는 그리스어, 라틴어, 포에니어, 히브리어 등이 사용됐다. 시칠리아 섬에는 여러 유대인 공동체가 있었다. 200년경부터 상당한 기독교 공동체가 들어섰다.[11]

시라쿠사는 이탈리아 시칠리아섬 남동쪽에 위치한다. 2018년 기준으로 207.78㎢ 면적에 121,605명이 거주한다. 2005년 시라쿠사는 판탈리카 묘지와 함께 유네스코 세계문화유산으로 등재됐다.[12] **그림 7.1, 7.11** 아르키메데스(BC 287-BC 212)는 시라쿠사 출신의 그리스 수학자, 물리학자였다. 원의 면적 등을 도출했다. 아르키메데스의 원리로 알려진 부력의 법칙을 밝혀냈다.

10 레기온(Rhegion, 레지오 칼라브리아 Reggio Calabria)

> [13]거기서 둘러가서 **레기온**에 이르러 하루를 지낸 후 남풍이 일어나므로 이튿날 보디올에 이르러(행 28:13)

11 https://en.wikipedia.org/wiki/Sicily/Sicilia_(Roman_province)/Messina
https://www.getty.edu/art/exhibitions/sicily/roman_conquest.html

12 https://en.wikipedia.org/wiki/Syracuse,_Sicily/Necropolis_of_Pantalica/Saint_Lucy
https://en.wikipedia.org/wiki/Archimedes/Archimedes%27_principle

출처: 위키피디아 구글 권용우

그림 7.11 이탈리아의 사라쿠사와 레기온(레조디 칼라브리아) 위치

출처: 위키미디아

그림 7.12 이탈리아 레기온(레지오 칼라브리아)과 1908년 지진 피해

바울은 로마로 가는 마지막 항해를 이어갔다. 바울 일행은 메시나 해협의 해류를 따라 보디올로 가는 항로에서 배를 몰고 갈 유리한 남풍이 불 때까지 기다렸다. 레기온 항구는 물살이 극도로 빨라 선박들이 항해하기 힘든 항구였다. 바울은 시칠리아의 시라쿠사를 떠나 물살을 헤치고 나아가 이달리야 본토 레기온에 가서 하루를 지냈다. 바울이 레기온에 복음을 전파해 기독교화에 기초를 놓은 것으로 알려졌다. 레기온은 '파괴'라는 뜻이다.

성경의 레기온은 레지오 칼라브리아(**Reggio Calabria**)를 말한다. 레조디 칼라브리아라고도 한다. 약칭으로 레지오라 부른다. 장화 모양인 이탈리아 반도의 발가락에 해당되는 위치에 있다. 그리스 식민지로 출발한 레지오의 이름은 레기온(**BC 712년-BC 3세기, 헬라어**), 레기움(**Rhegium, BC 3세기-2세기, 라틴어**), 레지오 칼라브리아(**이탈리아 통일 이후**)로 바뀌었다. 2023년 기준으로 240㎢ 면적에 170,951명이 거주한다.

레지오는 해협을 가로지르는 아프리카판과 만나는 단층선 근처의 유라시아판에 있기 때문에 지진이 자주 발생한다. 잦은 지진으로 칼라브리아와 시칠리아의 두 지역으로 나뉘었다. 1908년 대지진으로 도시 대부분이 파괴된 이후 현대적인 도시로 탈바꿈했다. 레지오 칼라브리아는 너비 11.2km의 해협을 두고 시칠리아의 메시나 맞은편에 위치했다. 해협 건너 시칠리아에 위치한 메시나와 강력한 역사적, 문화적, 경제적 유대 관계를 맺고 있다. 오늘날 레지오는 지중해 남부 해안의 지역 서비스와 운송을 위한 주요 경제 중심지다.[13] **그림 7.1, 7.11, 7.12**

11 보디올(Pozzuoli 포추올리)

> [13]거기서 둘러가서 레기온에 이르러 하루를 지낸 후 남풍이 일어나므로 이튿날 **보디올**에 이르러 [14]**거기서** 형제들을 만나 그들의 청함을 받아 이레를 함께 머무니라 그래서 우리는 이와 같이 로마로 가니라(행 28:13-14)

바울은 남풍이 불어 레기온을 떠나 이튿날 보디올에 도착했다. 보디올에서 예수의 형제들을 만나 7일간 머물렀다. 그런 다음 바울은 동료들과 함께 로마로의 여행을 이어갔다.

13 https://en.wikipedia.org/wiki/Reggio_Calabria
https://www.biblicaltraining.org/library/rhegium
http://kcm.co.kr/ency/place/0243.html

성경의 보디올은 오늘날의 포추올리(**Pozzuoli**)를 말한다. 프테올리(**Puteoli**)라고도 한다. 이탈리아 캄파니아주 나폴리 광역시에 위치한 자치구다. 플레그레아 반도의 주요 도시다. 포추올리에는 2017년 기준으로 43.44㎢ 면적에 81,231명이 산다.

포추올리는 알렉산드리아 곡물선과 로마 세계 전역의 다른 선박을 위한 거대한 집하장 역할을 했다. 또한 캄파니아에서 수출되는 상품의 주요 허브였다. 수출 상품은 불어 만든 유리, 모자이크, 단철, 대리석 제품들이었다. 포추올리에 다국어를 구사하는 사람들이 무역과 운송을 위한 회사를 설립했다. 외국인은 아시아 섬과 해안에서 온 그리스인, 유대인, 기독교인이었다. 로마제국의 통치 하에서 포추올리는 이탈리아 전역에서 규모가 큰 외국 무역 교역소였다. 1982-1984년 기간 동안 수백 번의 진동이 일어났다. 도심의 8,000개 건물이 피해를 입었고 36,000명이 이재민이 됐다. 이 지진으로 바다 바닥이 거의 2m나 높아져 포추올리만에 대형 선박이 통행하기에는 너무 얕아졌다. 2023년에도 비슷한 지진 활동이 있었다.[14] **그림 7.1, 7.13**

출처: 위키미디어

그림 7.13 이탈리아 보디올(포추올리)의 최초 정착지 리오네 테라와 도시 경관

14 https://en.wikipedia.org/wiki/Pozzuoli/Accademia_Aeronautica

12 아피아 가도(Via Appia)

> [14] 거기서(보디올) 형제들을 만나 그들의 청함을 받아 이레를 함께 머무니라 그래서 우리는 이와 같이 **로마로 가니라** [16] 우리가 **로마에 들어가니** 바울에게는 자기를 지키는 한 군인과 함께 따로 있게 허락하더라(행 28:14,16)

바울은 보디올에서 이레를 머문 후 동료들과 함께 아피아 가도를 따라 로마로의 여행을 이어갔다. 보디올에서 로마까지는 274km 거리다.

바울이 포추올리에서 로마까지 걸어 간 도로는 아파아 가도(Via Appia)다. 아피아 가도는 군사, 수송, 교통 등의 목적으로 건설됐다. 아피아 가도는 로마와 이탈리아 남동부 브린디시를 연결한다. 삼니움(Samnite) 전쟁 동안 남쪽으로 가는 군사 도로의 첫 번째 구간을 완성한 로마 감찰관 아피우스 클라우디우스 카이쿠스(BC 312-BC 279)의 이름을 따서 명명됐다.

아피아 가도는 두 갈래 길이 있다. 두 갈래 길 모두 로마에서 베네벤툼까지는 동일하다. 원래의 아피아 가도는 BC 312-264 기간에 건설됐다. 베네벤툼, 아에클라눔, 베누시아, 타렌툼을 지나 브룬디시움(브린디시)에 도착한다. 다른 하나는 비아 트라이아나(Via Traiana)다. 109년 트라야누스 황제가 베네벤툼에서 원래의 비아 아피아 가도 위쪽으로 도로를 건설했다. 베네벤툼, 카누시움, 부툰툼, 바륨을 거쳐 브룬디시움에 도달한다. 2024년 비아 아파아와 비아 트라이아나를 비아 아피아 레기나 비아룸(Via Appia Regina Viarum)이라는 포괄적인 이름으로 유네스코 세계문화유산에 등재됐다. 지리학자 스트라보(Strabo)는 베네벤툼에서 브룬디시움까지 여행할 때 비아 트라이아나가 비아 아피아보다 하루가 짧았다고 지적했다. 베네벤툼에서 브룬디시움까지 실제 거리를 측정했다. 비아 아파아는 327km이고, 비아 트라이아나는 330km였다. 차이점은 지형에 있었다. 비아 아피아를 따라 베네벤툼에서 106km 떨진 베누시아까지는 여러 개의 험난한 언덕과 지형이 있어

출처: 위키미디아 권용우

그림 7.14 로마 제국의 비아 아피아와 비아 트라이아나

힘들다. 이와 대조적으로 비아 트라이아나는 베네벤툼에서 처음 64km까지는 똑같이 힘든 길을 만난다. 그러나 나머지 구간에서 브룬디시움까지 이어지는 길에는 험난한 언덕이 거의 없어 힘이 덜 든다.[15] **그림 7.14, 7.15**

13 압비오 광장(Forum of Appius)

[15]그 곳 형제들이 우리 소식을 듣고 **압비오 광장**과 트레이스 타베르네까지 맞으러 오니 바울이 그들을 보고 하나님께 감사하고 담대한 마음을 얻으니라(행 28:15)

15 https://en.wikipedia.org/wiki/Appian_Way/Appius_Claudius_Caecus
https://en.wikipedia.org/wiki/Samnite_Wars/Via_Traiana

출처: 위키미디아

그림 7.15 로마 콰르토 밀리오의 아피아 가도와 에그나치아의 비아 트라이아나

바울은 아피아 가도를 걸어 로마로 들어갔다. 로마의 그리스도인 형제들이 바울의 소식을 듣고 압비오 광장과 트레이스 타베르네까지 맞으러 나왔다. 바울은 그들을 보니 하나님께 감사하고 담대한 용기를 얻었다.

성경의 압비오 광장(Forum of Appius)은 아피아 포럼(Forum Appii)을 말한다. 아피아 포럼은 로마에서 남동쪽으로 63.5km 떨어져 있다. 쓰리 태번스에서 남동쪽으로 14.4km 떨어져 있다. 아피아 포럼은 비아 아피아 건설자인 아피우스 클라우디우스 카이쿠스가 세웠다. 아피아 포럼은 아피아 도로의 43번째 이정표에 위치한 마을이었다. 비아 아피아에 고대 우편국이 있던 곳이었다. 당시 폰티네 습지를 지나는 여행 구간을 밤에 노새가 끄는 운하선을 타고 가는 것이 관례였다. 아피아 포럼은 당나귀와 마부가 쉬던 고대 운하의 북서쪽 끝에서 3.2km 떨어져 있다. 로마의 시인 호라티우스(BC 65-BC 8)는 아피아 포럼 여행의 불편함을 생생하게 묘사했다. 아피아 포럼의 까다로운 여관 주인, 참을 수 없는 식수, 휴식을 취하기 어려운 파리와 개구리, 뱃사공, 짜증나는 노새몰이꾼을 언급했다. 아피아 포럼이 폰티네 습지를 지나는 도로와 평행하게 흐르는 운하의 시작점이었기 때문에 뱃사공이 있었다. 네르바와 트라야누스 시대에 아피아 포럼의 도로가 수리됐다. 18세기 후반에 비아 아피아 누오바(Via Appia Nuova)가 재건되었을 때 교황 비오 6세가 아피아 포럼에 우체국을 세웠다. 아피아 포럼은 이탈리아 폰티네 근처의 폐허로 남아 있다.[16] 그림 7.16

14 트레이스 타베르네(Three Tavens 쓰리 태번스)

> [15]그 곳 형제들이 우리 소식을 듣고 압비오 광장과 **트레이스 타베르네**까지 맞으러 오니 바울이 그들을 보고 하나님께 감사하고 담대한 마음을 얻으니라(행 28:15)

바울은 아피아 가도의 압비오 광장에서 마중 나온 그리스도 형제들을 만나서 기쁨을 나눈 후 로마로 계속 올라 갔다. 일단의 로마 그리스도 형제들이 트레이스 타베르네까지 나와서 바울 일행을 맞아 주었다. 그들을 본 바울은 담대한 용기가 솟아 났다. 바울은 하나님께 감사했다.

성경의 트레이스 타베르네는 트레스 타베르나(Tres Tabernae), 쓰리 태번스(Three Taverns)를 말한다. 쓰리 태번스는 로마에서 남쪽으로 50km 떨

16 https://en.wikipedia.org/wiki/Forum_Appii/Horace
https://www.biblestudy.org/meaning-names/appii-forum.html
https://bibleatlas.org/forum_of_appius.htm

출처: 위키미디아 biblestudy.org 권용우

그림 7.16 바울의 로마로 가는 길과 고뇌하는 바울

어져 있다. 고대 아피아 가도에 위치한 여행자들을 위한 역참(驛站) 마을이다. 쓰리 태번스는 로마에서 오는 첫 번째 공식 휴게소(mansio)이자 로마로 가는 마지막 기착지였다. 투스쿨룸, 알바 롱가, 안티움에서 오는 세 개의 도로가 쓰리 태번스에서 만나 비아 아피아로 이어진다. 쓰리 태번스에는 잡화점, 대장간, 다과점 등 세 개의 상점이 있다. 쓰리 태번스는 세 개의 선술집으로 번역된다. 그러나 세 개의 상점(three shops)으로 이해하는 것이 더 정확하다. 브리태니카에서는 쓰리 태번스란 이탈리아 라티움의 고대 마을, 비아 아피아의 역참, 주요 도로가 안티움에서 나오는 지선과 교차하는 지점이라고 설명한다.[17] 쓰리 태번스에는 성 바울에게 헌정된 기독교 성당이 있었다. 그러나 사라센족이 여러 차례 쓰리 태번스를 침략했다. 868년에 이르러 쓰리 태번스는 완전히 파괴됐다.[18] **그림 7.16**

---

17 Encyclopædia Britannica 11th Edition

18 https://en.wikipedia.org/wiki/Tre_Taverne/Mansio

15 로마(Rome)

[16]우리가 **로마**에 들어가니 바울에게는 자기를 지키는 한 군인과 함께 따
로 있게 허락하더라 [17]사흘 후에 바울이 유대인 중 높은 사람들을 청하여 그
들이 모인 후에 이르되 여러분 형제들아 내가 이스라엘 백성이나 우리 조상
의 관습을 배척한 일이 없는데 예루살렘에서 **로마**인의 손에 죄수로 내준 바
되었으니 [18]**로마**인은 나를 심문하여 죽일 죄목이 없으므로 석방하려 하였으
나 [23]그들이 날짜를 정하고 그가 **유숙하는 집**에 많이 오니 바울이 아침부터
저녁까지 강론하여 하나님의 나라를 증언하고 모세의 율법과 선지자의 말을
가지고 예수에 대하여 권하더라 [30]바울이 온 이태를 **자기 셋집**에 머물면서
자기에게 오는 사람을 다 영접하고(행 28:16-18,23,30)

바울은 로마에서 따로 머물렀다. 바울을 지키는 군인이 한 명 있었다. 3일 후 바울은 높은 지위에 있는 유대인들에게 말씀을 전했다. 바울은 그들에게 '나는 이스라엘 백성이나 우리 조상의 관습을 배척한 일이 없다. 예루살렘에서 로마인의 손에 죄수로 내줬다. 로마인은 나를 심문하여 죽일 죄목이 없어 석방하려 했다. 유대인들이 반대하여 내가 마지 못해 가이사에게 상소했던 것이지 내 민족을 고발하려는 것이 아니다. 나는 이스라엘의 소망으로 말미암아 이 쇠사슬에 매인 바 되었다'고 했다.(행 28:16-19).

그들이 바울에게 말했다. 우리가 유대에서 당신에 대한 편지를 받은 일이 없다. 또 누가 와서 당신에 대해 좋지 못한 것을 전하거나 이야기한 일도 없다. 이에 우리는 너의 사상이 어떠한지 듣고자 한다(행 28:20-22).

그들이 날짜를 정하고 그가 유숙하는 집에 많이 왔다. 바울은 아침부터 저녁까지 강론했다. 하나님의 나라를 증언하고 모세의 율법과 선지자의 말을

---

https://en.wikipedia.org/wiki/Tusculum/Alba_Longa/Antium

출처: 위키피디아

그림 7.17 「로마에 도착한 바울」 카롤스펠트(1860)와 산타 마리아 인 비아 라타 교회

가지고 예수에 대해 권했다. 바울의 말을 믿는 사람과 믿지 않는 사람이 공존했다. 바울은 성령이 선지자 이사야를 통해 말씀하신 것이 옳다고 했다. 이사야는 백성들이 마음이 우둔해져서 귀로는 둔하게 듣고 눈을 감았다고 했다. 그런즉 하나님이 구원을 이방인에게도 보내어진 줄 알라고 했다(행 28:23-28). 바울은 60-62년의 2년간 자기 셋집에서 하나님의 나라를 전파하며 주 예수 그리스도에 관한 모든 것을 담대하게 거침없이 가르쳤다(행 28:30,31).

사도행전은 바울이 로마에서 가택연금 상태에 있는 것으로 끝난다(행 28:11-31).

성경의 로마는 이탈리아 수도 로마(Rome)를 일컫는다. 로마에는 2019년 기준으로 1,285km^2 면적에 2,860,009명이 산다. 로마 대도시권 인구는 4,342,212명이다. 서양문명을 대표했던 도시다. 로마는 BC 753년전부터 시작됐다. 고대 로마, 교황령의 수도, 이탈리아 왕국과 이탈리아 공화국의 수도로 이어져 왔다. 고대 로마의 중심 시가지에 포로 로마노가 조성됐다. 가톨릭의 중심인 로마에는 성모 마리아 대성당, 라테라노 대성당, 성 베드로

출처: 위키피디아

그림 7.18 『성 바울의 참수』 엔리케 시모넷(1887)과 세 개의 분수에 있는 성 바울 교회

대성당, 성벽 밖의 성 바오로 대성당 등이 있다. 고대 기독교인과 유대인들의 지하묘지인 카타콤베(catacombe)가 있다. 로마에는 광장과 분수 문화가 발달했다.[19]

로마는 바울 선교 여행의 종착지다. 1860년 카롤스펠트(1794-1872)는 책 『그림 속의 성경 *Die Bibelin Bildern*』 속에 「로마에 도착한 바울」 삽화를 남겼다. 바울은 로마 산타 마리아 인 비아 라타 교회(4세기-1662) 지하 방에서 세를 얻어 2년간 찾아오는 사람들에게 강론했다.[20] **그림 7.17**

바울은 첫 번째 로마 체포에서 풀려났다. 두 번째 석방은 없었다. 두 번째는 가택 연금이 아니었다. 진짜 로마 감옥이었다. 60년대 중반 네로가 기독교인을 박해한 것의 일부였을 것으로 설명한다. 64년 로마의 도시 대부분이 불타버렸을 때, 네로 황제는 기독교인을 비난했다. 네로는 사도 바울을 체포하여 사슬에 묶으라고 요청했다. 바울은 다소 갑작스럽고 예상치 못하게 체포된 것으로 보인다. 이는 바울이 외투와 구약성경 양피지를 자신에게 가져오라고 요청한 사실에서 추론하고 있다(딤후 4장).

19 https://en.wikipedia.org/wiki/Rome/Ancient_Rome/History_of_Rome
권용우, 2021, 세계도시 바로 알기, 3권 남부유럽, 이탈리아 공화국, 박영사. 27-31.

20 https://en.wikipedia.org/wiki/Julius_Schnorr_von_Carolsfeld
https://en.wikipedia.org/wiki/Santa_Maria_in_Via_Lata

출처: 위키피디아

그림 7.19 이탈리아 로마 산 파울로 광장의 「성벽 밖의 성 바울 대성당」과 바울 동상

바울은 이 두 번째 로마 감옥에 갇혀 있는 동안 디모데 후서를 썼을 것으로 보인다. 바울은 디모데 후서를 쓴 직후 참수당했다. 바울은 60년대 중반 참수(斬首)형으로 순교했다. 바울이 로마 시민이었기 때문에 십자가형이 아닌 참수형을 단행했다. 1887년 엔리케 시모넷(1866-1927)은 참수 당하는 바울(The Beheading of Saint Paul)을 그림으로 남겼다. 바울이 참수당한 곳을 포함해 트레 폰타네 수도원(Tre Fontane Abbey) 단지가 세워졌다. 수도원에는 세 개의 별도 교회가 있는데, 첫 번째 교회가 세 개의 분수에 있는 성 바울 교회(San Paolo alle Tre Fontane)(625-1559)다. 바울이 참수된 자리로 추정되는 곳에 세워졌다. 전설에 따르면 세 개의 샘(폰타네)이 있는데, 바울이 참수당한 후 머리가 세 번 땅에 부딪혔고 그 곳에서 분수가 솟아났다고 한다. 이 샘은 여전히 성소에서 흐르고 있다.[21] 그림 7.18

이탈리아 로마 산파울로 광장에 성벽 밖의 성 바울 대성당(4세기-1840)이 건립됐다. 순교 후 바울의 시신은 순교 장소에서 3.2km 떨어진 오스티엔세 가도를 따라 있는 무덤 지역에 묻혔다. 그곳은 루시나라는 기독교 여성이 소

21 https://en.wikipedia.org/wiki/Enrique_Simonet
https://en.wikipedia.org/wiki/Tre_Fontane_Abbey/San_Paolo_alle_Tre_Fontane
https://www.britannica.com/question/How-did-St-Paul-the-Apostle-die

출처: 위키피디아

그림 7.20 『성 베드로의 십자가형』 카라바조(1601), 성 베드로 대성당, 대성당 광장

유하고 있었다. 바울의 추종자들이 그 위에 기념물 트로파이움(Tropaion)을 세웠고 경배의 장소가 되었다. 로마 황제 콘스탄티누스 1세는 바울이 묻힌 무덤 위에 대성당을 건축했다. 1980년 성벽 밖의 성 바울 대성당은 유네스코 세계문화유산에 등재됐다.[22]그림 7.19

한편 1601년 카라바조(1571-1610)는 『성 베드로의 십자가형』이라는 삽화를 그렸다. 그리고 바티칸의 대성당 광장 위에 성 베드로 대성당(1506-1626)을 세워졌다. 성 베드로 대성당 앞에 대성당 광장이 조성됐다.[23]그림 7.20

성경의 여러 기록에서 바울은 연금에서 풀려나면 동쪽이나 스페인으로 선교 여행을 계획했던 것으로 언급한다(빌 2:24, 딤후 1:15,18, 딤후 4:13-14,20, 롬15:22-29). 바울은 32/33년 다마스쿠스에서 회심한 이후 60년대 중반 로마에서 순교할 때까지 한결같이 **예수가 그리스도다**를 간증한 선교사였다.

---

22 https://en.wikipedia.org/wiki/Basilica_of_Saint_Paul_Outside_the_Walls
https://en.wikipedia.org/wiki/Via_Ostiensis/Tropaion/Constantine_the_Great

23 https://en.wikipedia.org/wiki/Caravaggio/Crucifixion_of_Saint_Peter/Saint_Peter
https://en.wikipedia.org/wiki/St._Peter%27s_Basilica/St._Peter%27s_Square

III

바울의 신앙과 도시문명

제 8 장 바울의 믿음

1 바울 신앙의 핵심

바울의 메시지를 한마디로 말하자면, 그리스도 안에서 하나님의 은혜로 얻는 구원이다. 은혜는 바울사상의 핵심용어이다. 은혜라는 단어는 바울의 글에서 86회 등장한다. 바울에게 은혜는 율법과 대비되는 개념이다. 회심하기 전 바울은 삶의 세세한 규칙까지 율법적으로 준수하는 것이 하나님이 원하시는 삶이라고 믿었다. 그러나 회심 후 바울은 그리스도를 모욕하고 박해했던 자신에게 베풀어 주신 하나님의 사랑과 용서가 순전한 은혜였던 것을 깨달았다. 바울신앙의 핵심은 세 가지로 요약할 수 있다. 첫째, 유대인의 유일신 신앙교리를 하나님과 그 아들 예수 그리스도에 대한 신앙으로 바로 잡았다. 둘째, 구원은 율법을 지킴으로 주어지는 것이 아니라 예수 그리스도의 은혜로 주어지는 것이다. 셋째, 구약이 예언하고 예수님이 가르치신 십자가의 중요성을 강조하고 있다.

1) 예수 그리스도를 주라 시인함

회심하기 전, 사울은 유대교의 율법학자 가말리엘에게서 율법 교육을 받았고, 엄격한 바리새인으로 성장했다. 경건한 유대인이 아침저녁으로 암송하는 쉐마(Shema)기도는 '이스라엘아 들으라, 우리 하나님 여호와는 오직 유일한 여호와이시다'라고 고백하는 신명기 6장 4절의 말씀으로 시작한다. 쉐마는 유대인들과 사울이 신봉하는 신앙고백이며 교육지침이었다. 그러나 다메섹도상에서 예수 그리스도를 환상 중에 만난 후 바울의 유일신 신앙은 한 분이신 하나님이라는 명제에서 하나님과 그 아들 예수 그리스도로 나누어진다. 회심 후 바울이 그동안 천명해왔던 유일신 하나님에 대한 신앙 속으로 예수 그리스도가 뚫고 들어왔다. 곧 유대인의 신앙고백이 수정되었음을 알 수 있다. 바울은 이제 하나님이라는 말이 아버지를 가리키며, '주'라는 말은 예수 그리스도를 가리킨다고 보았다. 실제로 바울은 쉐마를 두 부분으로 나누었다. 첫 부분은 실제 삶에서 이스라엘의 주권자이신 언약의 하나님을 경배하는 것이고, 두 번째는 수치스럽고 욕된 죽음을 맞은 예수 그리스도를 유대인의 전통신앙의 한가운데 놓아둔다. 바울은 그리스도와 함께 십자가에 못 박혔고, 이후의 자신의 삶은 하나님의 아들 예수 그리스도를 믿는 믿음 안에서 사는 것이라(갈 2:20)고 고백한다. 또한 하나님은 유대인의 하나님일 뿐 아니라 이방인의 하나님이 되시며, 할례자나 무할례자도 믿음으로 말미암아 의롭다 하시는 분이라고 증언한다(롬 3:29-30). 바울은 십자가 구원의 도는 오직 믿음으로 주어짐을 선포한다.

바울은 빌립보서 2장 9-11절에서 하나님이 예수를 지극히 높이셨다고 주장한다. 모든 이름 위에 뛰어난 이름을 주시며, 하늘에 있는 자들과 땅에 있는 자들과 땅 아래에 있는 자들로 모든 무릎을 예수의 이름에 꿇게 하신다고 고백한다. 또한 모든 입으로 예수 그리스도를 주라 시인하여 하나님 아버지께 영광을 돌리게 하셨다고 기록한다. 예수 그리스도에 대한 이러한 놀랍고 대담한 표현은 구약에서 이스라엘의 하나님을 묘사할 때 내게 모든 무릎이 꿇겠고 모든 혀가 맹세하리라(사 45:23)고 한 표현에서 가져왔다.

초기 그리스도인 공동체예배에서 경배와 찬양의 중심이 하나님으로부터 예수 그리스도로 옮겨간 것은 전적으로 바울신학의 영향에 기인한다. 예배의 내용에는 예수 그리스도의 구속의 은혜를 찬양하고, 기도는 항상 예수 그리스도의 이름으로 마무리했다. 성도들의 교제에서는 다시 오실 예수님을 믿고 마라나타로 인사했다. 그 당시 예수중심의 믿음은 놀라울 정도로 확고하고 대담했다.

2) 예수 그리스도의 은혜로 구원에 이름

성경에는 613개의 율법이 있다. 그중 248개는 무엇을 지키라는 조목이고, 나머지 365개는 하지 말라는 규범이다. 613개 율법 내용을 10개로 축약한 것이 십계명이다. 십계명은 이 세상 어느 인간도 완전하게 지킬 수 없다. 율법은 지키라고 주어진 것이 아니라 자신의 행위가 하나님의 규범에 저촉되는지를 살펴보고, 돌이키도록 주신 것이다. 십계명을 어느 인간도 다 지킬 수 없다고 하면, 의문을 제기하게 된다. 부모를 공경하라, 살인하지 말라, 거짓 증거하지 말라 등 이렇게 쉬운 것을 완전히 지킬 수 없다니 말도 안 된다고 이의를 제기한다. 물론 내 앞에 다른 신을 두지 말라는 1계명부터 네 이웃에 대하여 거짓 증거하지 말라는 9계명까지는 기독교인이면 누구나 지킬 수 있을 것이다. 그러나 마지막 네 이웃의 것을 어떤 것도 탐하지 말라는 10번째 계명에서 다 넘어지고 만다. 탐한다**(covet)**는 마음속의 생각을 가지고 판단하는 것이다. 이웃을 미워하면 살인죄와 같고, 여자를 보고 음욕을 품으면, 간음죄에 해당한다는 성경말씀을 적용하면 여기서 자유로울 수 있는 사람은 한 사람도 없을 것이다. 형제를 미워하는 자는 살인하는 자**(요일 3:15)**며, 여자를 보고 음욕을 품는 자는 마음에 이미 간음한 자**(마 5:28)**가 된다. 빌 클린턴 전미대통령은 백악관에서 르윈스키와 실제로 간음했지만, 독실한 크리스천인 지미 카터 전미대통령은 백악관 오벌오피스에서 수차례 마음속으로 여인을 보고, 음욕을 품었다고 고백했다. 그는 10번째 계명을 범했다. 온 율법을 지키다가 그중 하나를 범하면 모두 범한 것이 됨으로**(약 2:10)** 율법을 다 지킬 수 있는 사람은 한사람도 없다.

바울은 율법을 다 지킬 수 없음으로 오호라 나는 곤고한 사람이로다. 이 사망의 몸에서 누가 나를 건져내랴**(롬7:24)**라고 탄식한다. 우리는 율법이 아닌 은혜시대에 살고 있다. 은혜시대에서는 믿음으로 말미암아 은혜로 구원을 받게 되며 이것은 전적으로 하나님의 선물이다**(엡2:8)**. 율법에서 벗어나 예수 그리스도의 은혜를 힘입어 자유함을 얻게 되는 것은 그리스도 예수 안에 있는 생명의 성령의 법이 죄와 사망의 법에서 우리를 해방하기(롬 8:2) 때문이다. 그렇다면 율법이 아닌 은혜로 구원을 얻었으므로 율법을 지킬 필요가 없는가? 그렇지 않다. 구원받은 그리스도인은 이제 새로운 법, 생명의 성령의 법 아래 살게 된다. 그것은 자유와 사랑의 법이다. 이제는 구원을 받기 위해서 또는 심판을 면하기 위해서 율법을 지키는 것이 아니라 율법의 저주에서 속량해 주신 하나님께 감사드리기 위해서이다. 믿는 자는 하나님의 법에 순종하기를 즐겨한다. 사랑은 이웃에게 악을 행치 아니하므로 사랑은 율법의 완성이 된다(롬 13:9-10). 바울은 사람이 의롭다 하심을 얻는 것이 율법의 행위에 있지 않고, 믿음으로 되는 줄을 인정한다(롬 3:28)고 주장한다.

믿음이 오기 전에 우리는 율법 아래 매인 바 되고, 계시될 믿음의 때까지 갇혀 있었다. 바울은 율법이 우리를 그리스도께로 인도하는 초등교사가 되어 우리로 하여금 믿음으로 말미암아 의롭다 함을 얻게 하는 역할을 담당한다(갈 3:23-24)고 주장했다. 율법은 구원을 얻게 해주지는 못하지만 사람들이 복음을 듣고 반응할 때까지 안전하게 보호해 준다.[1]

3) 예수 그리스도의 십자가의 도

구약이 예언하고 예수님이 가르치신 십자가의 중요성은 바울 서신 여러 곳에 진술되어 있다. 바울은 예수님을 나를 사랑하사 나를 위하여 자기 자신을 버리신 하나님의 아들(갈 2:20)로 여기며 내게는 우리 주 예수 그리스도의 십자가 외에 결코 자랑할 것이 없다(갈 6:14)고 했다.

바울은 두 번째 전도여행 중 아덴에서 고린도에 처음 오게 되었을 때, 내가 너희 중에서 예수 그리스도와 그가 십자가에 못 박히신 것 외에는 아무것도 알지 아니하기로 작정하였다고 고백했다. 교회의 꼭대기에는 으레 십자가 모형이 설치되는 것도 우연히 생긴 것이 아니다. 십자가는 우리 믿음의

1 존 스토트, 2021, 신약의 메시지, 아바서원, 200.

상징이다. 많은 교회에서 세례를 줄 때 십자가 기호를 표시하고, 무덤에도 십자가를 세워준다. 바울은 그리스도 예수를 아는 지식이 가장 고상하기 때문에 그리스도를 위하여 이때까지 유익하던 모든 것을 배설물로 여긴다고 말했다. 기독교 신앙은 십자가에 못 박힌 그리스도에 대한 신앙이다. 그리스도를 따르려면 죄를 버려야 할 뿐 아니라 모든 행위의 근원인 자기의지도 부정해야 한다. 그래서 아무든지 나를 따라오려거든 자기를 부인하고 날마다 제 십자가를 지고 나를 따를 것(눅 9:23)이라고 말했다.

예수님은 자신이 많은 고난을 받고, 죽임을 당할 것(막8:31)을 예언했다. 이에 대해 베드로가 항변하자 꾸짖으시며 이 일은 구약의 예언대로 반드시 이루어져야 한다고 강조하셨다. 또한 예수님은 죽음 이후에 자신이 어떻게 기억되기를 바라시는지 제자들에게 구체적으로 알려 주셨다. 자신의 찢어질 몸과 흘린 피를 기억하며 떡과 포도주를 나누라고 가르치셨다. 예수님은 자신의 가르침이나 설교, 또는 병고치는 사역이 아니라 오직 십자가에서 죽임을 당한 몸과 흘린 피로 기억되길 바라셨다. 따라서 교회나 기독교를 상징하는 표식으로 오직 십자가를 택한 것은 옳은 일이다. 스펄전은 한편의 설교 속에는 반드시 그리스도의 십자가도가 포함되어야 한다고 강조했다.

2 바울의 영향

1) 바울의 인물탐구

무엇이 그리스도인들을 박해하던 사울을 신학자로, 성경의 저자로, 선교사로, 설교자로, 교회를 세우는 자로, 그리고 아마도 모든 시대를 통틀어 예수 그리스도를 따르는 가장 중요한 인물로 만들었을까? 예수님의 12제자에 포함되지 않았고, 예수님을 직접 만난 적도 없는 사울이 과연 어떤 과정을 거쳐 회심하였을까? 또한 신약성서 13권의 저자가 되었고, 예수님 이래 가장 위대한 그리스도인이 되었을까? 바울의 신학 및 서신이 기독교 교리와 역사에서 차지하는 비중은 엄청나다. 예수가 없었다면 바울도 없었겠지만, 바울이 없었다면 기독교도 없었을 것이다라고 평할 정도로 바울은 세상에 막대한 영향력을 미쳤다. 그는 세계문학에서 가장 위대한 서신 저술가이다. 동시에 바울은 고대 세계에서 가장 미움을 받은 사람 중 하나였는데, 충분히 그럴 만했다. 회심한 바울에 대해서 유대인들은 율법을 배반하고, 민족적 정체성을 허물어뜨린 반역자로 여겼다. 율법주의자들은 그를 신성모독죄로 심문했다. 한편 스데반의 죽음에 동조했으므로 그리스도인들로부터는 큰 미움을 샀다. 스데반 살인에 대한 가책이 바울의 전 생애 동안 그의 마음을 괴롭혔다. 이러한 이유로 바울은 설교를 다 마칠 겨를도 없이 방해를 받아 쫓겨났을 가능성이 크다. 바울이 가져다 준 영적 지진이 없었더라면, 기독교는 결코 존립하지 못했을 것이다. 바울이 그리스도인이 되지 않고 다른 길을 선택했더라면, 그의 개성과 지적 능력만으로도 역사에 기억될 만한 인물이 되었을 것이다.[2]

베드로는 급진적인 사람이었고, 안드레는 보수적인 사람이었다. 바울은 때로는 베드로처럼 모험적이고, 격한 성미였으나 필요하다면, 안드레처럼 주의깊은 행동을 취했다. 그는 원칙에 대해서는 보수적이었으나 원칙이 훼손될 때는 결코 양보하지 않았다. 심지어 상대방이 베드로일지라도 물러서지 않았다(갈2:11-14). 바울은 그리스도를 위해 결연하게 의와 진리를 선포했다. 하나님은 바울뿐 아니라 모든 시대, 모든 인간에게 하나님과 진리에 대한 태도를 정하라고 명하신다. 아벨은 인류가 에덴동산에서 추방당한 이후 최초의 가정에서 형 가인의 본을 거부하였고, 그 결과 목숨을 잃었다. 에녹은 주변사람들이 세상 풍조를 따라 걷고 있을 때 홀로 하나님과 동행했다. 노아는 인류전체가 죄악에 빠져 있을 때 홀로 하나님을 믿었고, 사람들의 조롱에도 오랜 시간 동안 방주를 만들며 참고 인내했다. 아브라함은 하나님의 명령에 따라 나라와 고향을 버리고, 나그네와 순례자가 되어 하나님께 순종하는

2 스탠리 포터, 임재승, 조명훈역, 2019, 바울서신연구, 새물결플러스, 27.

삶을 살았다. 모세는 그리스도를 위해 받는 수모를 애굽의 모든 보화보다 더 큰 재물로 여겼다(히 11:26). 그 결과 애굽의 전제군주와 대면하여 싸웠고, 이스라엘 백성을 광야로 이끌어냈다. 엘리야는 이스라엘 하나님을 위한 열심이 특별히 강했고, 이세벨과 아합을 물리쳤다. 다니엘과 세 친구는 느부갓네살이 만든 황금신상을 경배하느니 맹렬히 타오르는 풀무의 화염에 뛰어 들고자 했다. 세례요한은 단호한 충성심으로 전면에 부상한 반면, 빌라도는 그 우유부단함으로 영원한 수치를 향해 침몰했다. 오늘날에도 하나님은 우리에게 믿음의 선진들과 같은 그런 견고함을 요구하신다.

2) 하나님의 섭리

하나님의 섭리 가운데는 풀리지 않는 신비가 있다. 왜 스데반은 3천 개의 돌을 맞고 순교하게 하시고, 베드로에게는 3천 명의 영혼을 전도할 수 있도록 하셨을까? 왜 야고보는 목베임을 당하고 베드로는 옥문을 열고 석방시키셨는가? 한쪽이 다른 쪽보다 결코 더 신실한 믿음을 가졌기 때문이 아니다. 이러한 문제는 오늘날도 똑같이 적용된다. 선교지에 나간 선교사 중 어떤 이는 전도의 열매를 풍성히 맺게 하시고, 또 다른 선교사는 암으로 생을 마감하게 하신다. 신실한 믿음의 가정에서 온 식구가 새벽기도를 가다가 추돌사고로 일가족이 죽임을 당하고, 평범한 믿음의 가정에는 축복을 주시는가. 우리는 기껏해야 하나님의 길과 섭리의 일부분만 볼 수 있을 따름이다. 이러한 문제들은 천국에서 완전한 날을 맞이할 때 모든 의문이 풀릴 것이다.

3) 바울의 고난

바울은 다마스쿠스에 이르는 여행 중 3일 동안 눈을 뜨지 못했다. 그는 베드로와 야고보를 찾아가 예수의 전 생애와 가르침을 들었다. 유대인들의 야유와 돌팔매가 심해지자 전도에 실패한 후 고향 타르수스로 돌아갔다. 그곳에서 은신생활을 한 후 안디옥으로 건너갔다. 유대인의 적대감과 로마당국의 핍박을 받았다. 바울은 천부적인 작가이며, 생각나는 대로 기록하면 그것이 성경이 되었다. 또한 그의 구술은 실라와 디모데가 파피루스에 받아 적었고, 편지 끝에는 친필로 메모했다. 로마에서 할례받지 않은 이교도를 데려왔다는 죄목으로 쇠사슬에 묶여 성으로 끌려갔다. 바울은 채찍질을 당하기 전 로마 시민을 무고하게 채찍질하는 것이 적법한지 질문하자 곧 풀려나서 유대총독 본디오 빌라도에게 보내졌다. 빌라도가 바울을 처형하려고 하자 바울은 로마 시민을 처형하는 것이 합당한가라고 항의했다. 빌라도는 로마 시민인 바울을 처형할 수 없음을 깨닫고, 그를 로마 재판정으로 보냈다. 바울은 일생동안 당한 시련과 고난을 스스로 표현했다. 내가 수고를 넘치도록 하고, 옥에 갇히기도 더 많이 하고 매도 수없이 맞고, 여러 번 죽을 뻔했는데 유대인들에게 사십에서 하나 감한 매를 다섯 번 맞았으며, 세 번 태장으로 맞고 한 번 돌로 맞고, 세 번 파선하고, 7일 주야를 깊은 바다에서 지냈으며, 여러 번 여행하면서 강의 위험과 강도의 위험과 동족의 위험과 이방인의 위험과 시내의 위험과 광야의 위험과 바다의 위험과 거짓 형제들의 위험을 당하고, 또 수고하며 애쓰고 여러 번 자지 못하고, 주리며 목마르고 여러 번 굶고 춥고 헐벗었다(**고후 11:23-27**)고 말했다. 바울이 당한 시련은 인간이 도저히 살아남을 수 없는 극심한 것이었다. 그러나 그는 모든 것을 극복하고 승리했다. 바울은 구약성경의 말씀을 인용할 때, 자신의 필요와 독자들의 필요에 딱 맞는 원리와 진리를 발견해 인용했다. 바울은 구약성경이 신약시대의 그리스도인에게도 여전히 하나님의 말씀이며, 그들의 삶에 적용된다고 굳게 믿었다. 광야에서의 이스라엘백성의 범죄와 그들에게 임한 심판에 대해 언급했다. 바울은 이스라엘백성에게 일어난 일들은 신약시대에도 본보기가 되고, 또한 말세를 만난 우리를 깨우치기 위하여 기록되었다(**고전 10:11**)고 말했다.[3]

---

3 오스왈드 샌더스, 2012, 넉넉히 이기게 하시는 하나님, 나침반, 126-127.

4) 사도들의 순교

60년대 중반 바울은 네로에게 죽임을 당했다. 바울이 감옥에 있을 때 네로가 총애하던 후궁이 바울의 복음을 받아들이고, 그리스도께로 인도되었다. 여행에서 돌아온 네로는 후궁이 궁궐을 떠나 바울을 따라간 사실을 알고, 격노하여 바울을 토라스에서 체포했다. 로마로 압송된 바울은 도시 밖으로 보내져서 단칼에 참수되었다. 키엘케고르는 독재자가 죽으면 그의 통치가 끝나고 순교자가 죽으면 그의 통치는 시작된다고 말했다. 바울의 순교는 요원의 불꽃처럼 번져나가 기독교가 온 땅에 전파되었다. 헤롯은 44년 사도 요한의 형제 야고보를 칼로 죽이라고 명했다. 야고보는 첫 번째로 순교한 사도였다. 그렇게 사도들에 대한 피의 살육이 시작되었다. 사도행전과 누가복음을 기록한 누가는 그리스에서 나무에 달려 교수형을 당했다. 의심 많은 도마는 인도까지 가서 복음을 전하다가 창에 찔리고, 벌겋게 달군 인두로 고문당하다가 산 채로 화형을 당했다. 빌립은 54년 히에라볼리 지방의 총독에게 고문당하다 십자가에 매달렸다. 총독의 아내가 빌립의 설교를 듣고, 기독교로 개종했다는 이유였다. 그러나 빌립은 십자가에 달려 죽어가면서도 복음을 전했다. 마태는 에티오피아에서 등에 칼을 맞고 죽었고, 바돌로매는 아르메니아에서 매를 맞아 죽었다. 예수님의 친동생 야고보는 예루살렘 성전 남동쪽 꼭대기에서 땅에 던져졌다. 30미터 높이에서 떨어졌는 데도 목숨을 건졌지만 폭도 한명의 곤봉에 맞고 죽었다. 열심당 시몬은 74년 시리아 총독에게 십자가 처형을 당했고, 다대오는 메소포타미아에서 몽둥이에 맞아 죽었다. 배신자 가롯 유다를 대신하여 사도로 선출되었던 맛디아는 돌에 맞아 죽은 뒤 다시 참수당했다. 베드로는 로마에서 십자가에 거꾸로 달렸다. 사도 요한은 자연사한 유일한 제자였지만, 펄펄 끓는 기름 가마솥에 넣어도 죽지 않자 도미티아누스 황제는 요한을 밧모섬에 유배시켰다. 그는 유배생활을 끝내고 에베소로 돌아온 후, 요한복음과 요한1서, 요한2서, 요한3서를 저술하고 100년경 자연사했다.[4] 하나같이 순교한 사도들을 보면서 우리는 어떻게 해야 하는가. 나를 따라오려거든 자기를 부인하고, 자기 십자가를 지고 나를 따르라(눅 9:23)고 명령한다. 육체적으로 사도들 같이 순교를 당하라는 말이 아니다. 자아를 죽이고, 예수님을 좇으라는 의미이다. 아담에게서 이어받은 우리의 깨어지지 않은 생각과 의지와 견해를 십자가에 못 박고, 예수님을 따르라고 하셨다. 우리의 자아가 죽을 때 비로소 가장 참되고, 완전한 우리를 찾을 수 있다.

5) 그리스도의 고난을 본받음

상처를 입어 본 적도 역경에 처해 본 일도 없거나 번민과 괴로움 혹은 영적 압박감을 느껴 보지 못한 사람은 여러 가지 면에서 무지하고 우둔한 자이다. 이사야 53장 3절에는 그리스도를 간고를 많이 겪었으며, 질고를 아는 자로 표현하고 있다. 예수님이 병자를 고치고 기적을 베풀자 구름떼같은 인파가 열광적으로 예수를 환호하고 뒤좇았다. 그러나 십자가 도를 알지 못하는 군중은 돌변하여 예수님을 십자가에 못 박았다. 오늘날 교회도 마찬가지다. 교회에서 은혜와 은사 집회는 있지만 예수님 고난에 동참하는 삶과 십자가 도를 간증하는 집회는 찾기 힘들다. 어느 누구의 고난도 예수님이 당하신 고난보다 클 수 없다. 예수님이 당하신 고난 22가지를 분석하면 다음과 같다. 불편, 가난, 굶주림, 목마름, 고통, 유혹, 두려움, 실패, 고독, 배신, 사랑에 대한 무반응, 지극히 공허한 감정, 멸시, 천대, 조롱, 채찍질, 발길질, 침뱉음, 뺨맞음, 가시면류관, 절망에 이르고 십자가의 죽음에 이르셨다. 율법은 모세로 말미암아 주신 것이요, 은혜와 진리는 예수 그리스도로 말미암아 온 것이라(요1:17)고 했다. 한국교회 교인들은 금식하고 철야하며 열심히 자신의 유익을 구한다. 그 결과 응답은 받지만 무시무시한 단서가 있다. 여호와

---

4 요한계시록은 AD95 또는 96년경 요한이 유배된 밧모섬에서 저술했다.

께서 그들이 요구한 것을 주셨을지라도 그들의 영혼을 쇠약하게 하셨다(시 106:15)고 말씀하신다. 영혼을 쇠약하게 한다는 것이 무슨 뜻인가. 이스라엘 백성이 광야에서 부르짖을 때 만나와 메추라기를 공급해 주셨을지라도 순종하지 않는 그들의 혼을 야위게 하셨다. 또한 이사야서에서도 쇠약한 영혼이 언급된다. 주 만군의 여호와께서 살찐 자로 파리하게 하시며, 그 영화 아래에 불이 붙는 것 같이 맹렬히 타게 하실 것(사10:16)이라고 말씀하셨다. 영혼이 쇠약하게 된다는 것은 영혼이 약해지고 힘을 잃은 상태를 의미한다. 이는 육체적인 건강이 나빠지는 것과 마찬가지로 정신적, 영적 건강이 약해지고 힘을 잃는 것을 뜻한다. 예수님이 십자가에 처형당하기 전날 밤, 하나님께 십자가처형을 면하게 해달라는 기도를 드렸지만 하나님으로부터 거절당했다. 거절이 인류의 구원을 가져다주는 축복이었다. 성도의 기도가 거절되는 여러 이유가 있겠지만 우리를 연단하여 예수의 성품을 본받게 하기 위함도 있다. 그러므로 거절된다고 낙심하거나 기도를 멈추는 죄를 지어서는 안된다. 실로 거절이 축복이다. 눈물을 흘려본 적이 없는 자는 하나님의 사랑과 그리스도의 고귀함을 알지 못한다. 우리의 죄는 예수님의 보혈로 정결하게 된다. 여기에 우리의 눈물이 합해지면 효력은 배가 된다. 주께서 저희를 눈물 양식으로 먹이시며 다량의 눈물을 마시게 하셨다고 말씀하신다.

6) 쉬지말고 기도하라

하나님이 이방인 선교에 바울을 택하셨지만 바울은 반드시 기도해야 했다. 그의 서신서는 바울이 쉬지않고 기도하여 얻은 것들의 결과이다. 우리는 구함으로 모든 것을 받을 수 있지만 구하지 않음으로 아무것도 받지 못한다. 하나님은 끈질긴 기도로 구하는 자를 사랑하시고 응답될 때까지 포기하기를 거부하는 사람에게만 응답을 허락하신다. 기도의 최종 목적지는 하나님의 귀라고 스펄전은 말했다.

바울은 데살로니가 5장 17절에서 쉬지말고 기도하라고 선언한다. 이 세상에 사는 동안 크리스천이 해야할 일들은 예배, 찬양, 감사, 자백, 중보, 간구, 전도 등이 있다. 이 모든 일은 기도를 통해 이루어진다. 따라서 크리스천의 직업은 두 가지인데 하나는 자신의 본업이고 다른 하나는 기도하는 것이다. 그러나 천국에서는 기도가 필요 없다. 주님을 눈으로 직접 뵙기 때문이다. 천국에서 해야할 가장 중요한 것은 하나님께 대한 경배와 찬양이다.

끈기는 기도의 조건이다. 기도는 절박한 심정으로 반복되어야 한다. 아브라함은 기도의 특권을 최대한 살리지 못하고 마지막 한번을 반복하지 않았기 때문에 소돔을 잃었는지 모른다(창18:16-33). 50명의 의인이 있으면 소돔을 멸하지 않겠다는 하나님의 약속을 받고 아브라함은 소돔을 구하기 위해 하나님과 거래를 시작한다. 45명, 40명, 30명, 20명, 10명까지 의인이 있으면 멸하지않겠다는 허락을 받아냈으나 마지막 한 번을 구하지 않은 까닭에 소돔은 멸망하고 말았다. 만일 아브라함이 하나님께 한번 더 간구하여 소돔에 의인이 한명만 있어도 그 성을 멸하지 마소서라고 기도했다면 하나님은 롯을 위해 그 성을 구원하셨는지도 모른다. 하나님은 자비하시고 인자하심이 영원하시기 때문이다.

고라가 모세에게 대적했을 때 하나님은 고라로 인해 온 이스라엘을 멸하겠다고 선포했다. 이에 모세는 하나님께 진노를 거두시고 이스라엘을 살려달라고 기도했다. 하나님은 마음을 돌이켜 이스라엘 백성에 대한 진노를 거두고 고라의 무리들만 멸했다. 유다서에는 모세의 시체에 관하여 천사장 미가엘이 마귀와 다툴 때 감히 마귀를 비방하는 말을 못하고 다만 주께서 너를 꾸짖으시기만을 원한다(유 1:9)고 했다. 여기서 마귀는 실재하는 인격체이며 미가엘 천사장 조차도 함부로 할 수 없는 강력한 영향력을 가지고 있음을 알 수 있다.

사람과 사람관계에서 인내가 중요하듯 하나님과 사람의 관계에서도 마찬가지다. 우리는 범사에 기도해야 한다. 기도는 만유인력의 법칙보다 강력한 영적 무기이지만 우리는 너무나 서툴게 이 무기를 사용한다. 우리는 이 세상에서 필요한 것들을 위해 기도해야 하고 또 영적인 것들을 위해 기도해야한다.[5] 만약 엘리야가 일곱번 기도하지 않고 첫 번째 간구에서 그쳤다면 하늘은 그의 연약한 기도로 인해 비를 주시지 않았을 것이다(약 5:17-18). 엘리야가 뜨겁고 끈질기게 기도했을 때 하나님께서 약속을 이루어주셨다.[6] 엘리야가 기도하니 이스라엘에 기근이 들기도 하고 풍년이 들기도 했다. 만일 야곱이 잠잘 시간이 되어 기도를 그쳤다면 살아남지 못했을 것이다. 만일 수로보니게 여인이 예수님의 침묵이나 굴욕이나 퇴박에 믿음이 약해졌거나 중간에 분투를 그쳤다면 그녀의 가정에서 딸의 치유는 없었을 것이다. 기도하고 낙심하지 말라는 것은 그리스도가 우리에게 주시는 표어이다. 시련이 혹독하고 기다림이 길수록 결과는 더 영광스럽다. 모세는 이스라엘을 위해 40일을 금식하며 기도함으로써 하나님의 뜻을 바꾸었고 한 민족을 구했다(신9:12-21). 하나님의 외아들 예수님도 이 기도의 법에서 예외가 아니다. 예수님이 겟세마네 동산에서 끈질기게 밤샘기도를 드리지 않았으면 인류를 구원하고자 하는 하나님의 뜻을 이루지 못했을 것이다. 그리스도인들 사이의 힘과 경험과 거룩함의 차이는 곧 기도의 차이이다. 뛰어난 그리스도인은 탁월한 기도의 사람이다.[7] 기드온, 바락, 삼손, 입다, 다윗 등 성경에는 도처에 기도의 강자들로 넘쳐난다. 스펄전은 이렇게 말했다. '구하라 그리하면 받으리라는 말씀은 어느 누구에게도 절대로 변하지않는 기도의 규범이다. 심지어 예수님에게도 이 원리는 적용된다. 여호와는 아들 예수님에게 '내게 구하라 내가 이방 나라를 네 유업으로 주리니 네 소유가 땅끝까지 이르리라. 네가 철장으로 이방나라를 깨뜨리니 그들이 질그릇같이 부숴지리라'고 말씀하셨다(시 2:8). 하나님이 예수님에게 조차도 받으려면 구해야 한다는 규범을 엄격하게 적용시켰다면 우리가 더욱 각성하고 끈질기게 기도해야 하지 않겠는가.

유대인이 구원을 받으려면 다니엘이 반드시 중보기도를 해야 했다.

---

5 E.M. 바운즈, 이용복역, 2013, 기도의 강자들, 규장, 163.

6 위의 책, 60.

7 E.M. 바운즈, 전의우역, 2009, 기도는 강하다, 두란노, 64.

엘리야가 죽은 아이를 두고 기도하자 아이가 살아났다. 엘리사도 똑같이 했다. 그리스도께서 나사로의 무덤에서 나사로야 나오라 하시자 나사로가 걸어나왔다. 베드로가 죽은 도르가 옆에서 무릎꿇고 기도하자 여인이 일어나 앉았다. 야곱의 기도는 에서의 살인적인 증오심을 형제 간의 뜨거운 포옹과 입맞춤으로 바꿔 놓았다. 이삭이 리브가를 위해 기도하자 하나님은 야곱과 에서를 리브가에게 주셨다. 요셉은 라헬이 기도하여 얻은 아들이다. 한나의 기도로 사무엘이 탄생했다. 하나님은 사가랴의 기도를 들으시고 엘리사벳에게 세례요한을 주셨다. 에스라는 바벨론 포로에서 귀환한 이스라엘 백성이 세상 속으로 빠져 들어 큰 악을 행하는 것을 목도했다. 제사장, 레위인, 방백, 그리고 일반백성들이 모두 그러했다. 이사야 선지자의 입을 통해 선포된 '맹인이 누구냐 내종이 아니냐(**사 42:19**)'는 말씀은 정곡을 찔렀다. 에스라는 예루살렘의 악과 교회의 죄를 고백하고 하나님의 용서와 자비를 구하는 회개운동을 시작하였다. 그 결과 하나님의 영이 예루살렘 온성에 임하였고 온 거민이 죄를 깊이 깨닫고 눈물로 회개하며 하나님께로 돌아왔다. 히스기야의 기도는 천사가 하룻밤에 산헤립의 군사 18만 5천 명을 도륙하는 기적이 일어났다. 고넬료의 기도와 구제가 하나님 앞에 상달되어 고넬료를 통해 이방 세계로 통하는 복음의 문이 열렸다.

하나님은 이사야를 히스기야에게 보내 네가 죽고 살지 못하리라(**왕하 20:1**)고 말씀하셨으나 히스기야의 통곡과 눈물의 기도를 들으시고 말씀을 돌이켜 내가 네 기도를 들었고 네 눈물을 보았노라 하시며 15년 생명을 연장시켜주셨다. 하나님은 요나를 통해 니느웨가 40일 후 무너지리라는 메시지를 전했다. 그러나 니느웨가 하나님께 크게 부르짖었고 하나님이 뜻을 돌이켜 재앙을 거두셨다. 실로 우리의 간절하고 끈질긴 기도는 하나님의 뜻을 돌이킨다. 기도할 때 존 낙스처럼 말하고 느껴야 한다. '내게 스코틀랜드가 아니면 죽음을 주십시오.'[8] 기도의 어머니 한나의 서원으로 얻은 사무엘은

---

8 E. M. 바운즈, 전의우역, 2009, 기도는 강하다, 두란노, 71-77,115-119.

'말씀하옵소서 주의 종이 듣겠나이다(삼상3:10)'하며 하나님의 음성을 요청했다. 사무엘의 기도는 일방적으로 우리가 구할 것만 구하고 주님의 음성듣는 기회를 망각하는 현대인에게 큰 경종을 울린다.

7) 황금률을 실천하라

황금률(Golden Rule)은 당신이 다른 사람에게서 대접받고 싶은 대로 다른 사람들을 대해야 한다는 진리(눅6:31, 마7:12)이다. 이것은 오랜 세월 동안 인간의 삶에서 황금처럼 소중한 기준으로 간주되어 왔다. 예수님은 유대교 경전에 쓰여 있는 613개의 율법과 규례를 단 하나의 계명인 황금률로 단순화시켰다. 황금률 하나를 실천하는 것이 율법이요 선지자(마7:12)라고까지 말씀하고 있다. 3500년보다 더 오래전에 작성된 이집트 문서에서도 황금률의 원칙이 발견되고, 힌두교, 이슬람교, 도교, 불교를 비롯한 거의 모든 종교와 그리스철학 사상에서도 황금률의 본질을 찾을 수 있다. 황금률은 시간과 문화를 초월하여 인간관계에 대한 개인적인 지침으로서 솔직함과 공감을 높여주는 강력한 원동력이 된다. 황금률은 오랜시간동안 검증을 거쳤고 철학자나 종교지도자들이 수용해 온 것이다. 하지만 오늘날처럼 복잡하고 빠르게 변하는 사회에서는 그 원칙이 지켜지기보다는 그저 인용되는 경우가 더 많다. 사람들을 직접 만나면 다른 사람에게서 대접받고 싶은 대로 그들을 대하기가 쉽다. 하지만 오늘날은 스마트폰, 인터넷, 문자나 트위터 등을 통해 상호교류 하는 경우가 늘고 있다. 고속도로나 여객기가 생기기 전, 사람들은 여행을 통해서 문화적인 교류기회와 친절과 축복이 넘치는 좋은 사마리아인을 만날 기회를 많이 얻을 수 있었다. 그러나 오늘날 여객기에서 만난 승객들은 거의 교류가 없다. 황금률은 뿌린 만큼 거둔다는 수확의 원리와도 관련되어 있다. 정의롭고 공정하게 대접받기를 원한다면 상대방을 대할 때도 정의롭고 공정하게 대하라는 것이다. 역사를 통틀어 가장 유명하고 사랑받고 성공한 리더들은 모두 황금률을 실천한 사람들이다. 에이브러햄 링컨, 마하트마 간디, 테레사 수녀, 넬슨 만델라 등과 같은 사람은 자신이 대접받고 싶은 대로 다른 사람들을 대했다. 그리하여 세상을 변화시켰다. 친절한 행동은 전염성을 지닌다. 미국에서 남편이 아프가니스탄에서 군복무중인 여성이 자신의 차에 '제 심장의 반쪽이 아프가니스탄에서 싸우고 있습니다'라고 적힌 스티커를 붙이고 다녔다. 언젠가 그녀가 식당에서 식사를 마치고 나와보니 차의 유리창에 메모와 함께 40달러가 놓여 있었다. 그 메모에는 '당신의 영웅이 집에 돌아오면 맛있는 저녁식사를 대접해 주세요. 당신의 반쪽은 군복무로, 당신은 기다림으로 그렇게 헌신해 주시니 감사합니다. 하나님의 축복이 함께 하시길! 재향군인으로부터'라고 적혀 있었다. 이것은 아주 단순한 행동이었다. 그러나 이 여성이 그 메모를 SNS에 게재하자 600만 건 이상의 조회수를 올리며, 수천 개의 댓글이 달렸다. 많은 사람이 그 작은 행동하나에 영감을 받아 다른 사람들에게 친절을 베풀 방법을 찾고 있다는 것을 짐작할 수 있다. 작가인 안젤루는 이런 글을 남겼다. '사람들은 당신이 한 선한 말과 행동을 잊지 않을 것이다. 이로 인해 당신은 다른 사람들과 사회를 아름답게 만들어 간다.'

3 바울의 스토리텔링

1) 바울의 경우에 합당한 말

미국의 어느 마을에서 재정난을 해결하기 위한 마을회의가 열렸다. 어느 노신사가 손을 들고 발언을 하려고 했다. 그때 다른 사람이 가로막고 서서 장황하게 이야기를 늘어놓았다. 발언을 하려던 노신사는 모자를 들고 조용히 자리를 떠났다. 아무 소득도 없이 마을회의는 끝났다. 그 노신사는 전 세계에서 가장 부자인 석유왕 록펠러였다. 그에게 발언기회를 주었더라면 재정난은 한 번에 해결되었을 것이다. 아인슈타인은 성공의 비결을 세 가지로 요약했다. 첫째는 주어진 일을 잘해야 하고, 둘째는 잘 놀아야 한다. 그리고 마지막은 말을 적게 해야 한다는 것이다. 우리는 때때로 사람 앞에서 말을 너무 많이 하는 경향이 있지 않은가. 지혜의 중요한 원칙은 다른 사람의 말을 경청하는 데 있다. 그리고 하나님께 기도할 때도 우리에게 말씀할 기회를 드리지 않고, 장황한 기도를 드릴 때가 얼마나 많은가. 하나님께서 우리에게 말씀할 기회를 드려야 한다. 사무엘과 같이 주여 말씀하옵소서 종이 듣겠나이다라는 자세가 필요하다. 말은 짧을수록 분쟁이 적어진다. 인생을 살다보면 말 한마디 더할 시간은 있어도 뱉어놓은 그 한마디를 취소할 시간은 쉽게 오지 않는다. 많은 말을 하면 반드시 허물이 드러나고, 한번 뱉은 말은 주워 담기 어렵다. 그래서 말이 많으면 허물을 면하기 어려우나 입술을 제어하는 자는 지혜가 있다(잠 10:19)고 말씀하신다. 말을 잘하는 것과 잘 말하는 것은 전혀 다르다. 말을 잘하는 것은 말솜씨가 좋은 것이고, 잘 말하는 것은 상황에 맞는 합당한 말을 하는 것이다. 잘 말하는 것은 아로새긴 은 쟁반에 금사과와 같다(잠 25:11). 바울은 자신이 말에는 부족하나 지식에서는 그렇지 않다(고후 11:6)고 말한다. 바울은 말솜씨는 없지만 하나님 아는 지식에서는 부족함이 없다. 그리고 유대인 랍비 중 당대 일인자였던 가말리엘의 수제자로서 철학, 윤리, 논리 등 세상지식에서도 부족한 것이 없었다.

2) 바울의 스토리텔링

아인슈타인은 지식정보화사회가 지나면 스토리텔링시대가 도래할 것이라고 말했다. 스토리텔링(storytelling)은 리더십을 효과적으로 발휘하기 위한 윤활제 역할을 한다. 태초에 말씀이 계시니라고 시작하는 성경이야기는 하나님이 보이지 않는 영의 세계를 우리에게 알기 쉽게 전달하기 위한 이야기하기(스토리텔링)이다. 바울은 설교할 때 청중들 수준에 맞는 스토리로 알기 쉽게 이야기를 전개했다. 안디옥의 유대인들에게 설교할 때는 그들이 잘 알고 있는 구약성경을 예시하면서 호소했다(행 13:14-41). 족장시대로부터 군주시대에 이르는 이스라엘 역사를 간략하게 개괄하면서 바울이 강조하고 있는 것은 하나님이 먼저 주도적으로 은혜를 베푸셨다는 것이다. 하나님은 우리 조상들을 택하시고 애굽땅에서 높여주셨다. 광야에서 하나님은 이스라엘 백성들의 불순종을 참아주셨다. 가나안 땅 일곱 족속을 멸하게 하시고, 그 땅을 기업으로 주셨다. 그 땅을 450년 동안 유업으로 차지하게 하셨다고 바울은 덧붙인다. 450년은 애굽에서 산 400년과 광야에서 보낸 40년, 그리고 그 땅을 정복하는 데 걸린 10년을 합한 것이다. 정착한 후 하나님은 사사를 주셨고 첫 번째 왕으로서 사울을 주셨다. 그 다음에 다윗을 '내 마음에 드는 사람'이라고 부르시며, 왕으로 세우셨다. 다윗의 후손에서 구주를 세웠으니 곧 예수라고 증언한다. 바울은 예수님의 죽음과 부활이라는 두 가지 위대한 사건이 성경에서 미리 말씀하신 것의 성취임을 보여준다. 예루살렘 사람들과 지도자들은 예수를 알지 못했고, 예수를 정죄하여 빌라도에게 그를 죽여 달라고 하였다. 십자가에 못 박은 후 그의 시체를 나무에서 무덤으로 옮긴 것과 하나님이 그를 죽은 자 가운데 살리셨다고 설교했다(행 13:30).[9]

그러나 구약성경을 전혀 모르는 루스드라의 이방인들에게는 구약성경을 한마디도 인용하지 않았다. 그 대신 하나님의 선하심과 은총을 강조하며 설교했다(행14:15-18). 또한 아덴(아테네)의 아레오바고 법정에서 헬라 철학자들에게 설교할 때는 그들의 시를 인용함으로써 공감대를 형성했다. 그리고 역사에 대한 성경적 관점을 제시하였으며, 하나님의 본질을 논리적으로 이야기했다(행17:16-34). 메시지를 청중에게 맞추는 바울의 스토리텔링 기술은 오늘날 선교사들이 선교지에서 메시지를 전할 때 원주민들이 쉽게 공감할 수 있는 스토리로 말해야 한다는 교훈을 준다.[10] 예수님의 스토리텔링은 수천 년 동안 사람들의 마음을 감동시키고, 열정적으로 따르도록 했다. 예수님은 3년이라는 짧은 공생애 기간 동안 하늘나라 비밀을 가장 효과적으로 가르쳐야 했다. 이

---

9 존 스토트, 정옥배 역, 2013, 사도행전 강해, IVP, 339-342.

10 오세열, 2024, 8.30, "오늘날의 신학동향 기독교리더십," 기독교신문.

를 위해 예수님이 사용한 방법은 비유를 통한 말씀이다. 예수님은 비유가 아니면 가르치지 않았다고 할 만큼 성경에서 33번의 비유를 사용하였다.[11]

3) 구약과 신약의 연결

성경은 구약과 신약이 관통되어 연결되어 있다. 여호와께서 모세를 시내산으로 부르셨고(출 24:16), 시내산에 올라간 모세는 하나님을 직접 대면했다(출 19:17-25). 모세는 구름속에서 사십일 사십야를 거하게 되었다(출24:18). 하나님의 영광이 구름 가운데 안개 속에서 나타났다. 모세가 그 가운데 텐트와 집 같은 형상을 보게 되었다. 모세는 시내산에서 내려와 두 가지 일을 하게 되었다. 하늘에서 본 것을 글로 쓴 것이 모세 5경이었고, 하늘에서 본 설계도에 따라 집을 짓게 된 것이 성막이었다. 출애굽기에는 모세가 시내산에서 본 하나님을 예배할 성전의 양식이 기록되어 있다. 애굽에서 나온 이스라엘 백성은 광야 생활을 하고 있었기 때문에 늘 이동해야 했다. 따라서 하나님께 제사를 드릴 이동형 성전이 필요했다. 하나님은 모세에게 이동형 성전에 해당하는 성막을 지을 수 있도록 설계도를 보여주셨다. 하나님이 성막을 지을 브살렐을 선택하고 성령이 그에게 지혜와 총명과 재주를 기름 붓듯이 했다(출 35:30-32). 브살렐과 오홀리압이 진두지휘하고, 마음이 지혜로운 일꾼들을 불러서 성막을 짓게 되었다(출 36:1-2). 성경은 모세가 쓰고 바울이 해석했다. 바울도 셋째 하늘에 올라가 모세가 본 계시를 알게 되었다. 바울은 모세5경을 주축으로 하여 로마서에서 빌레몬서에 이르는 서신 13권을 썼다. 바울은 구약에서 오실 자의 표상과 여인의 후손이 그리스도임을 기록했다. 구약의 선지자들에게 보여준 성령의 계시는 부분적이었지만 신약의 바울의 계시는 성경전체를 관통하는 것이다. 모세가 하나님을 직접 보게 해 달라고 했을 때 네가 내 얼굴을 보지 못하리니 나를 보고 살 자가 없음

11 위의 자료

이니라(출 33:20)고 말씀하셨다. 모세조차도 여호와의 얼굴을 보지 못했다. 하나님은 네가 내 등을 볼 것이요, 얼굴은 보지 못하리라고 말씀 하셨다(출 33:23). 여호와의 얼굴을 보지 못하고 등만 보고 내려온 모세였지만 그 얼굴의 광채로 인해 이스라엘 자손들은 모세에게 가까이 가기를 두려워했다. 그래서 모세가 수건으로 자신의 얼굴을 가렸다. 태양을 색안경을 쓰지 않고 맨눈으로 보면 눈이 상하는 것처럼 하나님을 직접 보면 죽음을 면치 못한다. 그래서 육체의 필터를 끼고 성육신하신 하나님이 그리스도 예수님이시다. 하늘의 설계도대로 이 세상의 역사가 진행된다.

4) 예술 영역에 간섭하시는 성령

모세는 시내산에서 하나님이 계시는 처소인 성소를 보게 되었고, 그 모양을 본따서 이스라엘 백성들의 피난처가 되는 역할을 하는 성막을 짓고자 했다. 하나님은 브살렐과 오홀리압을 지명하여, 성막과 그 안에 들어갈 모든 것을 제작하는 소명을 주시고, 필요한 예술적 재능을 주겠다고 모세에게 말씀하셨다(출 31:1-3). 여호와께서 유다지파 훌의 자손, 브살렐에게 하나님의 영으로 충만하게 하여, 지혜와 총명과 지식과 여러 가지 재주로 채워주셨다(출 31:1-3). 또한 단 지파 아히사막의 아들 오홀리압을 세워 브살렐을 돕도록 지혜를 주셨다(출 31:6). 예술가들은 대부분 일부 특수한 영역에서만 재능을 발휘하지만, 브살렐과 오홀리압은 미켈란젤로처럼 매우 드물게 여러 분야에서 탁월한 재능을 발휘했다. 하나님은 이들에게 성막과 그 안에 들어갈 모든 것을 제작할 완벽한 지침을 주셨다. 이 성막은 하늘에 있는 하나님의 성소를 그대로 이 땅에 가져와 재현하는 것이다. 이스라엘 백성들을 위한 피난처가 되는 역할을 한다. 성막은 건축, 기구 제작, 형틀, 바느질, 금속가공, 석공, 판화 등의 어마어마한 양의 작업이 필요했다(출 26: 1-37, 28 :1-43). 모세는 선지자였고, 성막을 짓는 데는 예술가가 필요했다. 성막의 거룩한 기능을 충족하기 위해서는 최고의 예술가가 필요했고, 가장 좋은 재료를 사용해야 했다. 그래서 하나님은 최고의 장인인 브살렐과 그의 조수 오홀리압을 지명하여 부르시고, 재능을 부어 주셨다. 이 두 사람은 하나님의 주권적이고 예정된 섭리로 선택되었다. 브살렐은 '하나님의 그늘'이라는 뜻이고, 오홀리압은 '나의 장막은 아버지 하나님이시다'라는 의미이다. 하나님은 브살렐이 모든 종류의 예술 작업을 할 수 있도록 성령 충만과 함께 지혜와 분별력을 더하여 주셨다. 또한 수공예에 뛰어난 재능을 더하셔서 기량과 솜씨를 마음껏 발휘하도록 하셨다.[12] 성경은 하나님이 '유발'로 하여금 수금을 타고, 퉁소를 부는 모든 사람의 조상이 되도록 부르셨고, '두발가인'은 구리와 쇠로 여러 가지 기구를 만드는 장인으로 부르신 것도 이와 같다(창 4:21-22). 하나님은 태초에 6일 동안 혼돈하고 공허했던 지구를 예술적이고, 상상력이 가득한 방법으로 천지를 창조하셨다. 하나님은 화가가 스케치위에 수채화 물감을 덧입히듯이, 혹은 작곡가가 선율을 다양하게 변주하듯이 피조세계의 형태를 만들어 가셨다. 성경은 전 세계에서 역사적으로 가장 풍부한 이야기를 담고 있다. 성경은 시, 역사, 설화, 사랑이야기, 독백, 시편, 애가, 예언, 잠언, 비유, 묵시적 환상 등으로 가득한 문집이다. 칼뱅은 모든 예술은 하나님으로부터 왔고, 신적인 발명품으로 존중받아야 한다고 말했다.

바흐는 자신의 모든 작품에 Soli Deo Gloria(**오직 하나님께만 영광**)라고 사인했다. 이는 자신의 작품을 하나님께 올려드리고 싶어하는 작곡가의 갈망을 보여주는 경건한 행동이었다. 사도 바울이 쓴 서신서 13편은 사적인 편지였으며, 그중 몇 편은 감옥에서 기록한 것이다. 이러한 서신이 신약성경에서 가장 중요한 하나님의 말씀이 되었다는 사실은 기적이 아닐 수 없다. 브살렐과 오홀리압에 임했던 성령이 바울의 마음과 생각과 견해를 사로잡아 편지가 성경이 되도록 하셨다.

---

12 필립 그레이엄 라이큰, 곽수광역, 2021, 하나님을 위한 예술, 규장, 27-96.

5) 바울의 생애

베드로는 제자 가운데 유일하게 예수님보다 연장자다. 그는 구원이 유대인에게만 일어나고, 이방인에게는 해당되지 않는다는 시오니즘(Zionism)에 잡혀 있었다. 그래서 하나님은 베드로를 쓰시기에 너무 힘이 들었다. 고넬료 집으로 가게 만드는 데 천사와 환상과 성령을 총동원해야만 했다. 결국 하나님은 이방인 선교를 위해 촛대를 베드로에게서 바울로 옮겨야 했다.

요세푸스(Josephus)는 유대인 종파를 바리새파, 사두개파, 에세네파라는 세 학파로 구분했다. 에세네파는 철저한 운명론자였고, 사두개파는 모든 일이 사람의 자유의지에 의해 일어난다고 주장하였다. 반면 바리새파는 하나님의 예정과 인간의 선택을 모두 인정하는 중도적인 입장을 취하고 있었다. 율법학자와 선지자들 대부분은 바리새파에 속하였고, 자신들의 해석을 백성들 가운데 통용시켰다. 사울은 가말리엘의 문하생으로서 바리새적 교리를 충실히 따랐다. 사울은 가말리엘을 충실히 따르는 영민한 제자였다. 하지만 실제로는 스승에게 논박을 가하는 태도를 가졌을 것이며, 이는 나중에 랍비의 길을 버린 사실에서 알 수 있다.

바울은 로마서(롬 1:17)와 갈라디아서(갈 3:11)에서 의인은 믿음으로 말미암아 살리라는 하박국 2장 4절의 말씀을 언급하고 있다. 갈라디아서에는 성령의 인도함을 받는 자는 육체의 소욕을 따르지 않는다고 선언한다. 육체의 뚜렷한 행위로 음행과 더러운 것, 호색, 우상숭배, 주술, 원수 맺는 것, 분쟁, 시기, 당짓는 것, 이단, 투기, 술취함, 방탕함 등을 열거하고 있다 이를 믿음의 행위로 나타나는 사랑, 희락, 화평과 오래참음, 자비, 양선과 충성, 온유, 절제 등 믿음의 행위와 대비시킨다.

바울의 외모는 왜소한 키에 대머리이고 안짱다리로 묘사되고 있다. 또한 얼굴은 붉고 미간에 주름과 약간 긴 코를 가졌다고 언급된다. 바울과 바나바는 루스드라에서 병 고치는 일을 행한 후 회중에게 칭송을 받는다(행 14:8-18). 군중은 바나바를 제우스로, 바울은 헤르메스로 부르며 칭송하고 있다.

그리스로마 신화에 나오는 제우스는 최고의 신으로서 천둥과 번개를 다스리는 하늘의 신이다. 반면 헤르메스는 제우스의 뜻을 인간에게 전하는 전령의 신이다. 군중은 바울의 글과 내면의 성숙을 보지 않고 외모로 바울을 평가했다. 또한 바울은 스스로 육체의 가시라고 언급하는 질병을 가지고 있었다. 게다가 투옥, 서른아홉 번의 태형, 죽음의 위험, 동족의 위험, 이방인의 위험, 광야의 위험, 바다의 위험, 배신, 난파당함, 주림과 목마름, 추위와 헐벗음 등과 같은 경험을 수차례 경험했다. 이는 그에게 심각한 신체적 손상을 가져다주었다. 바울은 갈라디아인들에게 자신이 예수의 흔적을 가졌다고 말했다(갈 6:17). 바울은 예수를 주라(롬 10:9; 고전 12:3)고 선언한다. 예수님은 내가 살았노니 모든 무릎이 내게 꿇을 것이요, 모든 혀가 하나님께 자백하리라(롬 14:11)고 말씀하셨다.

6) 삼위일체의 논리

바울신학의 근본적인 전제는 예수를 하나님과 같다는 선언이다. 예수님을 하나님이라고 부를 수 있는 근거는 어디서 나오는가. 여기서 삼위일체 하나님의 논리가 정립된다. 이를 다음 그림으로 정의할 수 있다.그림 8.1

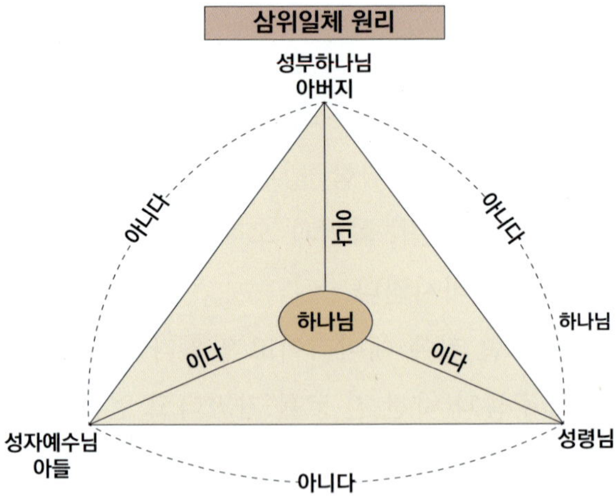

출처: 오세열 작성

그림 8.1 삼위일체 원리

성부하나님과 성자예수님, 그리고 성령님은 각기 다른 인격과 성품을 가지셨다. 즉, 성부하나님은 성자예수님이 아니며, 성자예수님은 성령님이 아니다. 그리고 성부하나님은 성령님이 아니다. 이것이 삼위의 개념이다. 한편 아버지와 아들과 성령은 모두 하나님이시다. 즉 아버지하나님, 아들예수하나님, 성령하나님이시다. 이것이 삼위일체 하나님의 원리이다. 삼위일체의 논리로 마틴 루터는 인간의 죄를 대속하기 위해 아버지하나님이 아들하나님을 버리셨다고 고백했다.

하나님의 속성인 공의와 인자는 철로의 두 레일과 같다. 하나님은 죄인된 인간을 사랑하셔서 용서하시길 원하지만 죄를 지나칠 수는 없다. 인자하신 하나님이시지만 죄는 결단코 용서하지 않으시는 것이 하나님의 속성이기 때문이다. 이러한 하나님의 딜레마를 해결하신 분이 예수님이시다. 예수님이 인간의 모습으로 오셔서 십자가에서 우리 대신 형벌을 받고 죽으시므로 하나님의 공의와 인자는 동시에 충족되었다. 하나님은 우리 죄에 대한 긍휼없는 저주를 혹독하게 예수님께 쏟아 부으셨다. 시편 22편은 다윗이 그리스도가 오시기 1천년 전에 쓴 것으로 예수님의 죽음과 부활을 묘사하고 있다. 1천년 전 시편 22편의 예언대로 예수께서 오셔서 십자가형을 당하셨고 부활하셨다. 예수님은 1절에서 낮에도 부르짖고, 밤에도 잠잠하지 아니하였으나 하나님이 응답하지 않으셨다고 고백한다. 예수님은 하나님께 버림받고 원수들의 손에 넘겨져 처절한 조롱과 비참함을 겪고 십자가에 못박혔다. 이 시를 쓴지 천년이 지난 어느 날 마태복음 27장 45-46절에서 우리 주 예수님은 십자가 상에서 극도의 고통을 겪고 있었다. 내 모든 뼈가 어그러졌고, 내 혀가 입천장에 붙었으며, 개들이 나를 에워 쌓고, 악한 무리가 내 수족을 찔렀다고 부르짖었다. 마지막으로 엘리엘리사박다니의 부르짖음은 시편 22편에서 다윗이 서술한 나의 하나님 나의 하나님 어찌하여 나를 버리셨나이까와 동일한 고백이었다. 예수님이 십자가에서 당하신 육신과 영혼의 고통은 다름아닌 온 우주의 죄에 대한 하나님의 심판이었다. 십자가에서 우리를 대신하여 죄인이 되신 예수하나님을 향한 아버지하나님의 거룩한 진노가 부어졌다. 우리 구세주께서는 자기 백성이 지은 죄악에 대한 하나님의 공의로운 심판을 친히 담당하셨다. 그리하여 예수 그리스도를 믿는 자는 율법의 저주에서 벗어나 하나님과의 관계가 회복되었다.

7) 바울의 서신

바울은 신학전문서를 쓴 것이 아니라 제3자들에게 사적으로 편지를 썼다. 바울의 편지는 후대를 위해 쓴 것이 아니었음에도 오늘날 기독교인을 위한 성경이 되었다. 신학적 사상 체계를 세웠던 토마스 아퀴나스의 「신학 대전」이나 종교개혁에 사상적 영향을 미친 칼뱅의 「기독교강요」 같은 서적이 아닌 바울의 서신이 정경으로 확정된 것은 분명 성령의 조명이 있었다고 본다. 신약성경 27권 중 13편의 편지는 그 어느 것도 바울의 사상을 체계적으로 정리한 내용을 담고 있지 않았다. 그 중에서 가장 체계적이라고 볼 수 있는 로마서조차도 바울 사상의 일부만 담고 있을 뿐이다. 예수이야기를 각 서신에서는 저마다 다른 관점에서 서술하고 있다.

8) 카이로스와 크로노스

고대 그리스인들은 '시간'을 두 개의 헬라어, 크로노스(chronos)와 카이로스(kairos)로 이해했다. 크로노스의 시간이 누구에게나 공평하게 주어지는 객관적인 시간이라면 카이로스의 시간은 하나님이 우리에게 특별히 개입하셔서 삶의 흐름을 중단시키는 특별한 시간을 말한다. 크리스천에게는 일생동안 평균 15분의 하나님의 계시를 받는 카이로스의 시간을 갖게 된다고 한다. 하나님과 초자연적인 만남의 순간에 영과 혼과 육의 변화를 체험하게 된다. 한편 크로노스는 해가 뜨고 지는 자연의 시간과, 태어나서 늙고 병들어 죽는 생로병사의 시간, 과거에서 미래로 따박따박 한 치의 오차도 없이 일정한 속도와 방향으로 흘러가는 시간이며, 누구에게나 주어진, 균등한 기회를 제공하는 평등(Equality)의 시간이다.[13] 우리에게 중요한 것은 카이로스의 순간이며 성경에 나오는 인물들 모두는 카이로스를 경험한 후 위대한 믿음의 선진반열에 올랐다. 성경은 믿음의 선진들이 카이로스를 경험한 순간들을 자세히 기록하고 있다.

표 8.1 믿음의 선진들이 카이로스를 경험한 내용

모세	하나님과 동행하며 강력한 카이로스의 순간을 체험했다(출애굽기 33-34장).
아브라함	하나님과 대화하며 카이로스 순간들을 여러 번 체험했다(창세기 17-22장).
야곱	하나님과 씨름했을 때 카이로스 순간을 체험했다(창세기 32장).
다윗	"주의 궁정에서의 한 날이 다른 곳에서의 천날보다 나은즉 악인의 장막에 사는 것보다 내 하나님 문지기로 있는 것이 좋사오니"라고 하며 카이로스 순간을 기억했다(시편 84편 10절).
세례요한	예수님을 만난 뒤에 내가 보고 그가 하나님의 아들이심을 증언하였노라고 선언할 때 카이로스 순간을 체험했다(요한복음 1장 34절).
혈루증여인	예수님 옷자락에 손을 댔을 때 카이로스 순간을 체험했다(누가복음 8장 43-44절).
베드로	물에 빠진 그를 예수님이 손을 뻗어 붙잡아주셨을 때 카이로스 순간을 체험했다(마태복음 14장).
바울	다메섹으로 향하던 길에서 땅바닥에 쓰러져 예수님을 보았을 때 카이로스 순간을 체험했다(사도행전 9장).
사도요한	밧모섬에서 길고도 깊은 카이로스 순간을 체험했다(요한계시록 전체).
요나	물고기가 요나를 소화시키지 못하고 육지에 토하여 냈을 때 카이로스 순간을 체험했다(요나 2장 10절).

주: 성경을 기초로 오세열 정리

카이로스 순간은 하나님께서 우리에게 초자연적으로 들어오셔서 우리의 미래를 영원히 바꾸어놓으시는 순간이다. 환상을 보거나 꿈을 통하여 볼 수도 있고, 예언의 은사를 받은 분으로부터 카이로스 순간을 체험할 수도 있

13 http://dc.koreatimes.com/article/20230816/1477474

다. 카이로스 순간은 하나님을 접견하라는 초대이다. 만일 하나님께서 성경에 나오는 위대한 인물들에 대해서 더 큰 계획을 가지고 계시지 않았다면 그들은 어떻게 되었을까? 다시 말하면 하나님께서 카이로스 순간을 허락하지 않았다면 그들은 주어진 크로노스 시간을 살아가다 생을 마쳤을 것이다.

- 아브라함은 이삭을 낳지 못했을 것이다.
- 모세는 죽을 때까지 광야에서 숨어 지냈을 것이다.
- 과부가 된 룻은 결코 재혼하지 못했을 것이다.
- 요셉은 구덩이에 던져진 채로 죽었을 것이다.
- 다윗은 양을 치면서 들판에서 살다가 생을 마감했을 것이다.
- 요나는 물고기 밥이 되었을 것이다.
- 베드로는 일평생 어부로서 생을 마감했을 것이다.
- 바울은 지금도 여전히 사울이라고 불릴 것이다.

하나님은 우리에게 위대한 계획을 가지고 계신다. 그런데 사탄은 우리가 그 계획을 이루지 못하고 인생 최악의 상황에서 발걸음을 멈추고, 후회에 사로잡혀 살기를 바란다. 예수님이 그렇게 하셨던 것처럼 우리도 견디기 힘든 최악의 상황에서 담대하게 세상을 이겨야 한다. "이것을 너희에게 이르는 것은 너희로 내 안에서 평안을 누리게 하려 함이라. 세상에서는 너희가 환난을 당하나 내가 세상을 이기었노라(요16:33)."

우리는 어려움과 환난을 만나면 먼저 도와줄 사람과 환경을 찾아 나선다. 스스로의 힘으로 해결책을 모색하려고 할 때는 하나님은 개입하지 않으신다. 아무 곳에서도 도움을 얻지 못하여 하나님께 부르짖을 때 하나님은 도움의 손길을 펼치신다. "가련하고 빈핍한 자가 물을 구하되 물이 없어서 갈증으로 그들의 혀가 마를 때에 나 여호와가 그들에게 응답하겠고, 나 이스라엘의 하나님이 그들을 버리지 아니할 것이라(사41:17)."

9) 믿음이냐 행함이냐

신약성경의 저자인 야고보와 바울은 각각 야고보서와 로마서에서 사람이 의롭게 되는 것에 대한 상반된 주장을 하고 있는 듯하다. 야고보는 사람이 의롭다하심을 받는 것은 행함이고, 바울은 믿음이라고 선포하고 있다. 이는 행함이냐 아니면 믿음이냐의 논쟁을 불러일으킨다. 야고보는 사람이 행함으로 의롭다 하심을 받는 것이지 믿음으로만 받는 것이 아니라(약2:24)고 말했다. 이는 "복음에는 하나님의 의가 나타나서 믿음으로 믿음에 이르게 하나니 기록된 바 오직 의인은 믿음으로 말미암아 살리라 함과 같으니라(롬1:17)"는 바울의 로마서와 상치된다. 루터는 야고보서가 오직 믿음으로만 의인이 된다는 로마서와 갈라디아서의 가르침에 모순되는 것처럼 보이기 때문에 야고보서를 "지푸라기 서신"이라고 불렀다. 그러나 야고보서는 믿음을 공박한 것이 아니라 행위로 믿음 있음을 보이지도 않고서 믿음을 가진 척하는 위선에 대하여 공격하고 있다. 야고보는 다시 너는 믿음이 있고, 나는 행함이 있으니 행함이 없는 네 믿음을 내게 보이라 나는 행함으로 내 믿음을 네게 보이리라(약2:18)고 주장했다. 야고보는 믿음의 필요성을 부정하지 않는다. 그는 단지 믿음은 행함으로 결과를 보여 주어야 한다고 주장하고 있을 뿐이다. 바울은 구원이 행위가 아니라 믿음으로 말미암는다는 것을 입증하기 위해 하나님의 약속에 대한 아브라함의 응답으로서의 믿음을 들고 있다(롬 4:2-3). 반면 야고보는 이삭을 바친 아브라함을 인용함으로써 믿음이 효력을 갖기 위해서는 행함을 통하여 증명되어야함을 증거하였다(약2:21-24). 이 두 가지 경우는 서로 모순되지 않는다. 왜냐하면 아브라함은 처음부터 하나님과의 관계에 들어가기 위해 실천하는 믿음을 가졌었고, 하나님께서 그에게 명하신 것을 순종함으로써 믿음이 증명되었기 때문이다. 결국 의인이 되기 위한 전제조건으로서 믿음과 행함의 논쟁은 서로 모순되지 않고 상호 보완적이다. 이 둘은 같은 복음을 선포했으나 서로 다른 점을 강조했다.

10) 하나님의 별명

우리는 어릴 때 친구나 가족이 붙여준 별명 한두 개씩은 가지고 있을 것이다. 별명은 실제 이름 대신 겉모습이나 성격, 행동, 말씨, 경력 등을 바탕으로 지어진다.

예수님의 별명은 무엇인가. "그는 근본 하나님의 본체시나 하나님과 동등됨을 취할 것으로 여기지 아니하시고 오히려 자기를 비워 종의 형체를 가지사 사람들과 같이 되셨고 자기를 낮추시고 죽기까지 복종하셨으니 곧 십자가에 죽으심이라 이러므로 하나님이 그를 지극히 높여 모든 이름 위에 뛰어난 이름을 주셨고 엄청난 비밀과 능력과 치유와 권세를 예수님에게 부여하셨다. 따라서 예수님의 별명은 기묘자, 모사, 평강의 왕, 생명의 떡, 포도나무, 임마누엘, 샤론의 장미, 골짜기의 백합화, 반석, 선한 목자, 길, 진리, 생명, 알파와 오메가 등으로 불린다." 이렇게 많은 별명을 가진 사람을 본 적이 있는가?

한편 여호와의 별명은 무려 33가지에 이르다. 모든 것을 아시고, 능력이 무한하시고, 어떤 공간의 제한에도 구애받지 않고 인격의 충만성과 완전성으로 인해 모든 찬양받으실 호칭을 다 가져도 오히려 부족하다. 여호와 닛시(**승리의 깃발이신 하나님**), 이레(**예비하시는 하나님**), 삼마(**어디든지 계시는 하나님**), 샬롬(**평강의 하나님**), 라파(**치료의 하나님**), 치드케뉴(**우리의 의가 되시는 하나님**), 임마누엘(**우리와 함께 하시는 하나님**), 엘 샤다이(**능력을 베푸시는 하나님**), 아가페(**사랑이신 하나님**), 프뉴마(**거룩한 영이신 하나님**), 암모스(**용서의 하나님**), 에벤에셀(**여기까지 도우시는 하나님**) 등등이다.(**표 8.1**)

표 8.2 여호와의 별명

	이름	의미
1	여호와 닛시 (Jehovah-Nissi)	하나님은 승리의 깃발이 되시는 분(출 17:15)
2	여호와 엘 로힘(Jehovah-Elohim)	창조주 하나님(창1:1)

3	여호와 엘 로이(Jehovah-El Roi)	감찰하시는 하나님(창 16:13)
4	여호와 엘 샤다이(Jehovah-El Shaddai)	능력을 베푸시는 하나님(눅1:29)
5	여호와 엘 올람(Jehovah-El Olam)	하나님은 영원하신 분(창 21:33)
6	여호와 나함(Jehovah-Naham)	하나님은 위로하시는 분(고후7:6)
7	여호와 엘 칸나(Jehovah-El Kanna)	하나님은 질투하시는 분(신4:23)
8	여호와 치드케뉴(Jehovah-Tsidkenu)	우리의 의가 되시는 하나님(렘23:6)
9	여호와 이레(Jehovah-Jireh)	하나님은 예비하시는 분(창22:14)
10	여호와 엘 엘리온(Jehovah-El Elyon)	하나님은 가장 높으신 분(사57:15)
11	여호와 삼마(Jehovah- Samma)	하나님은 어디든지 계시는 분(겔 48:35)
12	여호와 챈(Jehovah-Chen)	하나님은 은혜 주시는 분(갈 1:3)
13	여호와 카도쉬(Jehovah- Kadesh)	하나님은 거룩하게 하시는 분(히2:11)
14	여호와 샬롬(Jehovah-Shalom)	평강의 하나님(삿 6:24)
15	여호와 멜렉(Jehovah-Melek)	우리의 왕이신 하나님(시145:1)
16	여호와 라파(Jehovah-Rapha)	치료자이신 하나님(출 15:26)
17	여호와 알룹(Jehovah-Al lup)	하나님은 부드러운 분
18	여호와 라아(Raah)	우리의 목자이신 하나님(시23:1)
19	여호와 체바오트(Jehova-Sebaot)	능력이신 하나님(삼상 1:3)
20	여호와 추리(Jehova-Tsuri)	우리의 반석이신 하나님(삼하22:2)
21	여호와 아도나이(Jehovah-Adonai)	삶의 주인이신 하나님(골4:1)
22	여호와 임마누엘(Jehovah-Immanuel)	우리와 함께 하시는 하나님(마1:23)
23	여호와 암모스 (Jehovah-Amnos)	하나님은 용서하시는 분(시99:8)
24	여호와 자오 히도르(Jehovah-Zao Hydor)	생명수이신 하나님(요계22:1)
25	여호와 포스(Jehovah-Phos)	빛이신 하나님(시27:1)
26	여호와 프뉴마(Jehovah-Pneuma)	거룩한 영이신 하나님(고전6:11)
27	여호와 아가페(Jehovah-Agape)	사랑이신 하나님(요1 4:16;4:8)
28	여호와 하사(Jehovah-Hasah)	하나님은 침묵하시는 분(시83:1)

29	여호와 사바옷(Jehovah-Sabaoth)	만군의 주(시24:10)
30	'여호와 마코데쉬킴(Jehovah-Maqodeshkim)	우리를 거룩하게 하는 주(출 31:13, 레 20:8)
31	여호와 나케(Jehovah-Nakeh)	우리를 벌하시는 하나님(겔 7:9)
32	여호와 엘 게물로트 (Jehovah-El Gemola)	복의 하나님(렘51:56)
33	여호와 에벤에셀 (Jehovah-Ebenezer)	여기까지 도우시는 하나님(삼상 7:12)

출처: 오세열, 2020,성경과 역사와 문학을 아는 그리스도인, 비전사, 89-91.

그러나 하나님이 이러한 모든 이름보다 주의 말씀을 높게 하셨다고(시 138:2)선포하셨다.

4 바울의 복음

1) 바울의 회심

바울의 회심체험은 서신서 여러 곳에서 언급되고 있다. 바울은 부활하신 주님을 보았다는 사실을 분명히 언급하면서 주님을 증거하고 널리 알리는 소명을 받았다는 사실을 강조하고 있다. 바울이 회심 후 예루살렘을 다시 방문했을 때 이방인들을 복음화하는 바울의 소명은 부활하신 주님의 환상을 통해 확증되었다.

"내가 예루살렘으로 돌아와서 성전에서 기도할 때에 황홀한 중에 보매 주께서 내게 말씀하시되 **속히 예루살렘에서 나가라 그들은 네가 내게 대하여 증언하는 말을 듣지 아니하리라** 하시거늘 내가 말하기를 주님 내가 주를 믿는 사람들을 가두고 또 각 회당에서 때리고 또 주의 증인 스데반이 피를 흘릴 때에 내가 곁에 서서 찬성하고 그 죽이는 사람들의 옷을 지킨 줄 그들도 아나이다(행22:17-20)"라고 말했다.

스데반 사건을 기억하고 있는 유대인들은 바울을 그리스도인을 죽이고 핍박하는 자로 낙인찍고 그를 사도로 인정하지 않았다. 유대인들은 바울이 설교할 때 소동을 일으키며 죽이려고 달려들었다. 또한 바리새인들은 기독교로 개종한 바울을 배신자로 여기고 적대감을 나타냈다. 따라서 바울의 예루살렘 선교는 사실상 불가능했다. 주님은 이러한 바울을 환상을 통해 떠나가라 내가 너를 멀리 이방인에게로 보내리라(행22:21)고 명령하셨다. 또한 이사야에서도 내가 너를 이방의 빛으로 삼아 나의 구원을 베풀어서 땅 끝까지 이르게 하리라(사49:1-6)고 예언하셨다.

2) 바울의 논증 여덟 단계

바울은 갈라디아교회 성도들의 믿음이 흔들리고 복음에서 떠난다는 소식을 듣고서 그들을 돌이키기 위해 하나님이 자신을 어떻게 부르셨는가를 설명하였다. 자신이 하나님의 사도로서 부름을 받았고, 자신의 변화 과정을 여덟 단계로 소상히 밝히고 있다.

첫째, 하나님이 바울을 구원하시고, 이방인의 사도로 세우기 위해 어떻게 역사하셨는지를 설명하였다. 자신은 모친의 태중에서부터 택정하심을 받았다는 사실(갈1:15-16)을 밝히고 있다. 하나님은 바울에게 사명을 맡기기 위해 다메섹으로 가는 길에 그 계획을 실행에 옮기셨다. 부르심을 받기 전 바울은 그리스도를 대적했고, 그리스도인들을 박해하는 바리새인이었다(갈1:13-14). 바울은 그리스도인이 될 자격도 없는 자를 사도로 부르심은 전적으로 은혜임을 고백하였다.

둘째, 하나님은 바울이 다메섹으로 가는 길에 그리스도를 그에게 보이셨다. 그때부터 바울의 모든 것이 달라졌다. 그동안 자신이 멸하려 했던 분을 섬긴다는 것을 받아들이기 어려웠고, 구약성경에 대한 자신의 이해를 완전히 뒤집어서 자신이 증오했던 복음을 전하는 것을 상상할 수 있었을까.

셋째, 바울은 아라비아에서 지낸 3년 동안 열두 사도와의 모든 접촉을 피했고, 그 후에 예루살렘으로 올라가 베드로와 15일을 함께 지냈다. 바울은 자신이 이해한 복음이나 자신의 사도직을 열두 사도에게 의존하지 않았다(갈 1:16-21). 그의 복음과 권위가 정당성을 가지려면 두 가지가 사실이어야 한다. 먼저 그의 사도직과 복음이 사도들이 아닌 그리스도에게서 온 것이어야 한다. 그리고 그의 메시지, 곧 복음이 사도들의 메시지와 일치해야 한다. 다시 말하면 권위에서는 사도들과 독립이, 메시지에서는 일치가 필요했다.

넷째, 완전히 새 사람이 된 바울의 변화는 부활하신 그리스도로만 설명될 수 있다. 바울은 예수 그리스도 안에서 계시된 하나님의 영광을 빼놓고서 그의 삶을 제대로 설명할 길이 없다고 고백했다.

다섯째, 바울의 사도직과 복음은 그리스도에게서 직접 왔다. 바울은 자신이 전한 복음은 사람의 뜻을 따라 된 것이 아니라고 주장한다. 이는 내가 사람에게서 받은 것도 아니요, 배운 것도 아니며, 오직 예수 그리스도의 계시에 의한 것(갈 1:11-12)이라고 말했다.

여섯째, 바울은 그리스도로부터 자신의 권위와 복음을 받았기 때문에 사람의 비위를 맞추지도 않으며, 사람을 기쁘게 하려고 노력하지 않는다고 말했다. 만일 그렇게 한다면 자신은 그리스도의 종이 아니라고 단언했다(갈 1:10).

일곱째, 바울은 우리나 혹은 하늘로부터 온 천사라도 우리가 너희에게 전한 복음 외에 다른 복음을 전하면 저주를 받을 것이라고 주장했다.

여덟째, 바울은 하나님이 그리스도의 은혜로 너희를 부르셨는데 너희가 이 복음에서 떠나는 것을 안타깝게 생각한다고 권고했다. 다른 복음은 없으며, 다만 미혹하는 자들이 사람들을 교란하여 그리스도의 복음을 변질되게 한다고 경고했다(갈 1:6-7).

3) 사울의 변화 과정

다소 사람 유대인 사울은 바리새파에 속했고, 로마 시민권을 가졌으며, 가말리엘 문하에서 수학했던 자로서 그리스 철학과 유대교 율법학에 능통하였다. 초기 그리스도교 박해의 선봉에 섰으며, 스데반 순교 당시 유대인 측의 증인으로 나섰다. 예수 믿는 기독교인을 잡으러 다메섹으로 가던 중 하늘에서 홀연히 비추는 강력한 빛에 의해 시력을 잃었고, 예수님의 음성을 듣게 되었다. 그로부터 사흘 동안 먹지 않고 마시지도 않았다. 환상 중에 예수의 지시를 받고 온 아나니아의 안수를 받고, 사울은 시력을 회복하게 되었고, 그리스도교로 개종하였다. 사울은 회심 이후 바울로 개명했다. 바울은 유대교인들에게 배신자로 취급되어 살해 위협을 받았다. 또한 바울이 예루살렘에서 복음을 전하려 하자 다른 그리스도인들이 스데반 사건을 생각해 멀리했다. 유대인과 그리스도인 모두로부터 배격당한 바울은 바나바의 중재로 베드로와 요한을 만난 후 안디옥 교회에서 전도활동을 시작했다. 바울은 하나님의 사역을 시작하는 목회자가 따라야 할 모범을 보여주고 있다. 바울은 다소에서 세속인으로 살아가다가 다메섹에서 중생(born again)을 얻었다. 직가에서 성령 체험을 한 후 안디옥에 들어가 본격적인 사역을 시작하였다. 사울의 회심과 위임의 독특한 사례는 우리 크리스천에게도 적용된다. 거듭난 크리스천이 예수 그리스도를 인격적으로 만나고 회개와 믿음으로 그분과 연합하는 변화를 경험하게 된다.

4) 복음의 빚진 자

바울은 팔레스타인에서 있었던 예수님의 사역에 대해 거의 말하지 않았다. 그렇다고 바울이 예수님의 메시지를 변형하거나 다른 복음을 전했다는 것은 아니다. 그러나 예수님의 메시지와 바울의 복음은 다르게 보이는 것을 볼 수 있다. 첫째, 예수님은 하나님 나라를 선포했다. 반면 바울은 예수님을 설파했다. 예수님의 메시지는 때가 찼고 하나님 나라가 가까이 왔으니 회개하고 복음을 믿으라(9막1:15)는 것이다. 그러나 바울은 십자가에 달렸다가 죽은 자로부터 부활하신 그리스도, 주(Lord)로서의 예수님을 전파했다. 그리고 예수님의 메시지는 본질적으로 이스라엘을 위한 것이었다. 반면 바울의 사역은 이방인들을 위한 것이었다. 예수님은 오직 이스라엘 집의 잃어버린 양들에게만 보내심을 받았다(마 15:24)고 기록된다. 그러나 바울은 자신을 정확히 이방인의 사도(롬11:13)로 이해했다. 가난한 자를 위한 예수님의 기쁜 소식은 바울이 교회들로 하여금 가난한 자들을 돌보는 일을 우선시하도록 가르치면서 반영되었다. 바울은 자신이 모든 자에게 빚진 자라고 말한다. "헬라인이나 야만인이나 지혜 있는 자나 어리석은 자에게 다 내가 빚진 자라(롬1:14)." 남에게 빚을 지고 있다는 의미는 두 가지로 구분된다. 첫째, 내가 특정한 자에게 돈 100만 원을 빌린 경우 돈을 갚기까지는 나는 그에게 빚진 상태가 된다. 둘째, 내 친구가 나에게 100만 원을 주면서 그 돈을 특정한 자에게 주라고 부탁하는 경우다. 내가 100만 원을 특정한 자에게 주기까지는 나는 특정한 자에게 빚을 진 상태가 된다. 바울은 이 두 번째 경우에 해당하는 빚을 지고 있다. 두 번째 예에서 나의 친구는 예수 그리스도이고, 나는 바울, 특정한 자는 복음을 듣지 못한 자이다.

바울은 헬라인이나 야만인이나 지혜 있는 자나 어리석은 자에게 갚아야 할 어떤 빚도 없다. 하지만 예수 그리스도께서 바울에게 복음을 맡기시며 그들에게 전하라고 하셨다. 바울에게 복음을 맡김으로써 바울이 빚진 자가 되도록 하신 분은 예수 그리스도이다. 바울뿐만 아니라 우리 모두는 세상에 빚진 자들이다. 복음이 우리에게 왔다면 그것을 우리만 간직하고 있어서는 안 된다. 우리는 바울이 그의 빚을 갚는 데 열심인 것처럼 우리도 복음의 빚을 갚는 데 열심을 내야한다.

5) 일곱 가지 죄를 버리자

어느 선원이 항해 중 분명 하루 60마일씩 전진했다고 생각했는데, 도착 후 거리를 환산해 보니 하루 30마일밖에 나아가지 않았다는 사실을 알게 되었다. 그것은 배의 진행방향과 반대로 흐르는 바다밑 조류의 영향 때문이었다. 우리의 신앙생활도 마찬가지다. 하나님의 법도를 따라 바른 길로 나아가려고 하지만 우리를 거스리는 죄의 법이 우리를 가로 막는다. 그래서 바울은 내 속 사람은 하나님의 법을 즐거워하지만 내 육체 속에서 한 다른 법이 내 마음의 법과 싸워 내 속에 있는 죄의 법으로 나를 사로잡아 가는 것을 깨닫는다고 탄식한다(롬 7:22-23).

인간이 지난 죄악의 핵심은 이기심이다. 이기심은 자신의 욕구, 필요, 계획, 생각, 의지, 견해 등을 다른 모든 것 위에 앉히는 것이다. 우리는 여전히 하나님을 갈망할 지 모른다. 그러나 그분을 첫째로 갈망하지 않는다. 그리스도 중심(Christ-centric)이 아니라 나 중심(Me-centric)이다. 내가 그리스도의 뜻에 맞게 사는 가가 아닌 그리스도가 나의 뜻에 맞게 해주고 계신 가를 중요시한다. 이는 아담이 하나님의 뜻을 따르지 않고 자신의 뜻을 따라 범죄한 것과 똑 같다. 자신의 뜻을 내려 놓고 하나님의 뜻을 따라 사는 것이 그리스도인의 책무이다.

단테는 신곡에서 인간이 지을 수 있는 죄악으로 교만, 나태, 시기, 분노, 탐욕, 탐식, 정욕 등 일곱 가지를 제시하고 있다.

첫째, 교만은 일곱 가지 죄 목록에서 맨 윗자리를 차지한다. 조나단 에드워드는 교만이 가장 은밀하고, 비밀스러우며 모든 죄 중에 가장 속임수가 많다고 말했다. 베드로는 하나님이 교만한 자를 대적하시되 겸손한 자에게는 은혜를 주신다고 말했다. C.S.루이스는 겸손은 자신을 덜 중요하게 생각하는 것이 아니라 자신을 덜 생각하는 것이다라고 말했다.

둘째, 우리에게 가장 익숙한 나태의 모습은 게으름이다. 잠언은 게으름에 대해 이렇게 경고한다. "좀 더 자자 좀 더 졸자 손을 모으고 좀 더 누워 있자 하면 네 빈궁이 강도같이 오며 네 곤핍이 군사같이 이르리라(잠 6:10-11)."

셋째, 시기는 남이 잘 되는 것을 보면 비위가 상하고, 상대방이 넘어지는 것을 보면 기뻐하는 마음의 상태이다. 솔로몬은 시기는 뼈를 썩게 한다(잠 14:30)고 말했다. 분은 잔인하고 노는 창수같아서 투기 앞에 설자가 없다. 시기는 하찮은 것이 아니라 우리를 압도하는 강력한 힘이다.

넷째, 가인은 하나님이 자신의 희생 제사를 받지 않으시자 신경질적으로 분노했다. 하나님은 가인에게 네가 분하여 함은 어찌 됨이며, 안색이 변함은 어찌 됨이냐(창 6:6)고 말씀하셨다. 갓난 아이는 배고플 때나 기저귀를 갈아야 할 때 날카롭게 운다. 갓난아이에게는 우는 방법밖에 소통할 수 있는 수단이 없다. 만일 갓난아이가 어른처럼 큰 손을 가지고 있다면 우리 멱살을 붙잡고 목을 조를 것이 분명하다. 인간은 갓난아이 때부터 울음을 통해 분노를 표출한다. 분노가 다 죄인 것은 아니다. 분노 자체는 악하거나 선한 것이 아니다. 하나님의 분노는 성경 전체에 나타나 있다. 하나님은 의로우신 재판장이시며, 매일 분노하시는 하나님(시 7:11)이시다. 하나님은 분노를 느끼기만 하는 것이 아니라 심판으로 그 분노를 실행하신다. 이스라엘 백성들이 모세가 시내산에 가 있는 동안 금송아지를 만들어 죄를 지었다. 이에 하나님이 분노하여 그들을 진멸하겠다고 모세에게 말씀(출 32:10)하셨다. 바울은 예수님이 언젠가 오셔서 하나님을 모르는 자들과 우리 주 예수 그리스도의 복음에 복종하지 않는 자들에게 형벌을 내리신다(살후 1:8)고 말했다.

다섯째, 오늘날은 탐욕이 흘러넘치는 시대다. 언제 어디서나 탐욕과 마주치고, 모든 광고에서 탐욕이 우리에게 손짓한다. 탐욕의 예로 엘리사의 욕심많은 종, 게하시(왕하 5:20-27)와 곳간을 더 크게 지으려했던 어리석은 부자(눅 12:16-21)와 자신의 멘토를 배신한 가롯 유다를 들 수 있다. 탐욕은 우리의 선한 욕구를 창조하신 분, 우리의 모든 필요를 채우시는 선하신 하나님에 대한 공격이다. 탐욕은 하나님과 그분의 공급이 우리 영혼의 갈망을 채우기에는 부족하다고 생각한다. 탐욕은 우리를 창조한 하나님의 선한 의도를 저버리고, 창조주를 모욕하는 것이기에 반드시 그에 응하는 대가를 치러야 한다. 존 파이퍼는 하나님보다 돈을 더 섬기는 마음은 온갖 다른 종류의 악을 만들어 낸다고 말했다. 십계명의 마지막 열 번째 계명이 탐심을 버리라(출 20 :10)인데, 이 탐심이 바로 탐욕이다.

여섯째, 탐식은 음식을 숭배하는 것이다. 탐식은 단순한 과식을 넘어서서 다른 형태의 부적절한 음식 남용이다. C.S.루이스에 의하면 탐식은 음식에 대한 집착과 음식에 대한 까탈이라고 말했다.

일곱 번째, 성경은 청년의 정욕을 피하고(딤후 2:22), 정욕을 위하여 육신의 일을 도모하지 말라(롬13:14)고 권고한다. 정욕은 한가함이란 정원에서 빠르게 자란다. 정욕을 따르는 자는 도수장으로 끌려가는 소(잠 7:22)와 같다. 음란한 생각과 백병전을 벌이는 과정에서 어떻게든 그리스도의 아름다움을 보고, 맛보는 일에 최선을 다하는 것이 정욕을 물리치는 승리의 비결이다. 그것은 내 주 그리스도를 아는 지식이 훨씬 더 가치가 있기(빌 3:8) 때문이다. 죄가 없었다면 지옥도 없었을 것이다. 그리고 그리스도의 속죄가 없다면 아무리 사소한 죄를 범한 사람도 지옥에 들어갈 수밖에 없다. 지옥은 끝없는 비참함과 환난의 장소이다. 바울은 우리가 이 세상에서 잠시 받는 환난의 경한 것이 지극히 크고 영원한 영광의 중한 것을 우리에게 이루게 한다(고후 4:17)고 주장한다. 이런 바울의 가르침은 로마서 8장 18절에서도 똑 같이 나타난다. "생각컨대 현재의 고난은 장차 우리에게 나타날 영광과 비교할 수 없도다." 지금 우리의 고난이 이 땅에서 평생 지속되더라도 장차 누리게 될 영광에 비하면 짧은 순간에 불과하다. 이에 반해 그리스도 바깥에 있는 이들은 죄의 대가로 끝없는 사망에 들어가게 된다(롬 8:23). 우리는 이 세상에서 죄의 권세와 지배 아래서 안락을 누리기보다는 극심한 환난 아래 처하는 편을 더 낫게 여겨야 한다. 윌리엄 거널은 하나님이 입히시는 상처와 고난은 치유를 가져오지만, 죄의 입맞춤은 죽음을 불러온다고 말했다.

6) 신앙 수준의 점검

성경에는 예수님 주변의 사람들을 지칭할 때 숫자로 구분하여 부르고 있다. 먼저 예수님을 보기 위해 운집한 군중을 허다한 무리로 부른다. 그리고 차츰 범위를 좁혀서 오백여 형제, 백이십 문도, 칠십인 제자, 그리고 열두 제자, 마지막으로 베드로, 야고보, 요한의 3인의 수제자로 구분하고 있다. 먼저 허다한 무리는 예수님이 기적을 일으키는 현장을 보기 위해 환호하며 따라다니는 군중이다. 이들은 예수님을 향하여 호산나 다윗의 자손이여 찬송하리로다 주의 이름으로 오시는 이여 가장 높은 곳에서 호산나(마 21:8-9)하며 예수님을 칭송했다. 그러나 나중에 예수님이 로마를 물리치지 못하고, 나약한 모습으로 법정에 서게 되자 돌변하여 예수를 십자가에 못 박으라(눅 23:23)고 소리쳤다. 어떻게 이런 일이 일어날 수 있는가?

이들은 예수님을 구주(Savior)와 주님(Lord)으로 믿지 않았고, 단지 병자를 고치고 기적을 일으키는 사람으로 바라보았다.

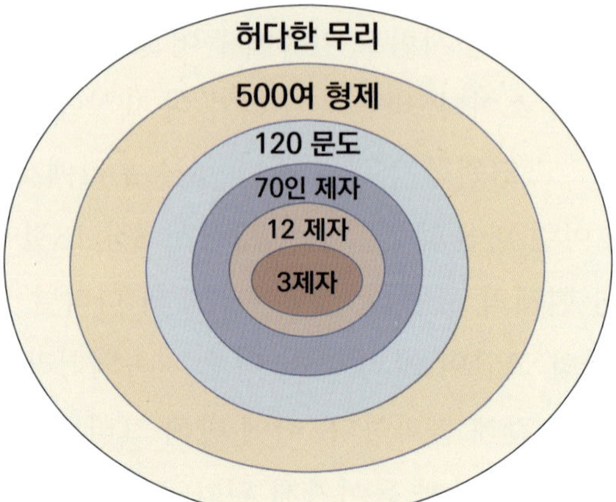

출처: 오세열

그림 8.2 믿음 수준 단계

예수님이 십자가에 못 박혀 죽으시고, 사흘 만에 부활하신 후 오백여 형제에게 나타나셨다. 예수님은 장사한 지 사흘 만에 성경대로 다시 살아나셔서 맨 먼저 베드로에게 나타나셨다. 그 후에 열두 제자에게와 오백여 형제에게 일시에 보이셨다(고전 15:4-6). 이들은 예수님의 부활과 승천을 눈으로 체험한 살아있는 믿음의 소유자들이다. 예수님이 승천하신 후 오순절이 되자 마가의 다락방에 12제자와 마리아, 그리고 예수의 형제를 포함한 백이십 명의 신자가 모여 기도할 때 성령이 강림하셨다. 그 자리에 모인 무리의 수가 약 120명이었다(행 1:15). 이때 갑자기 공중에서 강력한 바람이 일며, 그들이 앉은 자리에 마치 불의 혀처럼 갈라지는 것들이 각 사람 위에 하나씩 임했다. 곧 그들이 다 성령의 충만함을 받고 성령이 말하게 하심을 따라 다른 언어들로 말하기를 시작하였다(행 2:1-4). 이들은 성령 충만과 방언 체험을 하고 전적으로 예수님과 연합한 삶을 살게 되었다. 그 다음은 예수님이 70인의 제자들을 선택하여 세우시고, 각 동네와 지역으로 둘씩 짝을 지어 보내셨다(눅 10:1). 칠십인 제자들은 고르고 골라 세운 믿음의 용사들이다. 하나님으로부터 권능과 능력을 받고 본격적으로 세상에 나가 복음을 전하는 자들이다. 그 다음은 예수님의 12제자들인데 이들은 귀신을 쫓아내며 모든 병과 약한 것을 고치는 권능을 행하였다(마 10:1). 예수님은 이들에게 예수님이 하시던 세 가지 사역, 즉 고치고, 전파하고, 증거하는 일을 맡기셨다. 마지막으로 열두 제자 중 베드로와 야고보와 요한을 데리고, 기도성산에 오르셨다(마 17:1). 우리의 신앙을 점검해 보고 과연 나는 아직까지 허다한 무리의 신앙 수준에 머무르고 있는가 아니면 오백여 형제, 백이십 문도, 칠십인 제자, 그리고 열두 제자, 마지막으로 베드로, 야고보, 요한의 3인의 수제자 중 어느 부류에 속해 있는지 깊이 성찰해 보는 것이 필요하다.그림 8.2

그리스도의 장성한 분량이 충만한 데까지 이르는 것(엡4:13)이 하나님의 뜻하시는 바이다. 모든 크리스천은 하나님의 아들을 믿는 일과 아는 일에 하나가 되고, 온전한 사람이 되어서, 어느 단계의 믿음수준이든지 간에 우리는 삼인의 수제자의 믿음수준까지 나아가는 것을 목표로 삼고, 신앙생활을 해나가야 할 것이다.

7) 바울의 선교와 성령의 인도

바울의 선교여행은 성령께서 인도하시는 사역이었다. 1차 선교여행에서 바울과 바나바는 유대인이 복음을 거절하는 상황에서도 이방인들은 복음을 듣고 기뻐하는 모습을 보게 되었다. 이방인들은 하나님의 말씀을 찬송하며,

영생을 주기로 작정된 자는 다 믿게 됨(행 13:48)을 경험하게 되었다. 예루살렘에서 안디옥까지 돌아오는 1차 선교여행에서 바울과 바나바가 얻은 결론은 하나님이 이방인들에게 믿음의 문을 여셨다(행 14:27)는 것이었다. 2차 선교여행은 바울이 1차 선교여행을 통해 세워진 교회들을 다시 방문하려는 것이었다(행 15:36). 그러나 성령께서 개입하셔서 그들을 안디옥을 넘어 그리스까지 건너가서 복음을 전하게 하신다. 바울과 그 일행은 그리스로 건너가기로 결정했다(행 16:10). 결국 빌립보, 데살로니가, 베뢰아, 아덴 그리고 고린도에서 연달아 사역하게 된다. 바울은 자신을 파송한 안디옥교회에 돌아오기 전까지 고린도에서 일년 반을 머문다.

바울은 아시아로 가서 복음을 전하고자 했으나 예수님의 영이 이를 가로막았다. 바울은 아시아에서 말씀을 전하고자 하여 브루기아와 갈라디아 땅으로 건너갔다. 무시아 앞에 이르러 비두니아로 가고자 애쓰되 예수님의 영이 허락하지 아니하셨다. 바울의 원래 계획은 동쪽으로 방향을 잡아 아시아로 가는 것이었지만 성령께서 그 길을 막으셨다. 그래서 무시아로 갔다. 거기서 북쪽 비두니아로 가려고 했으나 예수의 영이 그쪽으로 가는 것도 허락하지 않았다. 그래서 그들은 다시 무시아를 지나 드로아항으로 내려갔다. 그 날 밤 바울은 꿈을 꾸었다. 마케도니아사람 하나가 멀리 해안에 서서 바다 건너 이쪽을 향하여 외쳤다. "마게도냐로 건너와서 우리를 도와주세요!" 그 꿈이 바울의 갈 길을 정해 주었다. 바울은 곧장 마게도냐로 건너갈 준비에 착수했다. 모든 조각이 꼭 들어맞았다. 이제 하나님께서 서쪽으로 가서 유럽사람들에게 복된 소식을 전하라고 바울을 부르셨음을 확신하게 되었다. 이 결정은 매우 중대한 것이었다. 만일 바울이 동쪽으로 방향을 틀어 아시아로 갔다면 오늘날 서방세계는 동양으로 선교사를 파송하기는 커녕 동양에서 파송한 선교사들을 받아들여야 할 입장에 처했을 것이다. 유럽이 복음화된 것뿐만 아니라 복음이 서방문명에 끼친 모든 영향은 마게도냐로의 부르심에 대한 바울의 순종에서 시작되었다.

바울의 3차 선교여행에서는 에베소를 고린도처럼 사역의 중심지로 삼을 생각을 했다(**행 18:21**). 바울은 에베소에서 2년 넘게 머물면서 그 생각을 실현하였다. 안디옥과 에베소는 당시 로마 제국에서 가장 큰 도시 중 하나이자 생활의 중심지였다. 하지만 또 다시 성령께서 개입하셔서 그 계획에 대한 바울의 생각을 바꾸신다. 이번에는 로마였다. 마지막 선교여행에서 바울은 장기간의 선교여행 중 유일한 휴식기간이 될 예루살렘으로 돌아가 복음을 전하고 로마로 갈 계획을 세웠다. 로마의 시민권을 가지고 있는 바울이 로마에 이른다면 모든 길은 로마로 통했기 때문에 로마 제국의 모든 지역을 쉽게 복음화시킬 수 있으리라고 생각했다. 결국 바울은 로마에 있는 대규모 유대인 공동체지도자들과 바울의 설교를 듣고자 로마 제국의 각 도시로부터 몰려온 사람들에게 복음을 전할 기회를 가졌다. 비록 바울은 죄수 상태였지만 디모데에게 말했듯이 하나님의 말씀은 메이지 않았던(**딤후 2:9**) 것이었다.[14]

8) 성령 충만과 말씀 충만

골로새서 3장 16절은 말씀 충만의 증거를 보여준다. 그리스도의 말씀이 우리 속에 풍성히 거하게 되면 모든 지혜로 피차 가르치며 권면하고, 시와 찬미와 신령한 노래를 부르며, 마음에 감사함으로 하나님을 찬양하게 된다. 한편 성령 충만의 증거는 에베소서 5장 18절에 있다. 성령의 충만함을 받으면 시와 찬미와 신령한 노래들로 서로 화답하며, 우리의 마음으로 주께 노래하며 찬송하게 된다. 그리고 범사에 우리 주 예수 그리스도의 이름으로 항상 아버지 하나님께 감사한다. 어떤가? 성령 충만의 증거와 말씀 충만의 증거는 똑같이 시와 찬미와 신령한 노래로 하나님께 영광돌리며, 감사로 넘치게 됨을 보여준다.

하나님의 보이지 않는 영, 즉 성령은 보이는 하나님의 말씀을 통해서 역사한다. 따라서 성령 충만했을 때 나타나는 증거와 말씀 충만했을 때 나타나는

---

14 존 스토트, 앞의 책, 134-137.

증거는 동일할 수밖에 없다. 우리가 하나님의 말씀 속에 충만히 거할 때 우리는 성령의 충만함을 받게 된다. 그렇다면 우리 속에 말씀으로 충만하기 위해서는 어떻게 해야 할까? 말씀을 읽고 묵상하고 마음속에 간직해야 한다. 말씀을 끊임없이 묵상하고 암송하여 하나님의 말씀이 우리의 말과 생각이 되어야 한다. 이러한 상태에 이르기 위해서는 많은 수고와 인내가 필요하다. 우리 속에 간직된 말씀으로 기도하고 나아갈 때, 성령 충만은 자연스럽게 이루어진다. 말씀 충만이 되기 위해서는 우리 속에 말씀이 가득하도록 규칙적으로 말씀을 읽고 묵상하고 암송해야 한다. 요한복음 1장 1절에 태초에 말씀이 계시니라 이 말씀이 하나님과 함께 계셨으니 이 말씀은 곧 하나님이시니라고 선포하신다. 말씀과 기도는 분리할 수 없다. 사람이 귀를 돌이키고 율법을 듣지 아니하면 그의 기도도 가증하다(잠 28:9). 하나님의 말씀이 마음속에 차고 넘쳐서 우리의 기도 속에 자연히 스며들어야 한다. 성령 충만한 상태가 되기 위해서 무슨 편협한 기법을 익힌다거나 주문을 외운다거나 할 필요가 없다. 다만 그리스도의 말씀을 가지고 기도하면 성령께서 역사하신다.

9) 하나님을 영화롭게 하는 것

사회 각 분야에서 최고 위치에 있는 인물들이 한때 하나님에 대한 의구심으로 신앙을 버렸다.

- 토크쇼의 여왕, 미디어의 황제 등으로 불리는 3조원의 부를 이룬 오프라 윈프리(Oprah Winfrey)는 27세 무렵, 하나님은 질투하시는 분이라는 성경구절 때문에 기독교 신앙을 버렸다. 다른 누구도 아닌 오직 자신에게만 최고의 충성과 애정을 바쳐야 한다는 하나님의 요구가 전혀 자애롭지 않다고 생각했다.
- 할리우드에서 가장 영향력 있는 톱스타 중 하나인 브래드 피트(Brad Pitt)는 하나님이 '너는 나를 최고라고 말해야 한다'는 말씀에 자기도취적인 신이라고 생각하여 한때 믿음을 버렸다고 말했다.

- 그리스도인이 되기 전 20세기 최고의 기독교 변증론자인 C.S.루이스(C.S.Lewis)는 자신을 찬양하라는 하나님의 요구가 마치 '칭찬을 듣고 싶어하는 허영심 강한 여자'의 말처럼 들린다고 투덜거렸다.
- 실리콘 밸리의 창업자이자 베스트셀러 작가 에릭 리스(Eric Reiss)는 자기를 부모와 자녀보다 더 사랑하라는 것은 병적이고 자기중심적인 사람만이 할 수 있는 요구라고 말하면서 복음서의 예수님을 거부했다.

유명인사들이 한때 가졌던 이러한 하나님에 대한 의구심은 우리 모두도 한번 쯤은 가졌을 의혹이다. 이들 각 분야의 대가들은 곧 하나님에 대한 불신을 완전히 해소하고 믿음의 본보기를 보이는 그리스도인으로 거듭났다. 우리가 자신을 높인다면 그것은 자애롭지 못하고 교만한 행동일 것이다. 하지만 하나님이 자신을 높이신다면 그것은 우리를 영원히 행복하게 해 주실 수 있는 한 분, 바로 하나님 자신에게 관심을 갖게 만드는 행동이다. 하나님은 궁극적으로 우리 안에서 영광을 받으시고 우리는 궁극적으로 그분 안에서 만족한다. 하나님은 우리가 그 분 안에서 가장 크게 만족할 때 가장 영화롭게 되신다. 우리의 가장 큰 기쁨과 하나님이 가장 영화롭게 되는 것 사이에는 아무런 갈등이 없다. 하나님의 영광은 그분이 우리에게 줄 수 있는 가장 만족스러운 선물이다.

세상에서 우리는 찬양소리를 들을 수 있다. 연인들끼리 서로를 사랑하는 대화, 전원 풍경을 찬양하는 소리, 날씨, 포도주, 음식, 나라, 꽃, 시, 바다, 산, 강 등을 높이고 격려하고 기쁨을 나누는 모습이 그것이다. 사람이 자기가 즐거워하는 것을 기꺼이 찬양하는 것은 단순히 그 즐거움을 표현해 주는 것이 아니라 그 즐거움을 완성해 준다. 연인이 서로에게 자꾸 아름답다고 말해 주는 것은 단순히 칭찬이 아니다. 그렇게 표현하지 않으면 기쁨이 완전해질 수 없기 때문이다. 하나님과 우리의 관계에서도 이것이 적용된다. 우리가 하나님을 찬양할 때 하나님을 영화롭게 하고 우리의 만족은 극대가 된다. 바울은 인생에서 우리가 가장 열중해야 하는 일은 그리스도가 가장 크신 분으로 보이도록 하는 일이라고 말했다. '나의 간절한 기대와 소망을 따라 아무 일에든지 부끄러워하지 아니하고 지금도 전과 같이 온전히 담대하여 살든지 죽든지 내 몸에서 그리스도가 존귀하게 되게 하려 하나니 이는 내게 사는 것이 그리스도니 죽는 것도 유익함이라'(빌 1:20-21). 하나님이 우리를 창조하시고 구원하신 목적은 그리스도를 최고로 크신 분으로 보이도록 하는데 있다. 바울의 삶 뿐만 아니라 우리의 삶이 그리스도안에서 가장 만족을 누리는 바로 그때 그리스도는 우리의 삶 속에서 가장 존귀해진다. 삶이 줄 수 있는, 심지어 죽음이 앗아갈 수 있는 그 모든 것보다 그리스도가 더 소중해질 때 그리스도는 내 안에서 가장 영화로워지신다.

5 바울의 신학

1) 이신칭의(以信稱義) 교리

칼뱅(Calvin)은 바울의 이신칭의 교리가 복음 전체를 이해하기 위한 열쇠라고 말했다. 율법의 행위 없이 오직 믿음으로만 의롭다 함을 얻는다는 것이 이신칭의 복음의 핵심이다. 율법의 무거운 짐을 지고, 율법의 종이 되어 살아가던 사람들을 오직 믿음만으로 하나님과 화해를 이루고, 하나님의 자녀가 된다고 확신을 심어주는 강력한 메시지이다. 인간이 구원에 이르는 길은 오직 예수 그리스도를 믿는 믿음뿐이라는 것이 바울이 말하는 이신칭의 교리의 본질이다. 그러므로 이방인과 유대인뿐만 아니라 모든 인간은 구원에 이르기 위해서는 이전의 종교를 포기하고, 그리스도인이 되어야 한다. 이신칭의는 율법의 행위로 의롭다 함을 얻는다는 것을 거부한다(갈 2:15-16). 회심하기 전 루터는 가톨릭 사제로서 고행을 통해 구원에 이를 수 있다고 믿었다. 성당의 28개 빌라도 계단을 무릎으로 한 계단씩 주기도문을 외우면서 피멍이 드는 고행을 했다. 이러한 행위에도 여전히 죄를 용서 받았다는 확신도 기쁨도 평강도 없었다. 루터가 하나님의 의에 대한 새로운 이해를 얻는 데 가장 핵심적인 성경구절은 로마서 1장 17절이다. 복음에는 하나님의 의가 나타나서 믿음으로 믿음에 이르게 하나니 기록된 바 오직 의인은 믿음으로 말미암아 살리라 함과 같으리라. 즉, 하나님으로부터 의롭다 함을 받는 칭의(Justification) 문제는 오직 믿음으로 말미암는다는 사실이다. 루터는 오직 믿음으로 의롭다 함을 얻으며, 그 믿음을 통해 우리가 낙원에 들어갈 자격을 온전히 갖추게 된다고 보았다. 그리스도인은 죄가 없거나 죄를 느끼지 않는 자가 아니다. 그리스도를 믿기 때문에 하나님께서 그의 죄를 그에게 전가하시지 않는다. 바울은 로마서 4장 5절에서 하나님이 경건하지 않은 자를 의롭다 하시는 이유는 그의 믿음을 의로 여기시기 때문이라고 말했다. 물 한 컵에 검은 잉크 몇 방울을 떨어뜨리면 물 전체가 검어진다. 그러나 그 컵을 수도꼭지 아래 가져가 물을 최대한으로 틀면 금세 모든 검은색은 사라지고, 컵에는 맑은 물만 남게 된다. 수도꼭지에서 나온 풍부하고 넘쳐흐르는 물이 잉크의 영향을 순식간에 지워버린다.[15] 이와 같이 우리의 죄가 아무리 크고 중하다고 해도 하나님의 은혜는 이를 상쇄하고도 남을 만큼 크다(롬 5:20). 칭의(justification)는 그리스도를 영접함으로써 우리가 하나님 앞에 의롭다함을 입는 것을 의미한다. 이러한 일은 순간적으로 이루어진다. 칭의는 그리스도를 마음으로 믿고 입으로 시인함으로써 완성된다. 우리가 입으로 예수를 주로 시인하며, 또 하나님께서 그를 죽은 자 가운데서 살리신 것을 마음으로 믿고, 입으로 시인하면 구원에 이른다(롬 10:9). 칭의란 하나님께서 마치 내가 전혀 죄를 짓지 않은 것처럼 나를 바라보신다는 것이다. 그러나 이 정의에서는 칭의의 근거나 칭의를 얻는 수단에 대해서는 아무 언급이 없다. 칭의는 우리의 공로나 행위에 대한 보상이 아니라 하나님의 순전한 은혜로 주어지는 선물이다. 하나님의 은혜는 그의 자발적인 관대함, 값 없이

---

15 제리 브릿지즈, 1996, 넘치는 은혜, 변화되는 삶, 1996, 72.

공로 없이 주시는 은총, 아무 자격 없는 자들에게 주시는 자비로운 사랑이기 때문이다. 칭의는 복음의 핵심이며, 기독교에만 유일하게 있는 것이다. 하나님이 받을 가치가 없는 자들에게 자비를 베푸셨기 때문에 우리가 행하거나 갚을 수 있는 것은 아무것도 없다. 믿음의 유일한 기능은 은혜가 제공하는 것을 받아들이는 것이다. 칭의는 그리스도를 영접함으로써 우리가 하나님 앞에 의롭다 함을 입는 것을 의미한다. 칭의는 즉각적으로 내려지는 법적 판결이다. 하나님은 아들 예수가 우리의 죄를 지셨기 때문에 우리를 의롭다고 선포하신다. 칭의의 반대는 정죄이다. 그러므로 이제 그리스도 예수 안에 있는 자에게는 결코 정죄함이 없다(롬 8:1)고 고백할 수 있다. 바울이 복음을 기쁜 소식이라고 한 이유는 지금까지 모세의 율법으로 의롭다함을 얻지 못했으나, 예수 그리스도를 믿는 자마다 의롭다 하심을 입게 된다는 사실(롬 13:38-39)때문이다. 어느 누구도 오직 그리스도를 믿는 믿음만을 근거로 하나님 앞에서 의롭다하심을 얻을 수 있다고 주장한 사람은 없다. 오직 바울이 이를 명확하게 선포하고 있다. 로마가 기독교 국가가 된 것은 시민들이 개별적인 믿음을 근거로 구원받게 된다는 그리스도 복음에 대한 매력 때문이었다. 칭의는 갈라디아서와 로마서의 기본 주제로서 하나님으로부터 우리가 의롭다하심을 받는 것이다. 하나님이 죄를 알지도 못하신 예수로 하여금 우리를 대신하여 죄의 대가를 치르게 하셨다. 바울은 이것을 갈라디아서 3장 13절에서 그리스도께서 우리를 위하여 저주를 받은 바 되셨으며, 율법의 저주에서 우리를 속량하셨다고 선포한다. 예수께서 우리를 대신하여 십자가에서 저주를 받으심으로 우리가 죄와 저주로부터 구원받도록 하셨다. 그리스도께서 우리의 죽음을 대신해 죽으셨고, 우리가 그분 안에 거하기 때문에 하나님은 마치 내가 죽은 것처럼 여기신다. 그리스도와 함께 죽었다가 부활함으로써 율법의 요구가 충족되었고, 우리는 율법의 굴레에서 해방되었다.

바울은 이를 자신의 말로 다음과 같이 표현했다. “내가 그리스도와 함께 십자가에 못 박혔나니 그런즉 이제는 내가 사는 것이 아니요, 오직 내 안에 그리스도께서 사시는 것이라. 이제 내가 육체 가운데 사는 것은 나를 사랑하사 나를 위하여 자기 자신을 버리신 하나님의 아들을 믿는 믿음 안에서 사는 것이라(갈 2:20)." 이리하여 칭의가 이루어졌다. 예수는 우리가 범죄한 것 때문에 자신을 십자가에 스스로 달리셨고, 또한 우리를 의롭다 하시기 위하여 무덤에서 살아나셨다(롬 4:25).

2) 성화

성화는 의롭다 함을 받은 그리스도인들이 그리스도를 닮은 모습으로 변화되어 가는 과정을 말한다. 칭의는 우리가 하나님께 받아들여졌다는 외적 지위와 관련된 것이고, 성화는 거룩한 성품으로 자라는 내적 성장과 관련을 가진다. 천국에서 우리에게 필요한 옷은 전신갑주가 아니라 영광의 겉옷이다. 그러나 이 땅에서 그리스도의 신부로 살면서 우리는 전쟁에 나가는 군인같이 군화를 신고, 전신갑주를 입어야 한다. 왜냐하면 우리가 맞서고 있는 원수는 사람이 아니라 마귀이기 때문이다. 마귀는 교활하고 교묘한 속임수로 우리를 밤낮으로 속이고, 죽이고 멸망시키려 한다. 마귀는 우는 사자처럼 삼킬 자를 찾아다닌다. 하지만 빛보다 어두움을 좋아하는 속성 때문에 때로는 광명의 천사로 가장하여 접근하는 경우가 많다. 양의 모습으로 변장한 마귀가 그리스도의 양떼에 들어오면 아무도 의심 없이 걸려드는 경우가 많다. 따라서 이 땅에 사는 동안 우리가 밤낮으로 입고 다녀야 하는 옷은 하나님의 전신갑주이다. 그리스도인들 사이에 널리 퍼져있는 한 가지 잘못된 생각이 있다. 칭의는 주 예수님을 통하여 그저 주어지는 선물로서 우리 편에서 일할 필요가 없다는 것을 안다. 그러나 성화는 우리 자신의 노력에 달려있다고 생각하는 점이다. 우리는 주님을 전적으로 의지하여 용서받을 수 있다는 것을 알고 있지만 우리 스스로가 무언가를 함으로써 구원을 완성할 수 있다고 믿는다. 구원을 받은 후에는 행함이라는 옛 습관이 다시 나타나고, 우리는 다시 예전의 자기 노력을 시작한다. 그러나 우리 안에서 일하시는 이는 하나님

(빌 2:13)이시기 때문에 성경은 칭의와 성화 모두를 그분이 행하신다고 선언한다.[16]

성화는 칭의 이후 시작되는 과정이다. 성화를 통해 죄인은 점점 그리스도의 형상으로 변화된다. 바울은 우리 안에서 행하시는 이는 하나님이심으로(빌 2:13) 칭의와 성화 모두 하나님이 행하시는 것이라고 선언한다. 바울은 만일 하나님이 누군가를 의롭다고 하셨다면 또한 그를 성화하도록 하는 일도 이루실 것이라고 말한다. 왜냐하면 우리 안에서 착한 일을 시작하신 이가 그리스도 예수의 날까지 이루실 줄을 우리는 확신하기(빌 1:6) 때문이다. 따라서 우리가 의롭다 하심을 입었다면 우리에게 주신 성령으로 말미암아 하나님의 사랑이 우리 마음에 부은 바(롬 5:5)되어 성화를 이루게 하실 것이다. 그러나 이는 우리의 행함 없이 자동적으로 일어나는 것은 아니다. 성화를 위해 우리의 노력이 필요하다. 성화를 방해하는 것의 중심에 마귀가 있다. 우리는 로마군인이 전쟁에 나갈 때 중무장하는 것처럼 하나님의 전신갑주를 입고 마귀의 간계를 대적해야 한다. 우리의 싸움은 혈과 육을 상대하는 것이 아니요, 통치자들과 권세들과 이 어둠의 세상 주관자들과 하늘에 있는 악의 영들을 상대하기 때문이다. 전쟁터에 나가는 군인과 같이 중무장함으로써 대적 마귀를 쳐부수고 승리할 수 있다. 하나님이 주신 여섯 가지 무기, 즉 진리의 허리띠, 의의 호심경, 복음의 신발, 믿음의 방패, 구원의 투구와, 성령의 검, 즉 하나님의 말씀으로 무장하고 마귀를 물리쳐야 한다고 단언한다.

그런데 여섯 가지 무기 중 처음 다섯 가지는 방어용이고, 마지막 성령의 검 하나님의 말씀만이 적을 무찌르는 공격무기이다. 마귀를 물리칠 수 있는 유일한 무기는 말씀이다. 마귀 외에 성화를 방해하는 것으로 육체를 들 수 있다. 육체의 소욕은 성령을 거스르고, 성령은 육체를 거스르기 때문에 이 둘이 서로 대적함으로 우리가 원하는 것을 하지 못하게 된다(갈 5:17). 이는

16 워치민 니, 한길환 역, 2013, 영적능력의 비밀, 엘멘, 34.

내적 전투이다. 육체는 성령의 능력으로 싸워야한다. 그것은 사느냐 죽느냐의 문제다. 우리는 하나님의 영으로 인도함을 받는 하나님의 아들로서 육신을 따라 살지 않고, 영으로써 몸의 행실을 죽이는 삶을 살아야한다(롬 8:13-14). 성령의 열매를 맺기 위해서는 육체를 십자가에 못 박는 것처럼 정욕과 탐심을 십자가에 못 박아야(갈 5:24)한다고 가르친다.

3) 하나님의 은혜

수의사는 개만 보고도 그 주인에 대해 많은 것을 알 수 있다고 한다. 개의 건강상태를 보면 주인의 보살핌이 어떠했는지를 짐작할 수 있고, 개의 성격을 보면 주인의 인품을 가늠할 수 있다. 세상은 크리스천을 보고 창조주 하나님에 대해 무엇을 알 수 있을까? 크리스천이 모여서 교회를 이룬다. 교회가 이웃에게 은혜를 베풀면 세상은 그의 주인인 하나님을 은혜가 많은 존재로 인식한다. 고든 맥도날드는 “웬만한 일에는 세상도 교회 못지않게 선한 일을 하고 어떤 경우에는 교회보다 낫다. 그러나 교회는 할 수 있지만 세상이 못하는 일이 하나 있다. 세상은 은혜를 베풀 수 없다”고 말했다. 은혜는 받을 자격이 안 되는 자에게 대가를 바라지 않고 베푸는 것이다. 예수님은 우리에게 말씀하신다. 내가 탕자에게 살진 송아지를 잡아주는 것과 잃은 양 한 마리를 찾기 위해 말 잘 듣는 양떼를 남겨두고 간 것을 너희가 못마땅하게 생각하느냐? 포도원에서 한 시간 일한 품꾼과 온종일 일한 품꾼의 삯을 같게 한 것으로 너희가 불만을 표출하느냐? 내가 바리새인의 기도보다 세리의 기도를 더 귀히 보거나 죽기 몇 분 전 회개한 강도를 낙원에 들이는 것을 보고 너희 속에 시기가 일어나느냐? 우리가 상식적으로 생각할 때 이치에 맞지 않는 일을 예수님이 행하셨다. 이것은 은혜의 세계에서만 가능한 일이다. 그러나 가장 큰 은혜는 죄가 전혀 없으신 예수님이 죄인인 인류를 대신하여 십자가에 달려 죽으시고 부활하심으로써 인류의 죄를 대속해준 사건이다.

이루 말로 다할 수 없는 은혜이다. 오늘날 교회는 십자가 대속의 은혜를 가장 중요한 가치로 회복하는 것이 필요하다.[17] 하나님은 크리스천들에게 얕은 물가에 머물지 말고, 깊은 물속으로 들어가서 말씀의 진리를 깨달도록 권고하신다. 젖만 먹는 갓난아이의 신앙에서 벗어나 단단한 음식을 소화해 내는 성인의 믿음을 가지라는 것이다. 그러므로 우리는 그리스도의 도의 초보를 버리고 죽은 행실을 회개함과 하나님께 대한 신앙과 세례들과 안수와 죽은 자의 부활과 영원한 심판에 관한 교훈의 터를 다시 닦지 말고 완전한 데로 나아가야 한다(히 6:1-3). 우리는 신앙생활을 하면서 하나님의 말씀의 초보단계에 머물러서는 안된다. 단단한 음식은 못 먹고 젖이나 먹어야 할 자는 어린 아이와 같이 의의 말씀을 경험하지 못한 자이다. 단단한 음식은 장성한 자의 것이므로 이들은 지각을 사용함으로 연단을 받아 선악을 분별하는 자들이라(히 5:12-14)고 말씀한다. 오늘날 우리는 정보의 홍수시대를 살고 있다. 신자들은 클릭 한번으로 쉽게 훌륭한 설교와 은혜로운 찬양을 보고 들을 수 있고 많은 종교서적을 통해 그리스도에 대한 지식을 가질 수 있다. 그러나 우리에게 필요한 것은 그리스도에 대한 지식(Knowing about Christ)이 아니라 그리스도를 아는 지식(Knowing Christ)이다. 그리스도에 대한 지식은 우리의 관심을 끌지만 우리를 근본적으로 변화시키는 것은 그리스도를 아는 지식이다. 물론 그리스도에 대한 지식은 우리로 하여금 대상을 알고자 하는 욕구를 일으켜 준다는 점에서 가치가 있다. 그러나 그리스도를 인격적으로 만날 때 우리는 그리스도를 안다고 할 수 있다.[18] 믿음은 들음에서 나며 들음은 그리스도의 말씀으로 말미암(롬 10:17)는다. 그러므로 크리스천의 믿음 크기는 그가 가진 말씀의 깊이와 비례한다.

17 오세열, 2018, 믿음을 탄탄하게 만들라, 나침반, 6-7.

18 앞의 책, 10-11.

4) 인류의 변화 네 마디: 창조·타락·구속·영화

태초에 하나님으로부터 지음을 받은 아담과 이브는 에덴동산에서 하나님의 말씀을 불순종한 죄로 인해 낙원에서 추방되었다. 그 후 예수 그리스도의 구속의 은혜로 말미암아 변화되며, 하나님의 자녀로까지 신분의 변화를 가진다. 이는 로마서 3장 23절에 모든 사람이 죄를 범하였고 하나님의 영광에 이르지 못했으며 그리스도 예수 안에 있는 구속으로 말미암아 하나님의 은혜로 값없이 의롭다 하심을 얻은 자 되었다고 서술하고 있다. 이와 같은 인간의 역사는 네 단어로 요약된다.**그림 8.3**

"창조되었고(FORMED), 타락했고(DEFORMED),
구속되었고(TRANSFORMED), 영화롭게 되었다(CONFORMED)"

출처: 오세열

그림 8.3 우리 형상(Form)의 변화

첫째, 인간은 하나님의 형상을 따라 지음을 받은 바 되었다(FORMED). 하나님이 자기 형상 곧 하나님의 형상대로 사람을 창조하시되 남자와 여자를 창조(창 1:27)하셨다. 하나님의 형상대로 지음을 받은 아담은 범죄하기 전 하나님의 지혜와 계시, 재능과 모략, 지식과 여호와를 아는 영으로 충만하였다. 그리고 하나님은 아담을 로봇같이 창조하지 않고, 순종과 불순종을 선택할 수 있는 자유의지를 주셨다. 인간과 로봇의 차이는 무엇인가? 로봇은 프로그램대로 절대 순종하지만 하나님께서는 인간을 창조하실 때 그것을 원하지 않으셨고 자유의지에 따라 하나님의 뜻을 따르도록 만드셨다.[19]

19 오세열, 2024, 8.24, "칭의와 성화", 목장드림뉴스

창세기 3장에는 하나님이 아담과 이브와 대화한 내용이 기록되어 있다. 성경을 여러 번 읽더라도 이 대화에서 별다른 특이점을 발견하지 못한다. 그러나 대화 내용을 자세히 분석해 보면 이상한 뉘앙스를 발견할 수 있다. 하나님이 에덴동산 가운데 선악과를 심으시고 아담에게 그 열매를 금하신다. 그때 뱀이 나타나 이브에게 금지된 열매를 먹어보라고 유혹하고, 꼬임에 빠져 선악과를 먹은 이브는 아담에게도 같이 먹을 것을 권해 결국 둘 다 선악과를 먹게 된다. 얼마 후 하나님이 이 둘을 찾으시고 간단한 질문을 던진다. 네가 어디 있느냐(창 3:9). 하나님의 질문은 분명 장소를 묻고 있다. 여기에 대한 아담의 대답은 '여기입니다 혹은 왼쪽에서 세 번째 야자수 옆입니다'라고 하는 것이 맞다. 그런데 아담은 장소를 답하지 않고 이유를 말한다. '동산에서 당신의 소리를 듣고 벗었으므로 두려워하여 숨었나이다.' 하나님은 '누가 너의 벗었음을 네게 알렸느냐 내가 금한 선악과 열매를 먹은 것이냐'(창 3:11). 역시 단순한 사실을 요하는 질문이다. 아담은 그저 다음과 같이 대답하면 된다. '네, 선악과 열매를 먹었습니다. 알몸인 것은 조금 있다가 스스로 깨닫게 되었습니다.' 그러나 아담은 단순하게 대답하지 않고 다시금 해명을 이어간다. '당신께서 저와 함께 살라고 보내신 여자가 선악과를 주길래 제가 받아 먹었습니다.' 그러자 하나님이 이브에게 물었다. '너는 무슨 일을 저지른 것이냐?' 역시나 단순한 질문이므로 '제가 열매를 먹었고 아담에게 열매를 주었습니다'라고 말하면 된다. 그러나 이브는 '뱀이 저를 꾀어서 제가 먹었습니다'라고 해명을 시작한다. 이 이야기를 살펴보면 흥미로운 패턴이 나타난다 아담과 이브는 모두 하나님의 질문에 대해 사실 이상의 어떤 해명을 한다. 하나님의 형상대로 지음받은 아담과 이브는 범죄하기 전 하나님의 지혜와 계시, 재능과 모략, 지식과 여호와를 경외하는 영(사11:2)으로 충만하였다. 죄를 짓지 않은 상태에서는 순수한 대답을 했을 것이나 죄가 들어오자 아

(https://www.penews.co.kr/news/articleView.html?idxno=26756)

담과 이브의 마음은 두려움에 휩싸여서 상실되고 혼미하고 허망하게 되었다(롬 11:8). 이로인해 아담과 이브는 변명과 해명으로 일관했음을 알수 있다.

둘째, 아담과 이브의 범죄함으로 인간은 하나님의 생명에 속할 수 없게 되었다(DEFORMED). 하나님의 형상을 따라 지음을 받은 인간의 형상은 왜곡되어 하나님과 원수가 되었다. 손상된 인간의 마음은 혼미하고, 허망하게 되었다(롬 11:8). 상실된 마음에는 하나님 두기를 싫어하고, 하나님 보시기에 온당치 못한 일을 하게(롬 1:28)되었다. 이러한 혼미한 마음 상태에서는 하나님의 역사를 깨닫지 못하고 사단의 미혹에 빠지게 된다. 복음이 망하는 자들에게 가리워졌고, 그리스도의 영광의 광채가 비취지 못하게 되었다(고후 4:4).

셋째, 2000년 전 예수 그리스도가 친히 십자가에 달려 불의한 자의 죄를 대속하셨고(벧전 3:18). 그 결과 죄인인 우리가 하나님께 직접 나아갈 수 있는 길을 열어 주셨다(TRANSFORMED)(롬 5:19). 예수님께서 우리를 위해서 다 이루셨다면 구원을 받기 위해서 우리가 할 일은 무엇인가? 우리는 입으로 예수를 주로 시인하며, 또 하나님께서 그를 죽은 자 가운데서 살리신 것을 믿음으로 구원을 얻게 된다. 사람이 마음으로 믿어 의에 이르고 입으로 시인하여 구원에(롬 10:9-10)이르게 하셨다.

인간을 개선시키기 위해 사용해온 세 가지 방법은 법률제정, 교육, 환경개선이다. 그러나 이러한 방법은 인간을 근본적으로 변화시키지 못한다는 사실이 역사적으로 입증되었다. 법률제정을 통해 인간을 통제한다고 해도 내면적 인간의 개선에는 아무런 효과가 없다. 교육을 통해 인간을 변화시키려는 노력도 한계에 이르고 오히려 인간을 능란하게 만들 뿐이다. 환경개선을 통한 노력도 인류의 내면세계를 변화시키지는 못한다. 성경은 누구든지 그리스도 안에 있으면 새로운 피조물이 된다고 가르친다. 이전 것은 지나갔고 우리는 새로운 피조물이 되었다(고후 5:17)고 선언한다. 아담 안에서 모든 사람이 죽은 것같이 그리스도 안에서 모든 사람이 삶을 얻게 되었다(고전

15:22). 아담의 원죄가 모든 인류에게 전가되어 모든 자가 죄인이 되었지만 그리스도 한분으로 인해 모든 자가 생명을 얻게 되었다. 우리는 하나님과 원수되었을 때에 그 아들이 우리를 위해 죽으셨다. 우리는 하나님과 화목하게 되었으며 예수님의 부활하심으로 구원을 얻게 되었다(롬 5:10). 한 사람 아담의 순종치 아니함으로 많은 사람이 죄인된 것 같이 한 사람 예수님의 순종하심으로 많은 사람이 의인이 되었다.

넷째, 하나님은 우리를 구원해 주셨을 뿐 아니라 우리를 하나님의 아들 신분으로 높여주셨다(CONFORMED). 이제는 다시는 무서워하는 종(slave)의 영을 받지 아니하고 양자(sonship)의 영을 인하여 아바 아버지라 부를 수 있는 신분 변화가 일어났다(롬 8:14-15). 이제 우리의 손상된 마음은 새로운 마음으로 회복된다. 회복된 마음은 분별력있는 마음으로 나타난다.[20]

우리의 영적인 마음은 성령과 화합하여 새로워지고 하나님의 깊은 진리를 깨닫게 된다(고전 2:10). 새로워진 마음은 이 세상을 본받지 않게 하며, 우리를 향하신 하나님의 선하시고 온전하신 뜻을 분별하게 만든다(롬 12 :1).

존 웨슬리(John Wesley)는 오늘날 크리스천을 세부류로 나누었다. 첫째, 중생(born again)을 경험하지 못한 크리스천, 둘째, 중생은 했지만 성령세례를 받지 못한 크리스천, 그리고 셋째, 중생과 성령세례를 받은 크리스천으로 구분했다. 첫 번째 크리스천은 중생을 경험하지 못한 크리스천으로서 모태신앙을 가졌거나 예수님을 마음으로 믿고 입으로 시인한 크리스천이다. 하지만 중생을 경험하지 못하고 옛사람의 자아가 깨어지지 않은 상태로 교회를 다니는 크리스천이다. 두 번째 크리스천은 중생은 했지만 성령세례를 받지 못한 크리스천이다. 중생한 크리스천으로서 초기 성화가 이루어져 있지만 자아가 완전히 깨어지지 않은 상태로 진정한 회개를 하지 못한 크리스천이다. 이들은 봉사, 십일조 생활, 새벽기도, 철야 예배 등에도 열심히 참석하

---

20 오세열, 2024, 8.24, “칭의와 성화”, 목장드림뉴스 (https://www.penews.co.kr/news/articleView.html?idxno=26756)

지만 옛사람의 냄새를 드러내고 있다. 세 번째, 중생과 성령세례를 받은 크리스천은 성령과 말씀으로 자아가 완전히 깨어진 참그리스도인으로서 옛사람은 죽고 생수가 그 배에서 흘러나오는 온전한 성령의 사람이다. 성령충만과 말씀충만의 삶을 살아가는 우리가 목표로 해야하는 크리스천이다.

5) 바울의 신학 내러티브

바울이 예수 그리스도의 복음을 자신의 언어로 체계적으로 제시한 것은 아주 심오하고 복잡한 현상이었다. 따라서 바울에 대한 연구는 아주 다양하게 전개되고 있다. 바울과 관련된 저서는 두 가지 부류로 나뉜다. 바울의 전도 여행과 생애에 집중하는 저서가 있는 반면 사상 및 서신을 다루는 저서가 있다. 바울은 서신서를 통하여 가장 분명하게 자기의 개성을 새겨넣었다. 그는 세계문학에서 가장 위대한 서신 저술가이다. 그의 편지들은 초대교회의 생활과 발전의 기록들이요, 각 시대마다 교회가 당하게 되는 갈등의 여러 가지 면들을 조명해 준다. 편지 속에는 회심자들의 의심과 두려움, 실패, 실수, 기쁨, 소망, 갈망, 성취, 영웅적인 인내들이 나타나 있다. 또한 그들을 괴롭히는 문제들, 대적하는 환경, 그들을 유혹하는 것들이 모두 드러나 있다.[21] 기독교가 도덕적, 영적으로 뿐만 아니라 지적으로도 세계를 정복하기 위해서는 그리스도의 죽음과 부활과 관련된 교리를 설명하고 강화시킬 만한 역량을 가진 바울과 같은 인물이 필요했다. 그에게 붙여지는 호칭은 최초의 기독교 선교사이자 최초의 기독교 신학자이다. 그의 저서는 헬라문학의 고전이 되었다. 13권의 바울서신서를 보면 그의 사람됨과 선교의 노고, 신학의 주제들을 알 수 있다. 그 주제를 보면 하나님, 그리스도, 성령, 죄와 구속, 성육신, 속죄, 중생, 회개, 믿음과 선행, 거룩한 삶과 죽음, 심판, 영생복락 등이다. 바울은 그의 고향인 길리기아에서 두꺼운 염소털로 직물을 짜서 천막

21 로버트 레이먼드, 원광연역, 2005, 바울의 생애와 신학, 크리스찬 다이제스트, 33, 37.

과 양탄자 등을 만드는 일에 종사했다. 팔레스타인에서는 소를 이용하여 탈곡하는 경우 소가 낟알을 주워먹도록 입에 망을 씌우지 않도록 한다. 그래서 곡식 떠는 소에게 망을 씌우지 말라(신 25:4)고 권고한다. 비록 짐승이라도 수고한 보상을 받는 것이 마땅한 것처럼 전도자가 교회로부터 그 대가를 받는 것은 당연하다. 그러나 바울은 자신의 선교사역을 하면서 교회로부터의 재정적 후원을 포기하고, 스스로 텐트 만드는 일로 자비량 선교(tentmaking ministries)를 시작했다. 바울의 동업자인 브리스길라와 아굴라 부부도 이 업종에 종사했다. 오늘날에도 타문화권에서 복음을 전하는 선교사 가운데 자신의 직업이나 전문기술을 갖고 스스로 재정을 조달하면서 자비량선교에 나서는 경우가 있다. 바울은 기독교를 위하여 창조적 사고의 천재성을 드러내 보여 주고 있다.

그는 종교 분야를 넘어서서 비종교적 사건과 사고방식, 정치와 사회학, 전쟁과 철학 등의 분야에 까지 엄청난 영향을 발휘했다. 그러므로 바울은 탁월한 능력을 지닌 종교적 지도자로서만 아니라 인류 역사를 이루어낸 뛰어난 인물의 한 사람임에 틀림이 없다. 그는 천성적인 능력과 자질, 그리고 성령의 은사들을 전부 이방인 복음화에 쏟아부었다. 그는 비록 나중에 사도가 되었으나 모든 사도보다 더 많은 수고를 하였다. 그러나 바울은 이 모든 수고를 내가 한 것이 아니요 오직 나와 함께 하신 하나님의 은혜(고전 15:10)라고 고백한다. 바울의 신학 작업을 가장 잘 특징짓는 것은 사람들의 삶을 다룬 미시 내러티브(narrative: 이야기)에서 하나님이 예수 그리스도를 통해 우주적 차원에서 거두신 승리를 말한 거시 내러티브로 능숙하게 옮겨가는 능력이라고 볼 수 있다. 바울은 예수를 따르는 무리가 미시 차원에서 안고 있는 문제들을 그보다 훨씬 큰 거시 차원의 맥락 속에서 바라보도록 가르치는 데 누구보다도 뛰어났다. 그의 신학 담론은 현실 문제 해결을 목표로 삼았지만, 그가 제시한 해결책은 하나님이 승리하심으로 온 우주를 되찾으신 일에 대한 내러티브에서 나온 것이요, 이에 뿌리를 내리고 있다. 바울은 어두움의 세력들이 하나님이 지으신 선한 피조세계를 혼돈으로 바꾸려는 음모를 꾸미며, 갈기갈기 찢어 놓은 이 세상 속으로 오신 그리스도의 사랑이 만들어 낸 결과인 것을 보여주고 있다.[22]

6) 성경의 축자영감설

모든 성경은 하나님의 감동으로 쓰여졌다(딤후 3:16). 여기서 감동은 영감, 호흡 등으로 해석된다. 하나님이 성경의 저자들에게 호흡을 불어넣어 특별한 글쓰는 재능과 능력을 부여 하신 것이 아니라 인간 저자들이 각자의 주제와 문체와 어휘를 가지고 개성있게 기술한 저작이 하나님의 호흡하신 결과물이 되게 하셨다는 의미이다.[23] 인간 저자들이 사용한 단어까지 영감되었다는 뜻으로 축자영감설(verbal inspiration)이라고 한다. 성서는 글자까지도 하나님의 영감으로 기록되었기 때문에 단 한 글자도 한 문장도 틀림이 없다는 의미이다. 영감은 하나님이 자신을 계시하기 위해 선택하신 방법이다. 하나님은 자신을 자연에서 부분적으로 계시하셨고, 그리스도에게서 최고로 계시하셨으나, 특정 사람들에게 말씀하심으로 자신을 계시하기도 하셨다. 여기서 시나 음악이 영감되었다고 말할 때처럼 일반적 의미로 이 단어가 사용되지 않는다. 반대로 영감이라는 단어는 특별하고 엄밀한 의미를 내포하고 있는데 모든 성경은 하나님의 호흡으로 되었다는 뜻이다. 바울은 하나님이 자신에게 계시하신 바는 사람의 지혜가 아닌 성령님의 가르치심(고전 2:13)이라고 말했다. 하나님은 성경의 저자들은 자신의 개성과 기질과 배경과 경험을 십분 활용해 각자 적절하고 독특한 메시지를 전하게 하셨다. 이들의 문체와 어휘는 그들의 것이었다. 예를 들어 아모스(Amos)는 하나님의 공의를 드러낸 선지자였고, 호세아(Hosea)는 하나님의 사랑을 보여준 선지자였으며, 이사야(Isaiah)는 왕이신 하나님의 주권을 나타낸 선지자였다. 또한 바울은 은혜와

---

22 브루스 W. 롱네커, 토드 D. 스틸, 박규태 역, 2019, 바울-그의 생애·서신·신학, 성서유니온, 576-577.

23 존 스토트, 전의우 역, 2017, 성경연구입문. 성서유니온, 228-230.

믿음의 선지자였고, 야고보(James)는 행위의 선지자였으며, 요한(John)은 사랑의 사도였고, 베드로(Peter)는 소망의 사도였다. 따라서 성경은 하나님의 말씀인 동시에 사람의 말이기도 하다. 모세의 율법은 모세의 법이기도 하지만 또한 여호와의 법이 된다. 성경의 원본은 하나도 남아 있지 않다. 성경 원본이 모두 사라진 것은 미신을 섬기듯 종잇조각을 숭상하지 못하게 하려는 하나님의 의도적 섭리였을 것이다. 성경은 위인들이라고 해서 그들의 잘못을 감추지 않는다. 성경은 어떻게 의로운 노아가 술에 취했는지를 솔직하게 보여준다. 또한 믿음의 거장 아브라함이 위기를 모면하려고 자기 아내를 도덕적 위험에 노출시키게 되었는지도 가감없이 서술하고 있다. 그밖에 야곱의 계략과 요셉의 자랑, 모세의 혈기, 다윗의 욕정 등을 솔직하게 보여준다. 그리고 순전하고 정직하여 하나님을 경외하며, 악에서 떠난 자(욥 1:8), 욥이 큰 재난을 겪는 일을 파노라마처럼 펼쳐 보여준다. 성경은 신약성경에 등장하는 인물들에 대해서도 똑같이 솔직하다. 이들도 우리처럼 살과 피를 가진 사람이며 이따금 불신앙, 타협, 탐욕, 자랑, 무절제, 불순종에 빠졌다. 이러한 일은 우리의 본보기가 된다(고전 10:6). 하나님은 성경의 인물들이 처한 시간과 장소에서 그들을 대하셨듯이 우리가 처한 시간과 장소에서도 우리를 대하길 원하신다.[24] 성경 저자들은 자신이 주장하는 논거를 확증하기 위해 서로의 권위를 인정하고 자신의 글 속에 다른 저자의 글을 다양하게 인용했다. 예를 들면, 선지자들은 모세의 율법을 인정했고, 시편기자들은 율법의 진리와 아름다움과 달콤함을 노래했다(시 19,119편). 무엇보다도 신약성경이 구약성경을 수시로 인용하고, 사도들이 자신의 저작에 대한 하나님의 보증을 얻기 위해 구약성경을 매우 다양하게 인용했다. 신구약 66권의 저자들은 1600년에 걸쳐 만난 적이 없는 40여 명이다. 다양한 인간 저자들 뒤에서 유일한 신적 저자인 성령이 강하게 역사함으로써 성경의 메시지가 수천 년이 지나도 놀라울 정도로 통일성과 일관성을 유지하고 있는 것은 기적이 아닐 수 없다. 성경은

24 앞의 책, 43-44.

사람들의 삶에 힘을 발휘해 자만에 빠진 자를 깨우고, 슬픔에 처한 자를 위로하며, 교만한 자를 겸손하게 하며, 죄악에 빠진 자를 고치며, 연약한 자에게 용기를 돋우고, 절망하는 자에게 희망을 주며, 길 잃은 자를 인도한다. 실로 모든 성경은 하나님의 감동으로 된 것으로 교훈과 책망과 바르게 함과 의로 교육하기에 유익하다.[25] 이는 하나님의 사람으로 온전하게 하며 모든 선한 일을 행할 능력을 갖추게 하려는(딤후 3:16-17)하나님의 의도이다.

7) 십자가의 도

그리스도인의 삶에 나타나야 하는 구원에는 두 가지 측면이 있다. 첫째는 죄의 용서이고, 둘째는 죄로부터의 구원이다. 보혈은 내 죄를 씻을 수 있지만 내 옛사람은 씻을 수 없다(롬 6:6). 이를 위해 우리는 옛사람을 십자가에 못 박도록 하는 십자가가 필요하다. 보혈은 죄를 다루지만 십자가는 죄인을 처리한다. 구약이 예언하고 예수님이 가르치신 십자가의 중요성은 바울의 서신서에 명시적으로 진술되어있다. 바울은 예수님을 나를 사랑하사 나를 위하여 자기 자신을 버리신 하나님의 아들(갈 2:20)이라 하며, 내게는 우리 주 예수 그리스도의 십자가 외에 결코 자랑할 것이 없다(갈 6:14)고 했다. 바울은 두 번째 전도여행 중 아덴에서 고린도에 처음 오게 되었을 때 자신은 예수 그리스도와 그가 십자가에 못 박히신 것 외에는 아무 것도 알지 아니하기로 작정하였다고 고백했다. 십자가는 우리 믿음의 상징이다. 기독교 신앙은 십자가에 못박힌 그리스도에 대한 신앙이다. 그리스도를 따르려면 죄를 버려야 할 뿐 아니라 모든 행위의 근원인 자기의지도 부정해야 하다.[26] 누구든지 예수를 따라오려거든 자신을 부인하고 날마다 스스로의 십자가를 지고 따를 것(눅 9:23)을 요청하고 있다.

---

25 앞의 책, 236-237.

26 워치만 니, 앞의 책, 26-27.

“십자가의 도”는 “예수님께서 십자가에 죽으신 사건에 대한 말씀”으로서 세 가지 핵심내용은 그리스도의 고난과 십자가의 대속의 죽음과 부활의 권능이다(빌3:10). 바울의 복음전파는 십자가 중심이었다(고전 2:2). 십자가의 도가 멸망하는 자들에게는 미련한 것이요 구원을 얻는 우리에게는 하나님의 능력이다. 십자가의 도(the word of the cross)는 한국교회에서 언제나 인기가 없다. 한국교회에서는 예수그리스도의 ‘십자가의 도’보다는 성도들에게 꿈과 비전, 희망과 위로를 주는 설교를 주로 한다. 바울은 우리가 하나님의 능력이요 지혜이신 십자가에 못박힌 그리스도를 전한다고 말했다.

스펄전 목사님은 십자가의 도를 설교하지 않은 날은 가슴이 답답해서 견딜 수 없다고 고백했다. 한 미국교회목사님이 한국의 10개 주요교회를 예배를 분석한 결과 십자가의 도를 설교하는 교회가 한 군데밖에 없었다고 말했다. 십자가의 복음만이 영혼을 살린다.

8) 사탄을 바로 알자

바울은 우리가 싸우는 대상은 사람이 아니라 세상을 지배하고 있는 악한 영들이라고(엡 6:12)고 선언한다. 知彼知己 百戰百勝(지피지기 백전백승)이란 말이 있듯이 크리스천은 싸움에서 상대인 마귀의 정체를 아는 것이 승리의 관건이다. 마귀는 선한 일을 행하시고 마귀에게 눌린 모든 사람을 고치시는(행 10:38) 분의 적대자이다. 마귀는 바울의 육신에 가시를 두었으며, 베드로로 하여금 예수님의 십자가길을 막게 만들었다. 마귀는 욥을 황폐하게 만들고 그의 소유를 완전히 빼앗았다. 마귀는 도둑질하는 갈대아 사람들과 스바사람들을 무장시켜 욥의 가축을 노략하게 했고 욥의 아내를 조종하여 하나님을 원망하도록 부추겼다. 사탄은 한명의 성도를 파멸로 이끌기 위해 자신의 부하 졸개들을 동원한다. 선한 생각에 악한 사상을 뿌리고 선한 것은 악하게 만들며 악한 것은 더 악하게 만든다. 가롯유다의 마음에 들어가 예수님을 은 30량에 팔도록 그를 부채질했다.

마귀에게는 동정심도 연민의 정도 전혀 없다. 마귀는 정결한 믿음을 지키지 못하도록 성경전체에서 세 번 공격했으나 세 번 다 실패했다. 먼저 에덴동산에서 하와를 유혹했고, 욥을 쳐서 넘어뜨렸으며 광야에서 예수님을 시험했다. 예수님에 대한 시험은 하와와 욥에 대한 사탄의 전략과는 달랐다. 에덴동산에서 처럼 하나님의 선하심에 대한 의혹을 제기하지 않았다. 또한 욥을 시험할 때처럼 몸과 마음을 바싹 바싹 말리는 지독한 슬픔을 안겨 주지도 않았다. 대신 예수님께 호의적으로 대하고 공감하며 부드럽게 권유하며 공격했다. 첫번째 유혹은 40일간 금식으로 지치고 쇠약해진 하나님의 아들에게 접근하여 스스로의 능력으로 배고픔을 해결하라고 제안한다. 매일 먹을 하나님의 은혜보다 매일 먹을 양식에 몰두하도록 유혹한다. 마귀가 하는 주요한 일은 우리의 믿음을 물질적인 것으로 만드는 것, 오직 먹을 것을 위해 살게 만드는 것이다. 예수님은 사람이 떡으로만 사는 것이 아니요 여호와의 입에서 나오는 말씀으로 산다(신 8:3)며 물리치셨다.

두 번째 유혹은 성전 꼭대기에서 뛰어내리라고 부추겼다. 마귀는 성경을 인용하며 천사들이 붙들어 주리라고 주제넘게 유혹했다. 여기서 주목할 것은 미귀가 말씀을 암송하고 있다는 점이다. 우리가 말씀을 마음속에 간직하지 못한다면 말씀에 정통한 마귀를 어떻게 물리칠 수 있겠는가.

세 번째 유혹은 예수가 마귀에게 경배하면 천하만국과 세상을 주겠다고 달콤한 보상으로 유혹한다. 이 세 가지 유혹을 물리치신 예수님의 무기는 전적으로 간직하고 있던 구약의 말씀이다. 마귀를 물리치자 즉시 천사가 와서 수종들었다. 마귀는 모든 시험을 마친 후 잠시동안 떠났다고 성경은 기록하고 있다. 끈질긴 마귀는 완전히 물러간 것이 아니라 얼마 뒤 겟세마네동산에서 밤새 기도하시는 예수님께 자신의 모습을 드러냈다. 평소 평화로웠던 동산은 마귀의 으스스한 냉기로 가득했고 사탄은 예수님의 마음에 공포와 오싹함을 불어넣었다. 사탄은 예수님으로 하여금 십자가를 지지 않도록 압박했다. 예수님은 내 마음이 고민하여 죽게 되었다고 고백하셨다. 이제 어둠의 권세가 판을 치는 시기가 왔기 때문이다(눅 22:53). 마귀가 광야에서 예수님께 사용한 방법은 연민과 동정심이었다. 그러나 겟세마네 동산에서는 포효하며 으르릉거리는 사자로 바뀌었다. 예수님은 할만 하시거든 십자가의 잔이 내게서 지나가게 해달라고 기도하신 후 곧이어 나의 원대로 마시고 아버지의 뜻대로 하시라고 기도하셨다 결국 마귀를 물리치고 험한 십자가를 지셨다. 인류를 구원하시려는 하나님의 뜻을 이루시고 최후 승리를 거두셨다.

제9장 바울의 서신

1 서신서의 배경

바울의 다메섹 체험 전과 후의 변화를 보면 예수에 대한 바울의 이해가 완전히 바뀌었다는 사실을 알 수 있다. 회심 전 바울은 예수를 온 나라를 미혹시키려고 작정한 거짓메시아로 이해했었는데 극적으로 예수를 만난 후에는 예수를 이스라엘의 구원자로 이해하게 되었다. 다메섹 회심 이전의 바울은 동료 유대인들을 살해하는 일을 감독했던 박해자였다. 사도행전의 저자 누가의 내러티브에서 바울의 이야기를 접할 때 누가는 세 개의 회심 내러티브를 기록하고 있다. 먼저 에디오피아 내시의 회심(행 8:26-40)이 나오고, 그 뒤에 사울의 다메섹 회심을 거론하고 있다. 그리고 마지막에 고넬료와 그의 가솔들의 회심이 뒤따른다.[1] 세 가지 회심 가운데 에디오피아 내시와 고넬료의 회심은 성령이 주도하여 일어난 것이고, 사울의 회심은 예수께서 직접 환상가운데 나타나 사울을 이방인의 전도자로 부르셨다.

바울 사상의 정수는 다음과 같이 요약될 수 있다. 바울은 예수가 죽은 자 가운데 다시 살아나 이스라엘의 하나님에 의해 옳다 인정함을 받았다는 것을 믿게 된 신실한 유대인이자 바리새인이었다. 바울은 유일신론과 율법을 근본으로 하는 유대신학을 새롭게 정립하였다. 이는 하나님이 행하신 놀라운 섭리였다는 관점에서 가히 코페르니쿠스적 혁명이라고 볼 수 있다. 바울은 그리스도안에서 하늘과 땅에 있는 모든 것이 통일을 이룬다고 선포한다. 이는 만물, 곧 인간의 삶뿐만 아니라 우주와 세계 전체의 운용이 하나님 뜻에 부합하도록 움직인다는 것을 의미한다. 바울 복음의 기본적인 개요는 첫

1 벤 위더링턴3세, 제이슨 마이어스, 안규식 역, 2022, 바울이라는 세계, 이레서원, 22.

째, 모든 사람은 죄를 지었으며, 하나님의 영광에 이르지 못하였다(롬 3:23). 둘째, 죄에 대한 형벌은 영원한 형벌이다. 그러나 하나님이 거저 주시는 은혜로 인해 예수님으로 말미암는 영생이 모든 사람에게 주어졌다(롬 6:23). 셋째, 우리가 여전히 죄인이고 원수되었을 때, 하나님은 그의 아들을 보내어 우리 대신 죽게 하심으로 우리에 대한 그분의 사랑을 보여주셨다(롬 5:9). 넷째, 예수 그리스도가 주님이시라고 마음으로 믿고, 입으로 고백하는 사람은 구원을 받을 것이다(롬 10:9). 다섯째, 이런 사람들은 그들의 죄로 정죄 받지 않으며(롬 8:1), 하나님과 화평을 누릴 것이다(롬 5:1).

바울의 복음은 하나님이 그 분 아들의 죽으심과 부활, 성령의 내주하심, 장차 우주의 문제에 개입하심을 통해 이루시려고 하는 것에 대한 바울의 비전을 보여준다. 바울사상을 이해하는 데 사용되는 뚜렷이 구별되는 두 범주는 칭의와 성화이다.

칭의는 예수님에 대한 믿음을 근거하여 심판 때 죄가 없다는 판결을 받는다는 의미에서 하나님과의 관계가 올바르게 정립된 결과를 가리킨다. 반면에 성화는 우리가 거룩하게 되는 과정을 말한다. 칭의와 성화 가운데 구원에 관해 생각할 때는 칭의를 더 중요한 것으로 여긴다. 하지만 그리스도인의 삶 전체를 성찰해 보면 성화가 더 중요한 것으로 간주된다. 칭의와 성화는 우리가 천국 백성이 되는 데 필수적이다. 이는 죄 사함뿐만 아니라 새롭게 된 마음 없이 천국에 이른 사람은 아무도 없기 때문이다. 바울은 자기 삶에서 일어난 극적이고, 실제적인 변화를 통해 자신의 삶을 보면서 옛 자아가 더 이상 그의 현재 존재나 행위를 주도하거나 형성하지 않는다고 이해했다. 그 대신 예수 그리스도께서 친히 바울 안에서 새로운 방식으로 육체를 취하셨으며, 바울을 새사람으로 만드셨다. 이 새사람은 그리스도의 지도를 받는 사람이며, 그리스도의 의지와 존재와 행위를 그대로 실천하는 자이다. 이것이 의롭다 함을 받은 사람의 삶이다.[2]

2 데이비드 드실바, 오광만 역, 2019, 바울 복음의 심장, 이레서원, 31.

바울 서신의 수사스타일은 아리스토텔레스가 제시한 설득의 3대 요소인 에토스(Ethos: 인품·인격), 파토스(Pathos: 감성), 로고스(Logos: 이성)를 따르고 있다. 바울서신은 첫째, 바울의 인격과 신뢰감에서 이끌어내는 에토스를 바탕으로 하고 있다. 둘째, 청중의 감정이나 욕구 등을 고려해 설득하는 파토스를 충족하고 있다. 셋째, 이성에 의지하여 설득력을 확보하고 있다.

그러나 영적인 일은 이성을 넘어서서 성령의 도우심이 없이는 불가능하다. 예수께서 지상에서 하신 일이나 말씀들에 관한 명시적인 언급이 거의 없다. 그러나 바울이 전하려 했던 것이 예수가 선포했던 것과 다르거나 모순되지 않으며, 오히려 바울을 연구함으로써 예수를 가장 잘 이해할 수 있을 것이다.

2 서신서

1) 로마서

바울의 로마서는 일종의 기독교 선언이며, 예수 그리스도의 복음에 대한 가장 온전하고 명백하며, 웅대한 진술이다. 루소는 사회계약론에서 인간은 자유롭게 태어났으나 도처에서 사슬에 묶여있다고 말했다. 하지만 로마서에서는 그 반대의 논리가 전개된다. 인간이 죄와 노예 상태에서 태어났지만 예수 그리스도께서 우리를 해방시켜 주셨다는 자유의 선언이다. 모든 경건하지 않은 자들에게 임하는 하나님의 거룩한 진노로부터의 자유, 소외로부터 화해로의 자유, 율법의 정죄로부터의 자유, 자아의 어둡고 작은 아성으로부터의 자유, 죽음에 대한 두려움으로부터의 자유, 탄식하는 피조물의 썩어지는 것에서 하나님의 자녀로서 영광스럽게 해방될 자유, 하나님과 이웃을 사랑으로 섬기는 일에 전념할 자유 등이 그것이다. 마르틴 루터는 로마서를 모든 그리스도인이 한마디 한마디씩 암송할 만한 가치가 있을 뿐 아니라, 영혼의 일용할 양식으로 삼아 날마다 그것에 몰두할 가치가 있다고 말했다. 칼뱅은 우리가 로마서를 진정으로 이해한다면 성경의 가장 심오한 보물에 다가갈 수 있다라고 단언했다.[3] 아우구스티누스와 마르틴 루터, 존 웨슬리, 칼 바르트 등과 같은 유명한 인물들의 첫 회심이나 이후의 기독교 신앙 갱신은 모두 로마서 덕분이라고 여겼다.

로마서는 오랫동안 기독교 신학의 핵심이 되어왔다. 로마서의 16개 장은 모든 믿는 자에게 구원을 주시는 하나님의 능력 자체를 표현한다. 칭의, 양자, 성화와 같은 신학적인 용어 대부분이 로마서에서 인용되었고, 이러한 개념이 크리스천 사고의 맥을 제공해 주었다.

어떤 책이든 줄거리(outline)를 알면 많은 것을 아는 것이고, 요점(summary)을 알면 다 아는 것이다. 성경은 66권으로 되어있는데 장으로 보면 1,189장이고, 절로는 31,173절로 구성되어있다. 성경 66권의 요점을 가장 잘 보여주는 구절은 로마서 3장 21절에서 25절의 말씀이다. 율법 외에 하나님의 한 의가 나타났는데 이는 구약에서 율법과 선지자들에게 이미 증거로 나타난 것이다. 그것은 예수 그리스도를 믿음으로 말미암아 모든 믿는 자에게 미치는 하나님의 의로서 누구에게나 차별이 없다. 모든 사람이 죄를 범하였고, 하나님의 영광에 이르지 못하였는데 그리스도 예수 안에 있는 구속의 은혜로 대가없이 의롭다 하심을 얻게 되었다. 이 예수를 하나님이 그의 피로 인하여 믿음으로 말미암는 화목 제물로 세우셨다. 이것은 하나님께서 길이 참으시는 중에 우리의 지은 죄를 간과하신 결과 자신의 의로우심을 나타내고자 함이다. 모든 인간은 종족과 계층, 신조와 문화, 유대인과 이방인, 부도덕한 자와 도덕론자, 종교적인 자와 불경한 자를 막론하고, 예외없이 하나님 앞에서 죄를 지었고, 핑계할 수 없고, 입을 열수 없다. 그것이 로마서 1:18-3:20에 묘사되어있는 무시무시한 인간의 곤경이다. 한줄기 빛도, 희망의 서광도, 구조의 가망성도 없었다. 갑자기 바울이 율법 외에 하나님의

---

3 존 스토트, 정옥배 역, 2014, 로마서강해, IVP, 13-14.

한 의가 나타났다고 선포한다(롬 3:21). 길고도 어두운 밤이 지난 후 해가 솟고, 새로운 날이 밝았으며, 세상은 빛으로 넘쳐 흐른다. 그것은 율법과 선지자의 부분적인 예언과 계시가 아닌 그리스도와 그분의 십자가에 초점을 맞춘 새로운 계시다. 바울은 악행자들에게 임하는 하나님의 진노와 믿는 죄인들에게 주어지는 하나님의 은혜를 심판과 칭의로 대비시킨다.[4] 일부 신학자는 성경을 가르켜 구원 이야기라고 한다. 기독교의 구원이 무엇인가라고 물으면 대부분 기독교인은 죽어서 천국 가는 것이라는 취지로 대답할 것이다. 하지만 그리스도인의 구원은 이보다 훨씬 풍성하고 충만하다. 구원은 창조세계의 회복, 즉 새 시대의 여명과 관련을 가진다.[5] 사람들은 스스로의 행위로 노력함으로써 하나님과 하늘나라에 이를 수 있다고 생각한다. 하지만 그것은 고상한 것이 아니고, 대단히 비열한 것이다. 왜냐하면 그것은 사실상 하나님의 본질과 그리스도의 사명을 모두 부인하고, 그리스도께서 굳이 죽으실 필요가 없었다고 말하기 때문이다. 이러한 생각은 우리가 스스로 운명의 주인으로서 자신을 구원할 수 있으며, 하나님의 은혜는 필요없다는 교만한 사고이다. 이는 베드로가 예수님이 십자가에 죽으심을 항변한 것과 같다. 인자가 많은 고난을 받고, 장로들과 대제사장들과 서기관들에게 버린 바 되어 죽임을 당하고, 사흘 만에 살아나야 할 것을 사람들에게 가르쳤다. 베드로가 예수를 붙들고, 항변하자 예수께서 베드로를 꾸짖으셨다. 예수님은 베드로에게 사탄아 내 뒤로 물러가라 네가 하나님의 일을 생각하지 아니하고 도리어 사람의 일을 생각하는도다(막 8:31-33)라고 질책했다.

그리스도를 믿는 사람은 율법 아래 있느냐, 아니면 은혜 아래 있느냐, 혹은 양편에 다 속해 있느냐의 문제는 2000년 전의 문제가 아니라 오늘에도 여전히 혼돈을 일으키고 있으며, 율법과 은혜의 역할을 구분하지 못하는 경우가 많다. 예수님을 제외하고 율법을 완전히 지킬 수 있는 사람은 한 사람

---

4 존 스토트, 앞의 책, 135-136.

5 알리스터 맥그래스, 오현미역, 2021, 기독교신앙 그 개념의 역사, CUP, 397.

도 없으며, 율법으로는 어느 누구도 구원 할 수 없음을 성경 곳곳에서 증언하고 있다. 로마서 3장 20절에 율법의 행위로 하나님 앞에서 의롭다 하심을 얻을 육체가 없으며, 율법으로는 죄를 깨달을 뿐이라고(롬 3:20)고 기록하고 있다. 그러므로 사람이 의롭다 하심을 얻는 것은 율법의 행위에 있지 않고, 믿음에 있음(롬 3:28)을 주장한다. 결론적으로 율법을 지키거나 또는 행위로 구원얻을 수 있는 길은 전혀 없다는 것을 가르치고 있다.[6] 로마서 6장·7장·8장은 고난이 없으면 영광도 없다는 진리를 보여준다. 바울은 우리가 여러 가지 시험을 당할 경우 온전히 기쁘게 여기라고 권면한다. 시련을 믿음으로 인내하고 온전히 이루면 모든 일이 온전해지고 조금도 부족함이 없게 된다(약 1:2-4)고 말한다. 패배와 넘어짐이 없이 순풍에 돛단 듯 승리하며, 기쁨을 만끽하는 삶은 무익하다. 로마서 6장은 우리가 그리스도와 함께 십자가에 못박힘으로 죄로부터의 자유함을 얻은 것을 말한다. 동시에 7장은 새 생명과 옛 생명간의 치열한 싸움을 말하고, 율법에서 벗어났음을 선포한다. 그런데 6장의 진리를 알고 승리하지 못하는 이유는 무엇인가? 철저히 패배하지 못 한데 있다. 바울은 오호라 나는 곤고한 사람이로다 이 사망의 몸에서 누가 나를 건져내랴(롬 7:24)며 탄식한다. 8장에서 드디어 허무한 데 굴복해 온 피조물이 우리 안에 내주하셔서 생명을 주시는 성령으로 더불어 승리하며, 하나님의 상속자 신분을 얻게 된다. 바울은 로마서 7장에서 율법이라는 말을 스물세 번 언급하면서도 성령은 단 한 차례만 지적하고 있다(6절). 반면 8장에서는 1절에서 27절 사이에서만 성령을 열아홉번 언급한다. 8장은 성령으로 가득 차 있다. 바울은 율법의 연약함과 성령의 권능을 본질적으로 대조시키고 있다.[7] 8장 전반부에서 바울은 성령의 다양한 사역 일부를 묘사한다. 우리를 해방시키는 것, 우리 안에 내주하시는 것, 우리에게 생명을 주시는 것, 우리에게 자제할 수 있도록 이끄시는 것, 우리의 영으로 더불어 우

---

6 엠 알 디한, 이용화 역, 1993, 율법이냐 은혜냐, 생명의 말씀사, 17.

7 존 스토트, 앞의 책, 281.

리가 하나님의 자녀인 것을 증거하시는 것, 그리고 우리를 위해 간구하시는 것들을 설명하고 있다. 바울은 우리가 하나님의 자녀이기 때문에 그분의 후사가 된다는 사실, 그리고 고난은 영광으로 이르는 유일한 길이라는 것을 상기한다. 그리고 그는 하나님의 고난을 영광과 대비시킨다. 피조물은 허무한 데 굴복해 왔지만 언젠가 그 속박에서 해방될 것이다. 그러기까지 피조물은 함께 탄식하고 고통당하고 있으며, 우리도 피조물과 함께 탄식한다. 우리는 끈기있게 기대하면서 우리 몸을 포함해서 우주가 최종적으로 구속될 날을 기다린다.[8] 성경 66권을 벌통과 벌집과 송이 꿀과의 관계를 가지고 비유할 수 있다. 성경 66권을 벌통에 비유하면 신약 로마서는 벌집에 해당하고, 로마서 8장은 송이 꿀에 비유된다. 로마서 8장 1절에서 그리스도 예수 안에 있는 자들에게는 결코 정죄함이 없다. 그 이유는 그리스도 예수 안에 있는 생명의 성령의 법이 죄와 사망의 법에서 우리를 해방하였기 때문이다. 그리고 마지막 39절은 우리가 확신하는 것은 사망이나 생명이나 천사들이나 권세자들이나 현재 일이나 장래 일이나 능력이나 높음이나 깊음이나 다른 아무 피조물이라도 우리를 주 예수 그리스도 안에 있는 하나님의 사랑에서 끊을 자가 없다로 끝난다. 실로 로마서 8장은 성령의 역할에 관한 소논문이라 해도 부족함이 없다. 그 중심에는 너희 속에 하나님의 영이 거하신다는 바울의 확신이 있다. 로마서 7장에서 바울이 율법의 위치에 대해 집중적으로 살펴보았다면 로마서 8장에서 그의 관심사는 성령의 역사이다. 바울은 율법의 연약함과 성령의 권능을 본질적으로 대조시키고 있다. 성령님은 우리를 죄와 사망의 법에서 해방시켜주는 분이며(롬 8:2), 종말에 있을 부활과 영원한 영광을 보증해 주는 분이다(롬 8:11,17,23). 따라서 그리스도인은 본질적으로 성령님에 의해 활기를 띄고, 유지되며, 지시받고, 풍성하게 되는 삶을 살아간다.[9]

8 위의 책, 41

9 앞의 책, 281.

바울은 부지런하여 게으르지 말고, 열심을 품고 주를 섬기라(롬 12:11)고 권고한다. 성령께서는 우리 안에서 주님을 향한 열심이 계속 끓어오르도록 해 주신다. 존 번연(John Bunyan)의 『천로역정』에 나오는 그리스도인은 해석자의 집에 들어갔을 때 어떤 사람이 활활 타고 있는 벽난로에 자꾸 찬물을 끼얹는 것을 보았다. 그런데 이상하게도 그럴수록 불길은 더욱 크게 치솟았다. 그의 의문은 그 벽난로 뒤에서 또 한사람이 계속 기름을 붓고 있는 것을 보았을 때 해소되었다. 사탄은 우리의 난로에 계속 찬물을 끼얹으나, 성령께서는 거기에 계속 기름을 붓고 계신다. 우리는 이 땅에서 하나님을 향한 열정에 찬물을 끼얹고 있는 마귀의 실체를 인식하고, 이를 물리쳐야 한다. 우리를 격려하는 그리스도와 연합하여 끓어오르는 열정과 열심으로 주님을 섬겨야 한다.[10]

2) 고린도전서

신약성경 가운데 고린도전서는 예수를 섬겼던 초기 공동체의 삶을 폭넓게 들여다 볼 수 있는 책으로서 도시라는 정황 가운데 펼쳐지는 초창기 예수운동의 진면목을 발견한다. 고린도는 그리스의 한 도시로서 호머의 일리아드에 처음 나오는데 BC 146년 로마통치에 대항하여 고린도를 중심으로 형성된 아가야 동맹이 로마인들에 의해 파괴되었다. 그후 44년에 율리우스 카이사르(Julius Caesar)가 고린도의 전략적 위치의 중요성을 고려하고 로마 인구를 분산시키기 위해 재건하였다. 아덴(아테네)에서 서쪽으로 80km쯤 떨어져 있는 고린도는 그리스 남쪽의 펠로폰네소스 반도와 북쪽의 그리스 본토를 이어주는 좁은 땅에 위치하고 있다. 이 도시에는 아폴론 등 다양한 신전과 시장, 시민법정, 공중목욕탕, 공중화장실 등이 있었고, 교통망의 중심축 역할을 하였다. 고린도에는 유대인도 많이 살았을 것이지만 분명 이 도시를 지배한 것은 이방인들이었다. 바울은 당대의 종교 풍토를 거론하면서 가장

10 오스왈드 샌더스 편집부 역, 1993, 지도자 바울, 네비게이토출판사, 74.

적절한 예로 많은 신과 많은 주를 섬기는 고린도를 언급한다.[11] 1세기 중반의 고린도는 제국 전역에서 모여온 인구 250,000명의 거칠고 무법적인 도시였다. 항구도시 고린도는 번창하면서도 방탕한 곳이었다. 고린도는 바울이 만났던 가장 큰 규모의 상업중심 도시로서 종이건 자유인이건 뿌리가 없는 사람들이 모여 사는 곳이었다. 이러한 요소들을 감안할 때 바울이 두려워하며 심히 떨면서, 고린도에 도착했다고 말한 것은 그리 놀라운 일이 아니다. 그는 실로 매우 겁을 먹고 있었다. 바울은 에베소를 제외하고 고린도에서 가장 오랜 기간 머물렀다. 그 기간은 18개월이었는데 그는 에베소에 있었을 때와 마찬가지로 토착수공업 중 하나인 염소털로 만든 천으로 장막짓는 일을 계속했다. 하루 여덟 시간 정도 육체노동에 할애했을 것이며, 오전 11시부터 오후 4시까지는 말씀사역을 했을 것이다. 그는 분명 예수님이 목공일에 대해 느꼈던 것처럼, 자기 일을 창조적으로 하는 것에 대해 자부심과 기쁨을 느꼈을 것이다. 바울의 목표는 편지를 받아 보는 고린도 교인들이 더욱더 그리스도인답게 살아가도록 하는 데 있다. 바울은 십자가의 도가 멸망하는 자들에게는 미련한 것으로 보이고 구원받는 우리에게는 하나님의 능력이다**(고전 1:18)**라고 말했다. 십자가가 빠진 설교는 메마른 강의에 불과하다. 스펄전은 한때 십자가 앞에서 눈물이 사라진 자신을 한탄하면서 통곡했다. 그 후 평생 십자가의 사랑에 감격하여 십자가 중심의 설교를 했다. 그는 설교 중에 그리스도의 십자가를 말하지 않으면 가슴이 답답해서 견딜 수 없다고 고백했다. 십자가가 없는 신학은 세상 학문에 불과하고 기독교가 세상종교 중 하나로 전락할 수밖에 없다. 대부분의 신도들은 축복과 위로와 평안 등의 메시지를 선포하는 교회에 몰려든다. 힘겹게 살아가는 현대인에게 그런 메시지는 필요하지만 복음의 진수인 십자가는 우선적으로 증거되어야 한다. 십자가의 복음만이 영혼을 살리기 때문이다. 십자가에 못 박히신 예수 그리스도가 스

11 브루스 W. 롱네커, 토드 D. 스틸, 박규태 역, 2019, 바울-그의 생애·서신·신학, 성서유니온, 198-201.

펄전의 모든 것이었고, 목회의 전부였으며 설교의 핵심이었다. 그는 모든 설교에서 십자가와 그리스도를 선포하지 않고서는 설교를 끝내는 경우가 없었다. 오늘날 목회자와 교회와 성도들의 문제는 십자가에 있다. 십자가가 사라지다 보니 영혼을 변화시킬 수 없다. 십자가가 희미해지니까 메시지도 초점을 잃어버린다.[12] 바울은 우리 주 예수 그리스도의 십자가 외에 결코 자랑할 것이 없으며, 그리스도로 말미암아 세상이 나를 대하여 십자가에 못 박히고, 내가 또한 세상을 대하여 그러하다(갈 6:14)고 주장했다. 설교자는 언어술사가 아니다. 세상 말과 지혜로는 사람들을 설득시킬 수 없다. 바울은 하나님의 증거를 전할 때 말과 지혜의 아름다운 것으로 아니하고 성령의 능력을 힘입어 예수 그리스도와 그가 십자가에 못 박히신 것 외에는 아무 것도 알지 않기로 작정하였다고 고백했다. 하나님이 설교자로 세우실 때 사람의 연약함과 어눌함은 약함 가운데 역사하시는 하나님의 능력으로 온전해진다. 바울은 설교자로 나설 때 약하고 두려워하고 심히 떨었다고 고백했다(고전 2:1-3). 사도행전은 신실한 전도팀이었던 아굴라와 브리스길라가 고린도에 머무르면서 아볼로를 가르쳤다고 기록하고 있다. 브리스길라와 아굴라는 아볼로를 데려다가 하나님의 도를 더 정확하게 풀어 가르쳤다(행 18:26). 초기에는 요한의 세례만 알았던 아볼로는 훌륭한 사역자로 자라났다. 바울은 나는 심었고 아볼로는 물을 주었으되 오직 하나님께서 자라나게 하셨다(고전 3:6)고 언급하고 있다. 바울의 설교 가운데 가장 훌륭한 것은 고린도전서 13장이다. 바울은 왜 사랑이 없는 그리스도인 공동체 생활이 아무것도 아니며, 아무것도 아닌 것보다 더 못한 지를 분명히 말한다(1-3절). 그리고 나서 사랑이란 무엇이며 사랑은 무엇을 하는지 묘사한다(4-7절). 마지막으로, 사랑의 지속적이고 영원한 특징을 생생하게 묘사하는데(8-13절), 그것은 고린도 그리스도인들이 우선권을 두었던 두 가지, 곧 지식과 영적 은사보다 더 오래 남는 것이다. 고린도인이 방언과 예언과 지식에 능했다면 바울은 믿음과 소망과 사

12 송삼용, 2010, 십자가영성을 회복하라, 넥서스, 210-211.

랑에 주의를 집중시킨다.[13] 고린도전서 3장은 건축에 대해 말하고 있다. 어떤 사람은 금과 은과 보석으로 집을 짓고 어떤 사람은 나무와 풀과 짚으로 집을 짓는다. 금은 하나님께로부터 발산되는 영광을 대표하고, 은은 그 아들의 업적인 속죄를 대표하고, 보석은 성령의 역사를 대표한다. 보석이 성령의 역사가 되는 이유는 지하에서 강렬한 열을 받아 형성된 합성체이기 때문이다. 하나님의 영원한 영광, 아들의 십자가, 성령님의 통제를 지니고 있는 것은 소위 금·은·보석이다. 사람의 영광은 풀이나 꽃과 같고, 사람 성품은 나무와 같으며, 사람의 공로는 짚과 같다. 금·은·보석은 지구의 표면에서 나타나지 않는다. 깊은 지층에서 발굴된다. 반면 나무·풀·짚은 지면에서 자라며 쉽게 구할 수 있다. 깊은 데서 나오는 것은 하나님의 역사로 볼 수 있고, 사람에게서 나오는 것은 육신의 힘에 의해 이뤄지는 것이므로 가치없는 일이다. 설교를 할 때 어떤 자는 설교의 요지가 형성될 때까지 하나님을 보며 기다린다. 이것은 금·은·보석으로 집짓는 일이다. 어떤 자는 두뇌가 명석하여 그 힘으로 설교한다. 그러나 하나님 보시기에 지푸라기다. 바울은 고린도교인들에게 네게 있는 것 중 받지 아니한 것이 무엇이냐(**고전 4:7**)라고 질문했다. 여기에는 오직 아무것도 없다라는 한 가지 대답만 있을 수 있다. 우리는 일생 동안 단 하나의 예외 없이 모든 좋은 것들을 은혜로 받았다. 그래서 욥은 내가 적신으로 세상에 나왔으니 또한 적신으로 돌아갈 것이며. 주신 자도 여호와시요, 취하신 자도 여호와시라(**욥1:21**)고 찬양했다. 조선의 27대 왕들의 평균 수명은 44세로 주로 종기, 당뇨, 중풍 등의 병을 겪다가 세상을 떠났다. 조선 왕들의 가장 흔했던 사인은 요즈음 질환 축에도 들지 않는 종기였다. 소독약이나 항생제가 없었고, 의료 기술이 전무한 시절에 종기는 생명을 위협하는 무서운 질병이었다. 조선시대 사람들은 병이 들면 어떻게 했을까? 의술이 발달하지 못한 사회에서 작은 병이면 인내하며 참고, 중한 병에 걸리면 조용히 죽음을 준비한다. 18세기 중엽 유럽에서 음악의 아버지 바흐의 경우 백내장

13 데이비드 프라이어, 정옥배 역, 1999, 고린도전서 강해, IVP, 305-306, 315.

으로 진단 받았다. 바흐의 눈을 시술한 치료사는 영국왕 조지2세의 궁정의사인 테일러였지만 그의 의료수준은 형편없었다. 백내장 수술은 혼탁해진 수정체를 제거하고 인공 수정체를 삽입하는 수술이다. 가열 멸균되지 않은 천공용 바늘을 사용했고 수술 후 출혈과 감염이 심각해졌다. 안구에서 시작된 감염 증상이 바흐의 온몸으로 퍼지면서 극심한 고열을 가져왔고, 신체 기능 전반에 이상을 일으켰다. 결국 바흐는 수술 합병증으로 사망했다. 오늘날 우리는 조금만 아파도 병원에 가서 치료받고, 중한 병도 발전된 의료 기술로 걱정 없이 병을 이겨나간다. 이점을 생각한다면 감사함이 넘쳐나야 한다. 마태복음 25장에는 하나님 아버지께 복받는 사람들이 누구인지 말해주고 있다. 배고플 때 먹을 것을 주었고, 목마를 때 마실 것을 주었고, 나그네 되었을 때 영접하였고, 떨고 있을 때 옷을 주었고, 옥에 갇혔을 때 돌보아주었고, 병들었을 때 돌보아준 자들이라고 말한다. 우리를 지나쳐가는 배고픈 자, 목마른 자, 헐벗은 자, 나그네 된 자, 감옥에 갇힌 자, 병든 자들이 예수님인 것을 인식할 수 있다면 모두다 천국에서 칭찬받을 것이다. 우리 모두 이런 자들이 주변에 없는지 살펴보고, 다가가 도움을 주는 일에 능동적으로 나서야 할 것이다. 오늘날 우리 문화에서 이웃을 돌보고 사랑을 베푸는 일이 그 위력을 다분히 잃어가고 있음을 본다. 그나마 손님 대접을 중시하는 기독교에서도 진정한 영성의 추구라기보다는 다소 희석된 경건의 모습으로 나타난다. 성경에는 나그네를 집에 맞아들이는 게 우리의 중요한 의무이며, 또한 손님도 귀한 선물을 가져온다는 점을 보여준다. 아브라함이 마므레에서 세 나그네를 영접하여 물과 떡과 기름지고 좋은 송아지고기를 대접하자 그들은 그의 아내 사라에게 장차 아들이 있을 것을 예고했다(창 18:1-15). 사르밧의 과부가 엘리야에게 음식과 거처를 내주자 엘리야는 기름과 양식을 풍성히 채워주고, 과부의 죽은 아들까지 살려냈다(왕상 17:9-24). 엠마오로 가던 두 사람이 길에서 합류한 낯선 사람을 초대하여 함께 묵게 되자 그분은 자신의 정체를 드러내며, 떡을 떼어 주었다(눅 24:13-35). 성경은 여러 일화를 통하여 부지불식간 만나는 손님을 대접하면 좋은 일이 생긴다는 교훈을 준다. 손님 대접이 중요한 덕목이 되는 것을 보여준다. 요한복음 3장 16절의 말씀은 '믿음'을 강조한다. "하나님이 세상을 이처럼 사랑하사 독생자를 주셨으니 이는 저를 믿는 자마다 멸망치 않고 영생을 얻게 하려 하심이니라." 이 말씀은 크리스천이면 가장 많이 애송할 뿐 아니라 전도할 때 늘 사용하는 말씀이다. 그러나 기독교를 전파하는 성경 구절로서 누가복음 9장 23절의 말씀은 거의 사용되지 않는다. "또 무리에게 이르시되 아무든지 나를 따라 오려거든 자기를 부인하고 날마다 제 십자가를 지고 나를 좇을 것이니라(눅9:23)." 이 말씀은 따름을 강조한다. 요한복음과 누가복음의 이 두 말씀은 하나로 합쳐져야 한다. 믿음만 강조하고 예수님을 따르지 않거나, 예수님을 전적으로 따르면서도 믿음이 없다면 둘 다 반쪽짜리에 불과하다. 자기를 부인하는 것은 자신의 의견과 생각과 견해를 주님의 것으로 대체하는 것을 의미한다. 고린도전서 15장 31절에서 바울은 나는 날마다 죽노라라고 고백했다. 우리는 매일아침마다 주님의 은혜로 십자가를 지고 죽는 삶을 살아야한다.

3) 고린도후서

성경 전체에서 가장 놀라운 진술 중 하나는 고린도 후서 5장 21절의 말씀이다. "하나님이 죄를 알지도 못하신 이를 우리를 대신하여 죄로 삼으신 것은 우리로 하여금 그 안에서 하나님의 의가 되게 하려 하심이라." 우리에게 죄를 돌리지 않기 위하여 죄 없으신 그리스도를 우리를 대신하여 죄로 삼으신 것이다. 우리를 지극히 사랑하시는 하나님의 의도를 읽을 수 있다.

고린도후서에 나타난 바에 의하면 고린도인이 바울에게 불만을 가지게 된 데는 두 가지 요인이 있었다. 첫째, 고린도교인들은 각자가 선호하는 사역자를 따라 교회를 분리시켰다. 유대인 교인들은 원래 예수의 제자였던 베드로의 사역을 선호했고, 또 다른 부류는 알렉산드리아 유대인인 아볼로의 재능과 세련된 강론에 매혹되었다. 한편 육체 노동자이며 아마추어적인 강연 능력과 웅변술을 지닌 바울에게는 깊은 인상을 느끼지 못했을 것이다. 둘째, 고린도교인 중 일부는 모세의 언약이 아직도 유효하고 바울의 신학이 잘못되었다고 비판했다. 천문학자 코페르니쿠스는 지구가 우주의 중심이 아니라는 것을 가장 먼저 주장한 사람이다. 우리는 어떤 것이든 철저히 재고하는 것을 말할 때 그의 이름을 사용해서 '코페르니쿠스적 혁명'이라고 부른다. 사도 바울은 그의 인생의 방향을 완전히 바꾸어 놓은 다메섹도상의 경험을 했다는 점에서 코페르니쿠스 못지않게 유명하다. 바울은 회심 전 외적으로 종교적인 사람이었고, 자기중심적인 삶을 살아왔다. 그러나 회심 후 그리스도가 새로운 중심이 되었다. 바울 뿐 만아니라 어거스틴, 루터와 같은 많은 사람들이 이러한 새로운 피조물이 되는 경험을 하였다.

4) 갈라디아서

갈라디아서는 그리스도께서 우리를 위하여 저주를 받은 바 되셨으며 율법의 저주에서 우리를 속량하셨고, 나무에 달린 자마다 저주 아래에 있는 자(갈 3:13,14)라고 선포하였다. 따라서 갈라디아서는 '영적 해방의 대헌장'으로 불리고 있다. 갈라디아서 5장 1절에서 바울은 그리스도가 우리를 자유롭게 하려고 자유를 주셨다고 선포한다. 무엇으로부터의 자유인가?

- 우리는 율법의 저주로부터 자유롭다(갈 3:13).
- 우리는 아담의 저주로부터 자유롭다(롬 5:12, 17).
- 우리는 영적죽음으로부터 자유롭다(엡 2:5-6).
- 우리는 죽음에 대한 두려움으로부터 자유롭다(히 2:14-15).
- 우리는 죄의 능력으로부터 자유롭다(롬 6:17-18).
- 우리는 사탄의 권세로부터 자유롭다(골 1:13).
- 우리는 정죄함으로부터 자유롭다(롬 8:1).
- 우리는 그리스도께서 우리를 위해 값주고 사신 모든 것을 자유롭게 물려받는다(갈 4:5-7).

우리 모두는 이 신선한 자유의 공기를 들이마셔야 한다. 이것이 우리가 그리스도께 인도되던 순간에 우리의 영혼이 갈망해 오던 것이었다. 루터는 갈라디아서를 좋아했다. 그에게 갈라디아서는 로마서의 요약이었고, 로마서와 동일한 핵심을 좀더 짧게 제시하기 때문이다.[14] "갈라디아서는 영적인 다이나마이트다. 그러므로 폭발시키지 않으면서 그것을 다루는 방법은 거의 없다. 교회사에서도 종종 그 폭발이 일어나곤 했다"고 R.A.콜이 말했다. 갈라디아서는 유대교의 본질과 바울이 규정하는 유대교에 대한 논의에서도 매우 중요한 책이다. 율법을 지키는 것에 대하여 야기되는 일반적인 논쟁 때문에 씌어진 두번째 편지가 바로 갈라디아인에게 보낸 바울의 서신이다, 갈라디아서는 이방인이건 유대인이건 일단의 윤리적 원칙을 잘 지키고자 하는 자기노력으로는 죄로부터 결코 자유할 수 없다는 사실을 지적하고 있다. 기독교신앙에서 복음의 가장 중요한 요소는 죄의 보편성과 심판의 확실성, 십자가의 중요성, 그리스도의 부활과 재림이다. 갈라디아서 2:20의 말씀은 복음의 시금석이라고 불린다. 신학의 모든 명제, 윤리가 명령하는 모든 행위, 그리스도인의 모든 제도를 이 시금석에 대보아야 한다. "내가 그리스도와 함께 십자가에 못 박혔나니 그런즉 이제는 내가 사는 것이 아니요 오직 내 안에 그리스도께서 사시는 것이라 이제 내가 육체 가운데 사는 것은 나를 사랑하사 나를 위하여 자기 자신을 버리신 하나님의 아들을 믿는 믿음 안에서 사는 것이라(갈 2:20)."

그리스도와 함께 십자가에 못 박혔다는 것은 예수를 따르는 자들이 죄로 가득한 행위로 나아가려는 성향을 십자가에 못 박았다는 뜻이다. 사람이 그리스도와 함께 십자가에 못 박히고, 그리스도가 그들 안에 들어와 사시면 죄로 가득한 정욕과 욕구가 십자가를 닮은 삶으로 바뀔 수 있다. 율법은 한 사람의 삶을 윤리적으로 통제하는 수단이 될 수 없다.[15]

---

14 존 파이퍼, 팀켈러, 카슨 외, 전의우 역, 2020, 복음, 자유를 선포하다, 생명의 말씀사, 32.

15 위의 책, 166-168.

우리 안에는 대적하는 두 세력이 있다. 타락하고 왜곡된 본성인 육체와 내주하시는 성령이 그 것이다. 그리스도인은 매일 대적하는 이 두 세력의 전쟁 가운데 놓여있다. 바울은 육체의 일을 열다섯 가지로 나열하고 있다. 이는 크게 성, 종교, 사회, 음주의 네 가지 카테고리로 구분된다. 하지만 성령의 열매로 나타나는 일들은 아홉 가지이다. 사랑과 희락과 화평은 하나님과 우리의 관계로 나타나는 특징이다. 오래참음과 자비와 양선은 이웃과의 관계에서 나타난다. 그리고 충성과 온유와 절제는 자기관리에서 나타나는 특징이다. 우리는 육체를 물리치고 성령에 복종해야한다. 그리스도 예수에게 속한 사람들은 육체와 함께 그 욕심을 십자가에 못 박았다(갈 5:24). 우리는 육체라 부르는 사악하고, 불쾌하고, 교활한 것을 십자가에 못 박았다. 그러므로 성령님께 복종하고, 그분과 동행해야 한다. 바울은 다메섹 외곽에서 회심했을 때부터 로마 감옥에 투옥될 때까지 30여 년 동안 예수 그리스도의 사도로 로마 제국을 돌아다녔다. 세 번의 선교 여행 동안, 갈라디아, 아시아, 마게도냐, 아가야 지방에 복음을 전하고 여러 교회를 세웠다. 갈라디아서는 바울이 첫 번째 선교 여행 때 복음을 전했던 갈라디아 지방의 네 도시, 즉 안디옥, 이고니온, 루스드라, 더베교회에 보낸 서신이다. 게다가 그곳을 방문한 후에는 서신을 보내 설립한 교회를 감독하는 일을 도왔다. 이러한 서신 중 하나로 가장 먼저 쓰였다고 믿는 것이 갈라디아서이다. 갈라디아서 첫 단락에서 바울은 자신의 사도직과 복음을 다룬다. 그가 설립한 교회들이 거짓 교사들에게 괴롭힘을 당하고, 바울의 권위와 복음을 강하게 훼손하고 있었다. 그들은 오직 믿음으로, 오직 은혜로 의롭게 된다는 바울의 복음을 반박했다. 구원을 위해서는 그리스도를 믿는 믿음 이상의 것이 필요하다고 주장했다. 그들은 할례도 받아야 하고, 모세의 율법도 다 지켜야 한다고 말했다(행 15:1,5). 또한 바울은 예수 그리스도의 사도직을 부여받지 않았다고 하며, 바울의 권위를 무시했다. 예수님은 많은 제자 중 열두 명을 택하고, 그들에게 사도라는 이름을 주시고, 전도하게 하셨다(눅 6:13, 막 3:14). 이처럼 예수 그리스도로부터 직접 택함받고, 부르심받고, 위임받고, 그분의 이름으로 가르칠 수 있는 권한을 받았다고 주장했다. 사도는 열두 제자 및 부활하신 그리스도께서 직접 임명하신 다른 한두 명만 가리키는 특별한 용어이다. 바울은 자신이 이러한 정선된 사도들의 무리에 속한다고 주장했다. 오늘날 어떤 그리스도인도 사도는 될 수 없다. 바울은 자신의 사도직의 본질에 대해 전혀 의심치 않았다. 그는 다른 서신서에서 자신을 사도로 부르심을 받아(**롬 1:1**), 혹은 하나님의 뜻을 따라 그리스도 예수의 사도로 부르심(**고전 1:1**)을 받았다고 말한다. 하나님은 아브라함에게 약속을 주셨고, 모세에게는 십계명으로 요약되는 율법을 주셨다. 이 두 가지는 시간과 공간 속에서, 사람 속에서 그리고 일반적으로 다른 모든 환경 속에서, 하늘과 땅만큼 떨어져 있다. 복음이 율법과 분명하게 구분되지 않으면 참된 기독교진리는 온전히 보존될 수 없다. 이 둘의 차이는 무엇인가? 아브라함에게 주신 약속에서 하나님은 "내가 하리라... 내가 하리라... 내가 하리라" 고 말씀하신다 하지만 모세 율법에서는 "너는 할지니라... 너는 할지니라... 너는 할지니라" 고 선포하신다. 약속은 하나님의 종교, 즉 하나님의 계획, 하나님의 은혜, 하나님의 주도권을 말한다. 하지만 율법은 사람의 종교, 즉 사람의 의무, 사람의 행위, 사람의 책임을 말한다. 약속은 믿기만 하면 된다. 그러나 율법은 순종해야 한다. 하나님은 아브라함을 약속, 은혜, 믿음이라는 범주 내에서 다루신다. 하지만 모세는 율법, 계명, 행위라는 카테고리 속에 포함시킨다. 바울이 유도하는 결론은 기독교가 모세의 율법 종교가 아니라, 아브라함의 약속 종교라는 것이다. 아브라함에게 약속을 주신 하나님과 모세에게 율법을 주신 하나님은 같은 하나님이시다! 이것은 하나님은 한 분이시니라(**갈 3:20**)로 표현된다. 우리는 아브라함과 모세, 약속과 율법을 대비해, 어느 하나를 받아들이고 다른 하나를 거부할 수 없다. 하나님이 이 둘을 창시하신 분이라면, 분명 둘다를 위한 목적을 가지고 계셨을 것이다. 율법은 하나님의 약속을 지키기 위해서 죄를 깨닫게 하는 역할을 한다. 율법이 없이는 우리가 죄를 짓고 있다는 사실을 알지 못한다. 사탄은 우리가 율법에 의해 스스로를 거룩하게 만든다고 속삭이지만 율법으로는 구원에 이르지 못한다. 루터는 율법의 중요한 점은 사람들을 더 나은 존재로 만드는 것이 아니라 그들에게 죄를 보여 주는 것이라고 말했다. 그것을 앎으로써 그들이 겸손하고, 놀라고, 상처받고, 깨어지도록 하기 위해서다. 그리고 이로써 은혜를 구하고, 그리스도께 나아오도록 하려는 것이다. 유대주의자들은 율법이 약속을 폐하며, 그것을 대신한다는 잘못된 주장을 하고 있다. 하지만 바울은 율법이 약속을 확증하고 불가결한 것으로 만든다고 선포한다.[16]

5) 에베소서

에베소서는 기독교의 복된 소식과 그 의미를 놀라울 만큼 간결하면서도 포괄적으로 요약해 놓았다. 에베소서는 존 칼뱅이 좋아하는 서신서이다. 윌리엄 바클레이는 에베소서를 서신서의 여왕이라고 극찬했고, 테일러 콜리는 사람이 쓴 가장 신적인 글이라고 평가했다. 또한 존 맥케이는 에베소서를 가장 위대하고 성숙한 기독교의 진수를 보여주고 있다고 말했다. 에베소서는 1장에서 삼위일체 하나님이 우리를 어떻게 치리하시는 지를 명확하게 보여주고 있다. 성부가 택하시고(**4-6절**), 성자가 구속하시고(**7-12절**), 성령이 인치신다(**13-14절**). 이를 통해 성부, 성자, 성령 하나님은 각자 그의 영광의 찬송이 되게 하신다(**6, 12, 14절**). "곧 창세전에 그리스도 안에서 우리를 택하사 우리로 사랑 안에서 그 앞에 거룩하고 흠이 없게 하시려고 그 기쁘신 뜻대로 우리를 예정하사 예수 그리스도로 말미암아 자기의 아들들이 되게 하셨으니 이는 그가 사랑하시는 자 안에서 우리에게 거저 주시는 바 그의 은혜의 영광을 찬송하게 하려는 것이라. 우리는 그리스도 안에서 그의 은혜의 풍성함을 따라 그의 피로 말미암아 속량 곧 죄 사함을 받았느니라. 이는 그가 모든 지혜와 총명을 우리에게 넘치게 하사 그 뜻의 비밀을 우리에게 알리신

16 존 스토트, 정옥배 역, 2014, 갈라디아서 강해, IVP, 105-111.

것이요 그의 기뻐하심을 따라 그리스도 안에서 때가 찬 경륜을 위하여 예정하신 것이니 하늘에 있는 것이나 땅에 있는 것이 다 그리스도 안에서 통일되게 하려 하심이라. 모든 일을 그의 뜻의 결정대로 일하시는 이의 계획을 따라 우리가 예정을 입어 그 안에서 기업이 되었으니 이는 우리가 그리스도 안에서 전부터 바라던 그의 영광의 찬송이 되게 하려 하심이라. 그 안에서 너희도 진리의 말씀 곧 너희의 구원의 복음을 듣고 그 안에서 또한 믿어 약속의 성령으로 인치심을 받았으니 이는 우리 기업의 보증이 되사 그 얻으신 것을 속량하시고 그의 영광을 찬송하게 하려 하심이라(**엡 1:4-14**)." 하나님은 창세전 마음속에 한 가지 목적을 품으셨다. 하나님은 아직 일어나지 않은 그리스도의 구속사역을 통해 아직 존재하지도 않은 우리를 자신의 자녀로 만들기로 작정하셨다. 어떤 자는 내가 하나님을 택하고, 그리스도를 믿기로 결심한 것이 아닌가 하며, 의문을 말한다. 그 말은 맞다. 실제로 우리가 하나님을 택하고, 믿음을 갖게 되었다. 하지만 오로지 영원 속에서 하나님이 먼저 우리를 택하셨기 때문에 그런 것이다.[17] 우리는 논증에 의해서나 이성에 의해서나 하나님이 어떻게 창세전에 우리를 선택하셨는지 이해할 수 없지만 하나님이 우리에게 그것을 선포하심으로 그것을 안다. 그리고 믿음 안에서 깨닫게 될 때 그 진리가 충분히 스스로 입증되는 것을 체험한다.[18] 바울은 그리스도가 하신 사역을 상세히 설명한다. 그리스도는 우리의 화평이 되셨다. 하나님과 인간 사이에 막힌 담을 자기 육체로 허무시고, 계명의 율법을 폐하셨다. 하나님과 원수 된 것을 십자가로 소멸하시고, 모두에게 평안을 전하셨다(**엡 2:14-17**). 그리스도는 우리와 하나님을 화평케 하신 분이시다. 중간에 막힌 담은 유대인과 이방인뿐 아니라 오늘날 하나님으로부터 소외된 모든 것, 즉 인종과 인종, 남편과 아내, 부모와 자녀, 주인과 종을 분리시켰던 모든 벽을 깨뜨렸다. 그리고 그 자리에 하나님이 세우신 새로운 기준, 새로운

---

17 존스토트, 정옥배역, 2014, 에베소서강해, IVP, 7, 43-44.

18 위의 책, 43-44,45.

생명, 새로운 관계로 만들어진 사회를 소개하고 있다.[19] 사탄의 권세는 본래부터 가지고 있었던 것이 아니라 하나님으로부터 받은 것이다. 따라서 사탄의 힘은 제한되어 있다. 그러나 아무리 강한 그리스도인도 자신만의 힘으로 사탄을 이길 수 없다. 우리가 육에 속한 무기로 싸울 때는 도저히 사탄의 적수가 되지 못한다. 하나님은 사탄을 공중의 권세잡은 자(엡 2:2)로 인정한다. 이 초자연적인 세력을 물리치기 위해서는 오직 초자연적인 무기를 사용함으로써만 가능하다. 우리가 싸우는 무기는 육적인 무기가 아니라 견고한 성이라도 무너뜨리는 하나님의 강한 무기(고후 10:4)이다. 그 모습은 전쟁에 나가는 군인이 전신갑주로 무장한 모습이다. 우리는 주 안에서와 그 힘의 능력으로 강건하여지고, 마귀의 간계를 능히 대적하기 위하여 하나님의 전신갑주를 입어야한다. 우리의 싸움은 혈과 육을 상대하는 것이 아니고, 통치자들과 권세들과 이 어둠의 세상 주관자들과 하늘에 있는 악의 영들을 상대함이다. 그러므로 하나님의 전신갑주를 입어야 한다. 이러한 무장을 통해서 능히 마귀를 대적하고 승리할 수 있다. 그런즉 진리로 너희 허리띠를 띠고, 의의 호심경을 붙이고, 평안의 복음이 준비한 것으로 신을 신고, 모든 것 위에 믿음의 방패를 가지고, 이로써 악한 자의 모든 불화살을 소멸하고, 구원의 투구를 쓰고, 성령의 검 곧 하나님의 말씀을 가지라(엡 6:10-17)고 강력히 권고한다. 혹독한 전쟁터로 달려 나가는 전사는 적군의 공격을 받기 쉽다. 그러므로 위험에서 우리를 보호해 줄 신발을 신어야 한다. 그리스도의 신부는 아름다운 드레스를 입고 있지만 그의 발은 평안의 복음으로 예비된 신발인 군화를 신고 있다. 하나님의 구원을 투구로 쓴 사람이 인간이 만든 신발을 신는 것은 어울리지 않는다. 이는 마치 성령으로 시작하여 육체로 마무리하는 것처럼 이상한 모습이다. 모든 전신갑주위에 믿음의 방패가 더해져야 진정한 무기가 완성된다. 믿음의 방패는 우리의 허리띠와 가슴의 호심경을 보호해 줄 것이다. 믿음의 방패에 그리스도의 영광, 곧 그리스도의 상징을 새겨

---

19 위의 책, 121.

두어야 한다. 무장한 전사의 복장 다섯 가지는 모두 적의 공격에 대비한 방어용이다. 방어만 해서는 전쟁에서 승리할 수 없다. 마지막 가장 중요한 전사의 공격 무기는 성령의 검, 하나님의 말씀이다. 하나님의 말씀을 휘두르면 머리부터 발끝까지 사람의 영이 쪼개진다. 우리는 성경의 저자인 모세, 다윗, 이사야, 바울, 베드로, 요한 등의 믿음의 조상들에게 감사해야 한다. 하지만 그 무엇보다도 성경의 원저자인 성령께 가장 감사드려야 한다. 오늘날 우리가 읽는 성경은 성령이 주신 감동을 생생하게 기록한 글이다. 들판에 있는 수천마리의 어미양과 새끼양이 한데 섞여 있어도 모든 새끼양은 자신의 어미를 단번에 알아본다. 마찬가지로 진정 거듭난 하나님의 자녀들은 자신의 영혼을 살찌우기 위해 어디로 가야 하는지 잘 알고 있다. 그들은 사탄의 속임수에 쉽게 넘어가지 않을 것이며, 성도들은 본능적으로 성령의 음성을 들을 수 있다. 성령의 검 이외 다른 어떤 무기로도 우리의 적을 대적할 수 없다. 우리가 인간의 이성이라는 검으로 사탄을 대적하다가는 유혹이라는 무기에 부딪혀 검이 산산조각 나고 말 것이다. 바울이 살던 시대로부터 지금까지 하나님의 말씀은 확실하고 견고하다. 성령의 검 이외의 다른 어떤 무기도 우리를 사탄과의 전쟁에서 승리를 쟁취하지 못할 것이다.[20]

6) 빌립보서

빌립보서는 설교자에게 순금과도 같다. 많은 사람이 빌립보서를 가장 좋아하는 성경중 하나로 꼽는 이유는 친숙하고 큰 사랑을 받는 구절들이 많기 때문이다. "내게 사는 것이 그리스도니 죽는 것도 유익함이라(빌 1:21).", "하나님이 그를 지극히 높여 모든 이름 위에 뛰어난 이름을 주사(빌 2:9).", "주 안에서 항상 기뻐하라 내가 다시 말하노니 기뻐하라(빌 4:4).", "내게 능력 주시는 자 안에서 내가 모든 것을 할 수 있느니라(빌 4:13)." 이러한 친숙한 구절

20 찰스 스펄전, 강신 역, 2014, 승리가 보장된 싸움, 터치북스, 190.

들이 서로 잘 어울려 도전적이고 영감을 주는 메시지를 이루기 때문이다.[21] 빌립보서는 기쁨이 충만한 서신서이다. 하지만 그 밑바닥에는 이제 시간이 얼마 안 남았다는 냉정한 인식이 깔려있다. 바울 자신은 사형선고를 받을 수도 있는 상황이다. 이방인에게 그리스도를 전하는 사도였던 바울은 하나님의 성령으로 봉사하며 그리스도 예수로 자랑하고 육체를 신뢰하지 아니하는 우리가 곧 할례당이라고 가르쳤다. 바울은 자신을 8일 만에 할례를 받고 이스라엘 족속이요 베냐민 지파요 히브리인 중의 히브리인이요, 율법으로는 바리새인이요 열심으로는 교회를 박해하고 율법의 의로는 흠이 없는 자로 소개했다. 식민지 빌립보는 사실상 축소판 로마였다. 아우구스투스는 빌립보에 로마황제가 로마 제국의 특별한 도시에 부여하는 명예와 권리를 부여했다. 빌립보 시민은 로마 시민으로서 채찍으로 맞거나 체포당하는 것이 면제 되었으며, 황제에게 항소할 권리가 주어졌다. 빌립보 교회는 바울이 세운 첫 번째 유럽 교회가 되었다. 빌립보서는 주님이 오시는 날, 온 우주에 높이 우심을 받고, 직접 오실 날이 가까움 등에 대해 여섯 번 언급하고 있다.

7) 골로새서

바울은 골로새서 3장에서 그리스도인이 어떻게 행동해야 하는지 권고하기 위해, 먼저 그리스도인이 어떤 존재인지를 설명한다. 바울의 권고는 위의 것을 찾으라는 것이였다. 그의 설명은 우리가 그리스도와 함께 죽었고, 함께 살아났다는 것이다. 그렇다면 우리는 누구인가? 바울은 계속해서 예수님의 구속사역의 네 가지 주요 사건을 설명한다. 그것은 그리스도의 죽음, 부활, 높아지심, 재림을 언급한다. 동시에 이 같은 사건들이 그리스도에게만 일어난 것이 아니라 우리도 거기에 참여하고 있다고 말한다. 우리는 그리스도와

21 제이슨 마이어, 앨리스터 윌슨, 데이비드 채프먼, 김명희 역, 2023, 빌립보서-데살로니가후서, 국제제자훈련, 29-30.

함께 죽었고(갈 2:20), 그리스도와 함께 다시 살아났다(갈 3:1). 또한 우리 생명이 그리스도와 함께 감추어졌으며(갈 3:3), 그리스도와 함께 나타나리란 것이다(갈 3:4).

이 위대한 선언은 우리가 마음으로 믿고, 외적으로 세례를 받음으로써 그리스도와 연합한 결과로 일어난 일들이다 그리스도인이 된 우리는 어떻게 행동해야 하는가? 위의 것을 생각하고, 땅의 것을 생각하지 말라(골 3:2)고 권고한다. 땅의 것은 탐욕과 음란과 비방과 노여움과 악의 등의 죄를 가리킨다.[22] 링컨은 골로새서 1장 16절을 묵상하다가 민주주의의 중요한 정의를 깨닫게 되었다. 만물이 그에게서 창조되되 하늘과 땅에서 보이는 것들과 보이지 않는 것들과 혹은 왕권들이나 주권들이나 통치자들이나 권세들이나 만물이 다 그로 말미암고 그를 위하여 창조되었고 또한 그가 만물보다 먼저 계시고 만물이 그 안에 함께 섰느니라(골 1:16)는 말씀이다. 링컨은 이 말씀에서 영감을 받아 게티즈버그에서 행한 연설에서 "국민의, 국민에 의한, 국민을 위한 정치가 지상에서 사라지지 않도록 합시다"라고 말했다. 이 문장은 오늘날까지 민주주의의 정의로 남아있다.

8) 데살로니가전서

독일 신혁자 벵겔(Bengel)은 데살로니가전서에 대해 "이 서신서에는 일종의 순전한 다정함이 있다"고 말했다. 이 서신서에는 진정한 바울의 모습을 읽을 수 있다. 바울은 데살로니가 사람들에게 실제 아버지와 어머니의 심정으로 이 서신을 쓰고 있다. 바울은 그들을 사랑하고, 그들이 잘될 것을 바라고 염려하며, 그들을 가르치고 권면하고, 그들에게 굳게 설 것을 당부하고, 그들을 위해 절박하게 기도했다. 이 서신서에는 바울의 심장 고동 소리를 들을 수 있으며, 그의 눈물을 볼 수 있다. 데살로니가를 복음화한 선교팀은 바

22 존 스토트, 앞의 책, 378.

울과 실라, 디모데이다. 데살로니가에 이르기 전 바울은 빌립보에서 부상과 능욕을 당했다. 바울과 실라는 옷을 벗기고, 매를 맞고, 감옥에 갇혔으며, 발은 차꼬에 묶였다. 그것은 극도로 고통스러운 경험이었으며, 수치스러운 것이었다. 이들은 로마 시민권을 가지고 있었음에도 재판도 받지 않고 공중 앞에서 발가벗겨진 채 매질을 당했다.[23] 바울은 데살로니가를 방문했을 때 주님이 재림하는 날에 대해 분명히 말했다. 바울은 데살로니가 교인들이 믿음 안에서 굳건해지고, 용기를 얻도록 자기 대신 디모데를 그들에게 보냈다(데전 3:2). 그는 데살로니가 교인들이 고초를 겪다가 요동하여, 하나님을 섬기는 신앙을 버리지나 않을까 걱정했다. 바울은 부모의 심정으로 서신을 보냈다. 영적 근육을 만들고 핍박을 받으라고 가르쳤다. 또한 데살로니가에 사는 이방인 회심자들에게 자신의 몸을 거룩하게 하고, 존귀하게 제어하는 법을 배우고, 부도덕한 성생활을 피하라고 명령했다. 그 당시 남자들이 성생활에서 누리던 특권은 아테네 웅변가 데모스테네스의 말에서 드러난다. "우리는 쾌락을 누리려고 정부(情婦)를 두고, 하루하루 재미나게 살고자 첩을 두며, 우리에게 적통 자녀를 낳아주고 집안을 믿음직하게 건사해줄 아내를 둔다." 그리스 로마사회의 성생활은 종교 및 정치생활과 강하게 연결되어 있었다. 번성한 국가를 만드는 데는 성생활과 자녀 출산이 필수불가결한 요소였다. 이런 이유 때문에 매매춘이 널리 퍼져 있었고 법도 이를 인정했으며, 신전 예배와 매춘이 연결된 경우가 많았다. 로마의 성인 남성은 자기부인은 물론이요 창녀 그리고 신분이 낮은 어떤 여성과도 자유로이 성행위를 할 수 있었다.[24] 바울은 간단한 인사(데전 1:1)와 긴 인사(데전 1:2-10)로 데살로니가교인들을 맞이한다. 간단한 인사는 은혜와 평강을 전한다. 긴 인사는 믿음과 사랑과 소망으로 나타난다. 믿음으로 만들어 낸 일, 사랑이 원동력이 된 그들의 수고, 그리고 주 예수 그리스도 안에서 품은 소망이 불러일으킨 그들의 인내

23 존 스토트, 정옥배 역, 2014, 데살로니가전후서 강해, 한국기독학생회출판부, 59.
24 롱네커, 스틸, 앞의 책, 109-110.

를 이유로 하나님께 감사기도를 올린다. 그리스도 안에 있는 삶은 믿음에서 시작하여 사랑으로 이어지고, 소망 안에서 완성된다. 특히 데살로니가 교인들에게 믿음과 사랑을 호심경으로 입고, 구원의 소망을 투구로 쓰자고 요구한다.[25] 바울은 역사는 믿음에 의해 생겨났고, 수고는 사랑에 의해 유발되었으며, 인내는 소망에 의해 성취되었다고 주장한다. 믿음의 역사와 사랑의 수고와 우리 주 예수 그리스도에 대한 소망의 인내를 우리 하나님 아버지 앞에서 끊임없이 기억하라(**살전 1:3**)고 권고한다.[26] 데살로니가전서는 두 부분으로 나뉘어 있다. 전반부는 데살로니가 교인들의 회심과 그에 따른 복음전도이고, 후반부는 교인들의 문제에 대한 가르침이다. 전반부에서 바울은 교회가 어떻게 복음을 전파해야 하는가, 목회자는 어떻게 복음과 교회를 섬겨야 하는가, 어떻게 복음적인 교회가 될 것인가 등에 관한 이야기(**narrative**)를 전개하고, 후반부에서는 특히 교인들의 성적인 자제와 예기치 않게 임할 주님의 재림에 대비하여 의롭게 살 것을 권고(**exhortation**)하고 있다.[27] 데살로니가전서는 갓 출범한 이방인 선교지의 한 교회에서 선교사요 목회자로서 사역한 바울의 모습을 예리하고도 생생하게 보여준다. 목회자와 선교사들은 바울의 선교사로사의 마음과 자세(**살전 2:1-12**)를 본받을 수 있다. 바울은 주님이 어떻게 오실 것인지를 설명하기 위해 두 개의 비유를 사용한다. 첫째로 주의 날이 밤에 도둑같이 이르며(**살전 5:2**), 둘째 저희가 평안하다, 안전하다 할 그때에 임신한 여인에게 해산의 고통이 이름같이 멸망이 갑자기 그들에게 이르리니 결코 피하지 못한다고(**살전 5:3**)경고한다. 이 두 가지 비유를 한데 묶으면 그리스도의 오심이 밤중의 도둑같이 예기치 못한 것이며, 임신말기의 진통같이 피할 수 없을 것이다. 그러므로 재림 날짜를 알아냄으로써 그들의 문제를 해결하려는 데살로니가 교인들의 희망은 좌절되었다.

---

25 위의 책, 113-114.

26 존 스토트, 데살로니가전후서 강해, 191.

27 앞의 책, 18-20.

9) 데살로니가후서

데살로니가전후서는 그리스도의 인격적이고, 가시적이고, 영광스러운 재림에 대해 많이 언급한 편지로 알려져 있다. 실제로 여덟 개 장 모두에 재림을 언급하고 있다. 그중에서도 데살로니가후서 1장에는 그리스도의 영광이 거듭 언급되고 있다. 첫째, 주 예수께서 영광가운데 나타나실 것이다(살후 1:7). 둘째, 주 예수께서 자기 백성들에게서 영광을 받으실 것이다(살후 1:1). 셋째, 고의적으로 그리스도를 거부하는 이들은 그분의 영광에 참여하지 못할 것이다(살후 1:8-9). 넷째, 그때까지 예수 그리스도께서는 우리 안에서 영광을 받으셔야 한다(살후 1:12).[28] 바울과 동역자들은 데살로니가 교인들의 믿음과 사랑이 자라고 있으며, 그들이 환난 중에서 참고 충성되게 굳게 서있다는 소식을 디모데로부터 듣고 하나님께 깊은 감사를 드렸다(살후 1:5-10). 다른 한편으로는 교회가 세 가지 면에서 어지러운 상태에 있었기 때문에 근심의 소지도 있었다. 첫째로 교회를 박해하는 자들로 인해 바울은 왜 하나님이 그분의 백성이 하나님 나라를 위해 고난 받는 것을 허락하시며, 또한 그리스도가 다시 오실 때 하나님이 어떻게 잘못된 것을 바로 잡으실 것인가를 설명했다. 둘째, 데살로니가 교인들은 거짓 가르침에 미혹당할 위험에 처해 있었다. 이러한 거짓 가르침을 말하는 자들에게는 주의 날이 이미 이르렀다고 말했다. 그래서 바울은 그들에게 하나님의 종말론적 일정표와 특히 그리스도의 재림 전에 적그리스도의 반역이 먼저 일어날 것임을 상기시킬 필요가 있었다. 셋째, 데살로니가 교인 중에는 바울의 권고를 따르지 않는 게으른 자들이 있었다. 바울은 이들에게 엄중히 경고하였다. 이 데살로니가후서를 쓴 동기는 디모데로부터 데살로니가 사정이 악화되었다는 보고를 받았기 때문이다. 첫째, 데살로니가 회중이 외부인들 때문에 많은 고초를 겪고 있으며 둘째, 교회안에는 종말론과 관련한 불안이 심화되고 있었다. 셋째, 종말론의 영향으로 제멋대로 살아가거

28 앞의 책, 354.

나 일을 중단하는 자들이 나타나고 있다.[29] 이러한 모습은 사도가 보여준 모범과 어긋날 뿐 아니라 공동체 안에서 서로 간 갈등을 야기한다. 바울은 이러한 우려 가운데서도 믿음을 지키고, 일하지 않으려면 먹지도 말라고 가르치고 있다. 바울은 박해 가운데서도 믿음에 바로서기 위해 노력하는 데살로니가 교인들을 칭찬하고 격려하며 그리스도 재림에 관한 교훈과 권고를 하고 있다.

10) 디모데전서

디모데전서와 디도서는 거짓선생들이 에베소와 그레데 회중 내에 발판을 마련한 일을 계기로 기록되었다. 바울은 디모데와 디도에게 편지를 써서 사도의 복음으로 거짓 선생들에게 맞서라고 권면한다. 또한 거짓 가르침에 맞서고 양떼를 돌보는 일에 함께 할 자격을 갖춘 장로들을 찾으라고 긴급하게 요청한다. 바울은 로마 당국에 의해 자신의 처형이 얼마 남지 않았음을 직관적으로 깨닫고 디모데에게 자신이 죽은 후에도 계속 신실하게 말씀을 선포하라고 호소한다. 바울은 에베소와 그레데를 포함해 여러곳을 다니며 사역을 계속하다가 결국 체포되어 옥에 갇히고 거기서 처형을 기다리며 디모데후서를 썼다.[30] 바울은 디모데에게 보낸 서신에서 우리 구주 하나님과 우리의 소망이신 그리스도 예수의 명령을 따라 믿음 안에서 참 아들 된 디모데에게 은혜와 긍휼과 평강이 있기를(**딤전 1:1-2**) 소원했다. 디모데는 우리처럼 모든 면에서 연약한 사람이다. 바울이 이 서신을 썼을 때 디모데는 30대 중반쯤 되었을 것으로 보인다. 바울은 디모데에게 아무도 그의 연소함을 업신여기지 못하게 하라고 했고(**딤전 4:2**), 청년의 정욕을 피하라(**딤후 2:22**)고 썼다. 또한 디모데는 육체적으로 허약했으며, 반복되는 위장병으로 고생했다. 바울은 물만 마시지 말고 포도주를 조금씩 쓰라(**딤전 5:23**)고 권고한다. 디모데는 수

---

29 롱네커, 스틸, 위의 책, 143-144.

30 데니버크 앨리스터윌슨, 김명희 역, 2023, 디모데전서 빌레몬서, 국제제자훈련원, 29.

즙음을 타는 성격이었으며, 허약한 사람이었다. 디모데는 인간의 연약함을 모두 가진 자였다. 바울은 자신을 저자로, 디모데를 수신자로 그리고 하나님을 은혜, 긍휼, 평강을 베푸시는 분으로 밝히면서 디모데가 이것을 누리기를 기원했다. 은혜는 죄로 인해 도무지 자격이 없는 자에게 베푸시는 하나님의 친절이고, 긍휼은 스스로를 구원할 수 없는 비참한 지경에 놓인 자들에 대한 하나님의 불쌍히 여기심이다.[31] 평강은 근심과 걱정이 없는 화합과 평온의 상태이며, 이를 위해 서로 인사할 때 '평안히 가라!' 또는 '샬롬!' 등으로 인사한다. 예수님은 부활 후 이 말을 자주 사용했다. 바울은 구약의 전통과 예수님의 본을 따라 서신서를 쓸 때마다 '너희에게 평강이 있기를(Peace be with you)!'이란 문구로 인사했다. 디모데전서 2장 1절과 2장 4절에서 바울은 모든 사람을 위해 기도해야 하며, 하나님은 모든 사람이 구원받기를 원하신다고 말한다. 그래서 하나님은 모든 사람의 구주(딤전 4:10)라고 말한다. 예수님은 베드로에게 내 양을 먹이라(요 21:17)고 권고한다. 여기서 어린 양은 모든 사람을 지칭한다. 일부 설교자는 모든 양이 닿을 수 없게 음식을 너무 높은 데 둔다. 그래서 스펄전은 양이 아닌 기린을 먹이라고 성경을 해석하는듯하다 라고 재치있게 말했다. 신학적 설교를 유창하게 하면서 자신이 사람들을 섬기고 있다고 착각한다. 설교자는 의사나 배관공이나 변호사나 주부나 직공이 모두 이해할 수 있도록 설교해야 할 책임이 있다.[32] 바울이 그리스도의 진정한 사도라면 디모데는 믿음 안에서 낳은 참 아들이었다. 바울의 가장 큰 관심사는 교회와 가정 그리고 세상이라는 세 영역에서 이 시대를 살아가는 그리스도인의 의무가 구원에 대한 총체적 교리, 특별히 그리스도의 초림과 재림에 관한 교리에 의해 규정됨을 보여주는 것이다. 20세기를 살고 있는 오늘날에도 이 주제는 적절하다. 왜냐하면 현대 문화는 포스트모더니즘(post modernism) 정신에 압도되고 그 속에서 침몰하고 있기 때문이다. 포스트모

31 존 스토트, 김현회 역, 2014, 디모데전서·디도서강해, IVP, 41-45.

32 데니버크 앨리스터윌슨, 앞의 책, 135-136.

더니즘은 계몽주의에서 비롯된 모더니즘에 대항해서, 특히 이성, 과학, 진보에 대한 지나친 신뢰에 대한 반작용으로 시작되었다. 포스트모더니즘의 발흥은 무엇이 합리적이고 무엇이 비합리적인지를 결정하는 어떤 보편적 합리성이 존재한다는 서양사상에 대한 반동이다. 포스트모더너티는 합리적으로 추론하고 사고하는 데에는 각양각색의 방식이 있음을 알고 인정해야 한다고 주장한다. 포스트모더니즘이 천진스런 낙관주의를 거부하는 것은 옳다. 그러나 포스트모더니즘은 거기서 그치지 않고, 객관적이거나 우주적인 진리는 존재하지 않는다고 주장하는 데까지 나아갔다. 소위 진리라고 부르는 것들은 문화적으로 영향을 받은 주관적인 것에 불과하므로, 우리는 모두 나름대로의 진리를 가지고 있으며, 그러한 우리의 견해는 누구의 의견 못지않게 존중받을 권리를 가지고 있다는 것이다. 이러한 포스트모더니즘에서 다원주의가 발생했다. 세상 종교에는 각기 구원의 길이 있다고 주장하는 종교 다원주의도 포스트모더니즘의 영향으로 생겨났다. 다원주의는 모든 종류의 믿음과 이데올로기가 제각기 타당하다고 주장하고, 따라서 누군가에게 우리 의견에 따르라고 설득을 시도하는 것은 더할 나위 없이 거만한 행동이므로 당장 중단하라고 촉구하다.[33] 이러한 문제에 대해서 바울은 교회는 진리의 기둥과 터이며(**딤전 3:15**), 거짓 교사들은 믿음에서 벗어나 진리를 대적하는 자(**딤전 6:21, 딤후 2:18**)라고 분명한 어조로 이들을 질책한다. 예수 그리스도가 우리의 유일한 중보자가 되실 수 있는 두 가지 유일성이 있다. 첫째는 그분의 신성과 인성이 가지는 유일성이며, 둘째는 우리를 구속하기 위한 대속적 죽음의 유일성이다. "하나님은 한 분이시요 또 하나님과 사람 사이에 중보도 한 분이시니 곧 사람이신 그리스도 예수라 그가 모든 사람을 위하여 자기를 속전으로 주셨으니 기약이 이르면 증거할 것이라"(**딤전 2:5-6**). 여기서 예수 그리스도가 이루신 구속 사역의 세 가지 주된 사건은 성육신, 속제, 중보이다. 예수님은 성육신으로 탄생하여 사람이 되셨고, 죽음을 통해 자신을 속제물

33 존 스토트, 김현회 역, 2014, 디모데전서·디도서강해, IVP,13.

로 주셨으며, 부활과 승천으로 말미암아 높여지셨고, 하나님 아버지의 우편에 앉아 오늘도 우리를 위해 중보하고 계신다. 성육신, 속죄 그리고 하늘에서의 중보 사역은 위대한 구원의 교리를 이룬다. 어떤 인간도 선행이나 종교적 수행이나 믿음이나 열심으로 자신을 구원할 수 없다. 오직 예수 그리스도만이 사람을 구원할 수 있는 유일한 자격을 갖춘 중보자가 되신다.[34]

11) 디모데후서

바울의 서신서 중에서 가장 개인적인 편지는 디모데후서이다. 이는 바울이 처형을 눈앞에 두고, 디모데에게 보낸 작별의 편지이자 적어도 열일곱 명의 친구에게 마지막으로 부탁하고 싶은 것과 안부 등을 전했다. 이 편지가 유언의 말씀으로 남았다. 전제와 같이 나의 떠날 시각이 가까웠도다 나는 선한 싸움을 싸우고, 나의 달려갈 길을 마치고, 믿음을 지켰으니 이제 후로는 나를 위하여 의의 면류관이 예비되었으므로 주 곧 의로우신 재판장이 그 날에 내게 주실 것이며, 내게만 아니라 주의 나타나심을 사모하는 모든 자에게도니라(딤후 4:6-8)라고 말했다. 바울은 이 서신에서 디모데의 눈물과 그의 어머니와 외조모의 믿음과 사역(딤후 1:4-7), 그리고 디모데가 개인적으로 알고 있는 사도의 가르침, 생활방식, 고난 등에 관한 지식(딤후 3:10-12) 등을 되새겼다. 바울은 디모데에게 복음의 좋은 소식을 전할 때 효과적으로 이해하도록 세 가지 생생한 비유를 사용해서 설명한다. 첫 번째는 헌신된 병사의 비유이다. 너는 그리스도 예수의 좋은 병사로 나와 함께 고난을 받으라고 권고한다(딤후 2:3-4). 바울은 감옥 체험을 통해 로마 병사를 관찰하고 병사와 그리스도인의 유사점을 찾게 되었다. 이전 편지에서 그리스도인 병사가 참여하는 정사와 권세와의 전투, 그가 입어야 하는 갑옷과 사용해야 하는 무기에 대해서 말했다(엡 6:10 이하). 현역 복무중인 병사는 안전하거나 편안한 때를 기대하지 않는

34 위의 책, 91-92.

다. 그들은 역경과 위험과 고난을 당연한 것으로 받아들인다. 병사는 기꺼이 고난받을 뿐 아니라 전심전력해야 한다. 그리스도의 좋은 병사가 되려면 수고와 고난의 삶에 헌신하고, 성경을 읽고 배우는 일에 힘써야 한다. 두 번째 비유는 운동선수의 비유이다. 경기하는 자가 법대로 경기하지 아니하면 승리자의 관을 얻지 못할 것(딤후 2:5)이라고 지적한다. 바울은 로마 병사의 이미지에서 헬라 운동경기에 참가한 선수를 통해 설명한다. 운동경기에서 참가자가 규칙을 무시하고 경기하면, 승리자의 관을 얻지 못한다. 바울은 그리스도인의 삶을 통상 경주에 비유했다. 그리스도인은 법대로 살 책임, 규칙을 지킬 책임, 하나님의 도덕법에 순종할 책임이 있다. 그리스도인은 구원의 길에서 율법 아래 있지 않은 것은 사실이다. 하지만 행동지침면에서는 율법 아래 있다. 그래서 하나님은 율법을 폐하기는 커녕, "우리에게 율법의 요구가 이루어지게 하려고" 자기아들을 우리를 위해 죽으시도록 보내셨으며, 이제 우리 안에서 그분의 율법을 이루시도록 성령을 보내셨다(롬 8:3,4). 바울처럼 디도도 끝까지 견뎌서 선한 싸움을 싸우고 달려갈 길을 마치고, 믿음을 지킬 때에만 마지막 날에 의의 면류관을 받을 것이다(딤후 4:7,8). 등대를 오랫동안 지켜온 부부에게 질문을 했다. 폭풍우가 몰아치는 밤에 엄청난 파도가 밀려오면 조그만 탑 안에서 두렵지 않으세요? 전혀 그렇지 안다고 대답했다. 등대가 마치 육지 한 복판에 있는 것처럼 안전함을 느낀다고 답했다. 성숙한 크리스천도 그렇다. 고난을 받지만 부끄럽게 여기지 않는 것은 내가 믿는 하나님이 내가 생을 마칠 때까지 나를 능히 지키실 줄을 확신하기(딤후 1:12) 때문이다.

12) 디도서

바울이 디도에게 보낸 신약성경의 작은 문서는 언제나 인기를 누렸는데, 특히 교회에서 책임을 맡고 있는 지도자들 사이에서 그러하다. 왜냐하면 이 서신은 디도라는 개인을 향해 쓰였지만, 그를 뛰어넘어 그가 감독하던 교회들을 염두에 두고 있기 때문이다. 우리 역시 바울의 권면을 들을 필요가 있다.

그것은 교회의 장로를 엄선해서 임명하는 일(딛 1:5-9), 그릇된 가르침이 끼치는 파괴적인 영향(딛 1:10-16), 여러 다른 집단의 사람들로 하여금 가정에서 교리와 의무를 연결시키는 것의 중요성을 깨닫게 하는 일(딛 2:1-10), 하나님의 백성이 이 세상시민으로서 감당해야 할 사회적 책임(딛 3:1-2) 등이다. 여기서는 세 가지 주된 주제가 나타난다. 그것은 거짓 교사들과 대조되는 그리스도인 장로들(1장), 그리스도의 초림과 재림에 대한 확신을 가짐으로써 우리가 가정에서 서로를 향한 의무를 다하는 일(2장), 그리고 구원의 직접적인 열매를 위해 우리가 공적인 삶에서 맺고 있는 여러 관계(3장)에 대한 것이다.[35]

13) 빌레몬서

바울의 서신서 중 가장 짧은 서신은 1장에 불과하고 335자밖에 안 되는 빌레몬서이다. 신학자들이 빌레몬서와 골로새서를 함께 묶어 다루는 이유는 두 서신이 언급하는 바울의 친구 오네시모 때문이다. 빌레몬서에 나오는 오네시모가 골로새서 4장 9절에 나오는 신실하고, 사랑받는 형제라고 묘사하는 오네시모와 동일인물이기 때문이다. 오네시모는 빌레몬의 노예로서 주인과 함께 골로새에 살았다. 빌레몬서와 골로새서는 모두 골로새의 신자들에게 쓴 서신이다. 빌레몬서에 나오는 등장인물은 세 사람인데 차꼬에 매인 바울과 노예 소유주이자 그리스도 신자인 빌레몬, 그리고 빌레몬의 노예로서 바울에게 전도받은 오네시모이다. 빌레몬의 노예였던 오네시모는 주인 빌레몬에게 무언가를 훔치고 도망쳤다. 오네시모는 처벌이 두려워 빌레몬으로부터 도망쳤다가 사로잡혀 감옥에 갇혔다. 그곳에서 바울을 만나게 되었다. 빌레몬은 에베소에서 바울로부터 십자가 복음을 전해듣고, 개종하여 신자가 되었다. 그 후 바울의 제자로서 착실하게 복음을 배웠다. 바울은 빌레몬의 권리를 존중하여 오네시모를 그에게 돌려보내면서 이 후로는 오네

35 앞의 책, 229-230.

시모를 종과 같이 대하지 아니하고, 사랑 받는 형제로 대우하라(**몬 16**)고 간청한다. 나아가 바울은 그리스도안에서 사랑하는 동역자요 형제인 빌레몬에게 오네시모를 영접하기를 내게 하듯(**몬 17**)하라고 말한다. 바울은 빌레몬이 자신의 요구를 들어줄 것을 확신하고 오네시모를 빌레몬에게 되돌려 보낸다. 그러나 바울은 오네시모를 대함에 있어 마치 자신을 대함과 같이 대해줄 것을 요구하지만 오네시모를 해방시킬 것을 요구하지는 않는다. 이런 점에서 바울은 로마의 노예제를 수용하고 있다고 볼 수 있다. 바울은 가이사의 것은 가이사에게, 하나님의 것은 하나님에게(**마 22:21**) 바치는 것을 옳다고 여겼다. 교권과 지상권의 분리가 타당하다 생각하고, 하나님으로부터 나오지 않은 권력이란 존재할 수 없으므로 모든 인간은 기존의 권위에 순응해야 한다고 생각했다. 바울은 빌레몬서 1장 10절에서 오네시모를 옥중에서 낳은 아들이라 표현하고, 자신이 형제라 부르는(**몬 1:7**) 빌레몬에게 오네시모를 형제로 대우할 것을(**몬 1:16**) 권고한다. 바울은 현실적 사회제도인 노예제를 뛰어 넘은 새로운 시각으로 오네시모를 보고 있었음이 분명하다. 바울은 감옥에서 그리스도인이 된 오네시모를 자신의 형제로서 빌레몬에게 새롭게 소개하고 또 오네시모를 마치 자기 자신과 동일한 존재로 간주하도록 간청했다. 고대 그리스와 로마는 노예제에 의해 유지되던 사회로 노예가 사회 구성의 중요한 요소로 자리잡은 시대였다. 이런 노예를 바라보는 시선은 두 사회 모두 비슷했는데, 전반적으로 노예는 개인의 소유물로서 법적 권리가 없는 재산으로 여겨졌다. 바울은 빌레몬서에서 노예의 해방과 노예제 폐지에 대해서는 침묵하고 있다. 그러나 공동체 안에서 노예인 오네시모를 자신의 형제로 맞이한다는 점에서 당시로서는 파격적인 태도라 할 수 있다.[36] 기독교 복음이 단번에 로마의 노예제를 폐지하지 못했다. 그러나 바울의 예수 그리스도에 대한 사랑이 19세기 영국과 미국에서의 노예해방으로 결실을 맺는 변화의 씨앗을 뿌렸음을 알 수 있다.

---

36 현종환, 2021, 초기기독교와 노예제, 기독교학문연구회, 624-636.

표 9.1 바울서신연표

서신	저작 연도	저작지	저자 논란	특징	
갈라디아서 Epistle to the Galatians	48/49	안디옥	없음	최초서신	교리서신 (구원론, 기독론, 교회론 등 주요 교리를 중심)
데살로니가전서 First Epistle to the Thessalonians	50/51	고린도	없음	종말론적 서신	
데살로니가후서 Second Epistle to the Thessalonians	50/51	고린도			
고린도전서 First Epistle to the Corinthians	55/56	에베소	없음	십자가중심의 삶	
고린도후서 Second Epistle to the Corinthians	55/56	마게도냐	없음	교회연합과 경건의 삶	
로마서 Epistle to the Romans	57	고린도	없음	이신칭의와 이 세상에서의 그리스도인의 삶의 자세	
골로새서 Epistle to the Colossians	60–62	로마		교회머리이신 그리스도	옥중서신 (로마감옥에 투옥되었을 때 쓴 서신)
빌레몬서 Epistle to Philemon	60–62	로마	없음	빌레몬에 대한 부탁	
에베소서 Epistle to the Ephesians	60–62	로마		그리스도인의 삶	
빌립보서 Epistle to the Philippians	60–62	로마	없음	그리스도 복음에 합당한 생활	
디도서 Epistle to Titus	63	마게도냐	있음	교회를 든든히 세움	

디모데전서 First Epistle to Timothy	65	마게도냐		이단과 거짓교훈을 대적	목회서신 (교회를 보살피고 교회조직에 초점)
디모데후서 Second Epistle to Timothy	65	로마		디모데에게 주는 당부	

출처:

데니 버크, 앨리스터 L. 윌슨, 김영희 역, 2023, 디모데전서 빌레몬서, 국제제자훈련원

로버트 L. 레이먼드, 원광연 역, 2005, 바울의 생애와 신학, 크리스챤 다이제스트

브루스 W. 롱네커, 토드 D. 스틸, 박규태 역, 2019, 바울, 성서유니온

스탠리 E. 포터, 임재승 조명훈 역, 2019, 바울서신 연구, 새물결플러스

http://m.lightlove.or.kr/core/mobile/board/board.html?Mode=view&boardID=www68&num=2759

https://blog.naver.com/shbr53/221821130017

제 10 장 바울과 도시문명

바울의 선교는 지중해 연안 중심으로 이뤄졌다. 바울은 1세기에 20여 개의 로마 속주와 50여 개의 도시를 다녔다. 바울은 특히 예루살렘, 에베소, 데살로니가, 고린도, 로마 등 당시의 대도시 지역에 말씀을 전파하려 했다. 대도시에 전파된 말씀이 점차로 주변 지역에 퍼져 나갈 것으로 상정(詳正)했다. 이는 헤거스트란드의 확산 논리와도 조응한다. 헤거스트란드는 정보의 확산이 대도시 중심의 계층 확산과 주변 지역으로의 전염 확산 과정을 통해 이루어진다고 제시했다. 바울이 다닌 지역을 답사하면서 말씀 전파가 계층적으로 또 주변적으로 확산되었음이 상당 부분 확인됐다.[1]

아브라함은 4,000년 전 도시문명의 출발지인 이라크 갈대아 우르에 태어났다. 하나님의 부르심을 받은 유목민 아브라함은 이라크, 튀르키예, 이스라엘, 이집트 등 레반트의 여러 곳을 다니다가 이스라엘 헤브론에 정착했다. 아브라함과 그의 후손들은 하나님 유일신 유대교를 믿었다. 예수가 출현하면서 하나님을 믿는 유대교는 하나님이 뜻하신 본래의 종교성을 바탕으로 재창립됐다. 율법과 할례가 아닌 사랑 중심의 하나님 종교로 거듭 태어난 것이다. 빛으로 예수의 현현을 본 바울은 성령의 은혜로 충만한 채 예수 중심의 기독교를 지중해 연안에 전파했다.

그렇다면 4000년 전 갈대아 우르에서 시작한 도시문명의 흐름 속에서 바울의 선교는 어떤 의미를 가졌을까? 이러한 문제의식을 규명하기 위해서는

1 권용우는 1987-2024년의 37년 기간 동안 세계도시를 답사했다. 특히 아브라함과 바울의 발자취를 따라 중동을 일곱 차례, 남부 유럽·지중해 등지를 여러 차례 답사했다.
Hägerstrand, T., eds., 1981, *Space and Time in Geography,* Lund Studies in Geography, 48; 이정록, 1993, "헤거스트란드의 공간확산론과 시간지리학," 한국지리연구회, 현대지리학의 이론가들, 민음사, 205-224.

도시문명의 전개과정 상에서 기독교의 흐름을 고찰해 보아야 한다.

도시문명(**urban civilization**)의 주요 구성 요소는 인간, 도시, 국가, 세계다. 사람들이 모여 살면 마을이 된다. 마을이 커지면 취락으로 변한다. 취락이 확대되면 도시로 발전한다. 도시가 많아지면 국가를 구성한다. 국가들이 모여 세계가 된다. 마을-취락-도시-국가-세계는 시간의 흐름과 함께 변천한다. 도시는 도시민이 사는 곳이다. 도시민은 Citizen, Civilian으로, 문명은 Civilization으로 표기한다. 곧 문명은 도시민이 사는 장소를 만드는 과정으로 이해할 수 있다. 이에 여기에서는 도시 문명을 문명의 범주에서 해석하고자 한다. 문명은 말이라는 의사 소통 체계에 의해 구축된다. 먹거리 혁신으로 유목에서 농경으로, 농경에서 2차·3차 산업으로의 변천이 이뤄진다. 경제적 풍요로움이 넘치면 새로운 문화가 꽃피운다. 탄탄한 종교적 믿음이 견고하게 문화적 뒷받침을 한다. 복잡한 문명 사회로의 전환은 점진적이면서 다양하다.

도시문명은 각 도시와 국가의 말, 먹거리 산업, 종교의 패러다임을 파악하면 그 내용을 가늠할 수 있다는 논거가 제시되어 있다. 이 가운데 종교 패러다임은 도시문명의 문화적 특성을 대변해 주는 요소다.[2]

이론적, 체험적, 실증적 논거를 통해 고찰했을 때 도시문명은 네 단계로 진행됐음이 확인된다. 각 단계에서 기독교의 역할, 특히 바울 이후의 기독교의 흐름에서 바울의 영향이 오늘날까지 미치고 있음이 확인된다.

첫째는 비옥한 초승달 지대의 도시문명이다. 언어는 셈어를 썼다. 산업은 농업이었다. 종교는 다신교였다. 셈족의 아브라함과 후손들은 유일신 여호와를 믿었다.

---

2 권용우, 2021-2024, 세계도시 바로 알기, 전 9권, 서부유럽·중부유럽, 북부유럽, 남부유럽, 동부유럽, 중동, 아메리카, 대양주·남아시아, 동아시아·동남아시아, 말·먹거리·종교, 박영사.
오세열, 2024,4.5, "문명과 말·먹거리·종교," 뉴스핌.
오세열, 2025.1.29, "미래학자들이 보는 인류의 미래," 목장드림뉴스.

둘째는 로마 제국 시대의 도시문명이다. BC 27년 시작해 1453년까지 존속했다. 로마 제국은 유럽 대부분을 제국 영토로 점유해 관할했다. 로마 제국의 언어는 라틴어였다. 일부 지역에서 헬라어인 그리스어를 썼다. 농업과 교역이 주요한 먹거리 산업이었다. 1세기 바울은 지중해 연안의 여러 도시를 다니면서 예수 중심의 기독교를 전파하고 로마에서 순교했다. 바울은 선교 활동에서 예수 그리스도, 은혜, 구원, 십자가의 도, 이신칭의, 성화, 부활 등의 말씀으로 기독교를 전파했다. 바울은 13권의 서신서(Epistles)를 저술해 예수 그리스도의 기독교를 기록으로 남겼다. 313년 이후 로마 제국에서 기독교를 믿는 자유가 주어졌다. 1453년 로마 제국이 종료될 때까지 기독교는 전 유럽의 중심 종교로 발전했다.

셋째는 대항해 시대 이후의 도시문명이다. 1415년 포르투갈은 아프리카에 해외영토를 확보했다. 독실한 기독교도였던 콜럼버스(1492 탐험), 바스코 다 가마(1498 탐험), 마젤란(1519-1522 탐험) 등이 대항해에 나섰다. 이들 탐험가의 항해를 지원한 포르투갈, 스페인은 해외영토를 구축했다. 프랑스, 네덜란드, 영국 등이 뒤를 이었다. 대서양, 인도양, 태평양을 누빈 이들 나라는 아메리카, 아시아, 대양주, 아프리카 등에 해외 영토를 확보했다. 이들 나라는 어김없이 포르투갈어, 스페인어, 프랑스어, 영어를 해외 영토에 심었다. 해외 영토에서 자원을 얻었고 인력을 활용했다. 만들어진 제품은 해외 영토에서 소비됐다. 경제적 도움이 이뤄졌다. 해외 영토에 구석구석 기독교가 전파됐다. 1517년 루터는 99개 반박문을 통해, 1559년 칼뱅은 『기독교 강요』를 출판해 교회를 개혁했다. 교회에 일어난 새로운 바람은 개신교로 자리잡았다. 해외 영토와 유럽 전역에 가톨릭, 개신교, 정교회 등 기독교가 전파됐다.

넷째는 산업혁명을 이룬 세계 각 지역의 도시문명이다. 1760년을 기점으로 먹거리 산업은 농업과 교역에서 2차 산업으로 전환됐다. 기계(1760-1814), 기술(1870-1914), 디지털(1947-현재), 인공 지능(2015-현재)의 네 차례의 산업 혁명이 진행됐다. 시대의 흐름에 맞춰 적시(適時)에 산업 혁명에 동참한 국가는 그렇지 않은 국가와는 확연하게 차별화됐다. 2024년 기준으로 인구 규모 5천만 명 이상, 1인당 GDP 3만 달러 이상인 미국, 독일, 영국, 프랑스, 이탈리아, 대한민국, 일본 등은 경제상위국으로 올라섰다. 이들 나라는 모두 해외 지향의 자유 무역 국가다. 미국, 독일, 영국, 프랑스, 이탈리아, 대한민국은 제1종교가 기독교다. 1인당 GDP 3만 달러 이상인 국가는 37개 국가였다. 37개 국가 가운데 29개 국가의 제1종교가 기독교다.

2015년 기준으로 세계 인구 가운데 기독교가 차지하는 비율은 31.2%다. 2023년 기준으로 기독교는 31.0%다.[3] 오늘날 기독교는 유럽, 아메리카, 필리핀, 동티모르, 사하라 이남 아프리카, 오세아니아에서 지배적인 종교다. 2010년 기준으로 유엔 회원국과 종속 영토의 기독교인 비율이 50% 이상인 지역은 프랑스의 50%부터 바티칸 시국 100%까지 118개 국가와 영토다. 기독교인 비율이 10-50%인 지역은 시리아 10.0%부터 베넹 48.5%까지 31개 국가와 영토다.[4]

바울의 선교 활동의 결과는 바울이 순교한 후 2000년이 지난 지금까지도 도시문명에 영향을 미치고 있다고 인지된다. 바울의 고백처럼 바울 안에 예수 그리스도가 계시어 바울을 통해 역사하고 있다고 믿어진다(갈 2:20).

바울의 유산은 기독교 역사상 유일하다. 그는 세상이 본 가장 위대한 선교 전도사다. 바울은 복음을 전파하고 교회를 세우는 데 집중하는 사명을 가진 사람이었다.

바울은 예수님께 절대적인 영향을 받은 사람이었다. 하나님의 사랑에 감동했다. 메시아께서 자신을 말씀의 사도로 선택하신 만큼 겸손해졌다. 믿지 않는 사람이 예수 그리스도를 구주로 받아 들일 수만 있다면, 기도와 순종하는 믿음으로 어떠한 연단도 견디어 내는 선교사였다.

---

3 https://en.wikipedia.org/wiki/List_of_religious_populations/Major_religious_groups

4 https://en.wikipedia.org/wiki/Christianity_by_country
유엔 회원국과 종속 영토의 기독교인 비율에 대한 지표는 대부분 미국 국무부의 국제 종교 자유 보고서, CIA World Factbook, Joshua Project, Open doors, Pew Forum, Adherents.com.에 기초했다.

색인

ㅅ

ㅇ

ㅈ

ㅊ

ㅋ

ㅌ

저자 약력

권용우

서울 중·고등학교
서울대학교 문리대 지리학과 동 대학원(박사, 도시지리학)
미국 Minnesota대학교/Wisconsin대학교 객원교수
성신여자대학교 사회대 지리학과 교수/명예교수(현재)
성신여자대학교 총장권한대행/대학평의원회 의장
대한지리학회/국토지리학회/한국도시지리학회 회장
국토해양부·환경부 국토환경관리정책조정위원장
신행정수도 후보지 평가위원회 위원장
「세계도시 바로 알기」YouTube 강의교수(현재)

『교외지역』(2001) 『수도권공간연구』(2002) 『그린벨트』(2013, 2024) 『도시의 이해, 전 5권』(1998-2016) 『세계도시 바로 알기, 전 9권』(2021-2024) 『바울의 길』(2025) 등 저서(공저 포함) 83권/ 학술논문 152편/ 연구보고서 55권/ 기고문 800여 편

오세열

고려대학교 대학원(경영학박사, 재무관리)
미국 North Carolina대학교 객원교수
성신여자대학교 사회대 경영학과 교수/명예교수(현재)
미국 Midwest 대학원(목회학석사, 박사)
미국 국제복음주의 협회(International Evangelical Association)에서 목사안수
국제 ESG경영학회 고문/국제 ESG심사원협회 자문위원(현재)
미국 Midwest대학교 대학원 교수(신학, 리더십 강의)(현재)
방송전문지 신문 목장드림뉴스/기독교 신문 칼럼니스트(현재)

『경영과 삶』(2013) 『파생상품의 이해』(2015) 『경영과 리더십』(2015) 『믿음을 탄탄하게 만들라』(2018) 『성경과 역사와 문학을 아는 그리스도인』(2020) 『혁신과 창의성』(2020) 『역사 속 리더들의 유쾌한 아이디어』(2021) 『리더의 아침을 깨우는 인문학 산책』(2022) 『뉴노멀 ESG』(2024) 『바울의 길』(공저, 2025) 등 저서/ 학술논문 50여 편/ 방송전문지 신문 인터뷰 칼럼 기고문 150여 편

바울의 길

초판발행 2025년 7월 10일

지은이 권용우 · 오세열
펴낸이 안종만 · 안상준

편 집 조영은
기획/마케팅 김한유
표지디자인 BEN STORY
제 작 고철민 · 김원표

펴낸곳 (주) 박영사
서울특별시 금천구 가산디지털2로 53, 210호(가산동, 한라시그마밸리)
등록 1959. 3. 11. 제300-1959-1호(倫)
전 화 02)733-6771
f a x 02)736-4818
e-mail pys@pybook.co.kr
homepage www.pybook.co.kr
ISBN 979-11-303-2295-7 93980

정 가 25,000원